Tamara Hin

Leibschmerzen

Gemeindefrust überwinden

scm R.Brockhaus

Alle Bibelzitate sind, sofern nicht anders gekennzeichnet, der Einheitsübersetzung der Heiligen Schrift, © 1980 Katholische Bibelanstalt, Stuttgart entnommen.

Ein besonderer Dank gilt meiner Lektorin Dr. Stephanie Dressler für den herausfordernden und bereichernden Austausch und für eine hervorragende Begleitung!

Umschlag: Dietmar Reichert, Dormagen
Satz: Breklumer Print-Service, Breklum
Druck: Ebner & Spiegel, Ulm
ISBN 978-3-417-24986-6
Bestell-Nr. 224.986

Ihr aber seid der Leib Christi,
und jeder Einzelne ist ein Glied an ihm.
Er, Christus, ist das Haupt.
Paulus

INHALT

VORWORT

Gemeinde ist seit jeher ein Bestandteil meines Lebens gewesen. Und zwar ein ganz wesentlicher. Seit ich aufrecht sitzen und mich halbwegs vernünftig benehmen kann, nahmen meine Eltern mich in Gottesdienste, Abendmahlstunden und diverse andere Gemeindeveranstaltungen mit. Dabei war, wenn ich daran zurückdenke, vieles alles andere als kindgerecht. Stundenlanges Stillsitzen, sich schier endlos ausdehnende Stunden auf harten Gemeindebänken und lange, unverständliche Predigten. Nach dem Gottesdienst folgte die Sonntagsschule. Anscheinend reichte uns Kindern das aber immer noch nicht, denn meine Geschwister und ich spielten an den Sonntagnachmittagen voller Inbrunst und Hingabe »Gemeinde«. Einer machte den Chor, einer predigte, einer war die Gemeinde und einer reichte den Klingelbeutel herum. Da ich die Jüngste war, fiel mir diese undankbare und niedere Aufgabe zu. Kam ich aber, dank meines Gequengels, ich wolle auch mal etwas »Richtiges« machen, doch einmal in den Genuss, Prediger sein zu dürfen, erfüllte ich dieses Amt salbungsvoll und wortgewaltig. Ich sparte nicht mit Worten wie Blut, Schlachtbank, würdiges Opferlamm, frohlocken und wunderbare Herrlichkeit – klangen diese Begriffe in meinen Ohren doch so richtig schön dramatisch und pathetisch. An besonderen Tagen und aus gegebenem Anlass spielten wir auch manchmal Taufe – die Trockenversion auf einer alten Matratze. Trotz manch skurriler Erfahrung in meiner Kindheit habe ich Gemeinde von Anfang an geliebt. So sehr, dass ich schon früh selber Kinder- und Jugendmitarbeiterin wurde. Im Teenageralter verspürte ich den Wunsch und den Ruf Gottes, doch meine ganze Zeit und Kraft vollständig der Arbeit in der Gemeinde zur Verfügung zu stellen. Ich suchte das Gespräch mit unserem Pastor, der – obwohl ich noch ein richtiger Grünschnabel war – diese Platzanweisung Gottes dankenswerterweise sehr ernst nahm. Er empfahl mir, erst einmal eine solide Berufsausbildung zu machen und danach eine Bibelschule zu besuchen. Die Berufsausbildung machte ich, wurde Erzieherin und lernte meinen Mann kennen. Wir arbeiteten beide gerne und viel in der Gemeinde mit, aber an eine theologische Ausbildung und einen vollzeitlichen Dienst dachte ich gar nicht mehr. Mein Mann war bei der Polizei, ich arbeitete im Kindergarten, und nebenbei war Gemeinde angesagt. Das war unser Leben. Dazu würden sicher irgendwann noch Kinder kommen. Wir hatten es uns ganz gut eingerichtet. Bis sich der Gedanke an einen vollzeitlichen Dienst irgendwann bei meinem Mann und mir wieder von hinten anschlich. Wissen Sie, das begeistert mich an Jesus so: Er nimmt rote Fäden in unserem Leben immer wieder auf und verfolgt sie mit einer Hartnäckigkeit und einem liebevollen Weitblick, die wir selber oft gar nicht aufbringen. Immer mehr hatten wir den Eindruck, Gott wolle uns »ganz« für den Gemeindedienst haben. Dieser Berufungsprozess verlief nicht besonders dramatisch oder spektakulär, vieles fügte sich ganz normal und alltäglich in unsere Gedanken, Gefühle und Gespräche und ließ in uns dennoch immer mehr die Gewissheit wachsen, dass Gott an unsere Tür anklopfte. Mein Mann kündigte bei der Polizei, ich in meinem Kindergarten, und gemeinsam besuchten wir für drei Jahre eine Bibelschule und absolvierten hier eine theologische Ausbildung.

Unser erster Sohn kam zur Welt und im Laufe der nächsten Jahre purzelten seine drei Geschwister in recht kurzen Abständen hinterher. Gleichzeitig begannen wir unseren Gemeindedienst, mein Mann als Pastor, ich als Mitarbeiterin und Leiterin verschiedener Gruppen und Arbeitskreise. Dieser Dienst war von sehr viel Schönem, aber auch von einigen Krisen und schweren Zeiten gekennzeichnet. Davon werden Sie in diesem Buch noch erfahren.

Mittlerweile sind fast zwanzig Jahre vergangen, wir sind derzeit in unserer dritten Gemeinde und haben sozusagen fast Halbzeit. Zeit, Rückblick zu halten, Zeit, aus dem Gelernten ein Resümee zu ziehen, Zeit, vor der letzten Etappe noch einmal innezuhalten, manches zu bedenken und Kraft zu sammeln, um noch einmal neu durchzustarten.

So viel zu meiner Person. Aus dem, was ich Ihnen da mitgeteilt habe, können Sie entnehmen, dass dies kein Buch mit einem theoretisch-wissenschaftlichen Ansatz ist. Ich habe nicht Gemeinden in aller Welt besucht, Umfragen oder Gemeindestudien betrieben und habe keine

Gemeindewachstumsprofile der »besten« Gemeinden erstellt. Wenn Sie Statistiken und wissenschaftliche Untersuchungen erwarten, dann klappen Sie dieses Buch getrost wieder zu, denn es kann und wird Ihre Erwartungen nicht erfüllen. Da gibt es schon sehr viel gute Lektüre anderer Autoren auf dem Markt.

Was mich treibt und qualifiziert, dieses Buch zu schreiben, ist eine tiefe und leidenschaftliche Liebe zur Gemeinde und die Tatsache, dass ich an der Seite eines Pastors manch tief- und abgründigen Blick hinter die Kulissen tun kann. So manchen Vorgang hinter diesen Kulissen möchte ich nicht nur wahrnehmen, sondern auch anderen bewusst machen. Dieses Anliegen hat mich bewogen, über Gemeinde zu schreiben. Darüber hinaus möchte ich Ihnen gern das ein oder andere Grinsen über manch irrwitzige Begebenheit des Gemeindealltags entlocken.

Für wen ist dieses Buch? Nun, für alle die, die sich mit viel Engagement für und in Gemeinde einsetzen, sei es nun haupt- oder nebenberuflich. Die sich an Gemeinde freuen und mindestens genauso oft an ihr verzweifeln und an ihr leiden. Dass diese Dinge oft sehr eng beieinander liegen, wissen wir alle nur allzu gut.

Ganz wenige Teile dieses Buches handeln ausschließlich von einer Thematik, die nur vollzeitliche Leiter und Pastoren betrifft. Das meiste, was Sie lesen werden, kann jeder nebenberufliche und ehrenamtliche Leiter und Mitarbeiter auf sich anwenden. Und noch etwas vorab: Unser beruflicher Background besteht aus Gemeinschaften des Bundes evangelisch-freikirchlicher Gemeinden in Deutschland. Wenn Sie einen anderen Gemeindehintergrund haben, dann tauschen Sie die verwendeten Begrifflichkeiten einfach aus. Ich denke, dass sich im Wesentlichen die Vorgänge ähneln. Darüber hinaus schreibe ich immer von Mitarbeitern, Leitern oder Pastoren in der maskulinen Form, es sei denn, ich spreche von mir persönlich. Das geschieht ausschließlich der Einfachheit halber (mir ist es viel zu lästig, immer noch ein /innen dranzuhängen) und spiegelt nicht meine Überzeugung wider, Ämter in Gemeinden, besonders auf der Leitungsebene, dürften nur von Männern bekleidet werden. Dass ich selber eine Frau bin, spricht an dieser Stelle ja eine deutliche Sprache ...

Wenn ich an Gemeinde denke – und das ist heute nicht anders als früher – erfüllt mich eine tiefe Zuneigung, das Gefühl nach Hause zu kommen, Nestwärme und Leidenschaft für die Menschen, die dazugehören. Mir diese Leidenschaft, diese brennende Liebe zu erhalten, ist eines meiner größten Anliegen. Wenn Sie selber ein engagierter Mitarbeiter oder Leiter in einer Gemeinde sind, werden Sie mir zustimmen, wenn ich sage, dass dies gar nicht so leicht ist. Denn über die Jahre tritt an die Stelle dieser brennenden Leidenschaft leicht Abgeklärtheit und eine gewisse Routine. Nicht verheilte Verletzungen und erlittene Tiefschläge können dazu führen, dass wir unser Innerstes hart machen. Anstelle von leidenschaftlicher Liebe steht dann eine routinierte Berufsfrömmigkeit. Wir machen unseren Job, aber unser Herz ist kalt und leer. Aber weil wir diesen Dienstauftrag nun einmal haben, schleppen wir uns weiter durch, nur merken wir, dass uns etwas Entscheidendes fehlt: das Feuer, die Begeisterung, das erwartungsvolle Ja zu unserer Sendung, die Liebe zur Arbeit und zu den Menschen, die leidenschaftliche Hingabe an Jesus und den Dienst, den er uns aufgetragen hat. Wir reden nicht darüber, weil das in unseren Augen der Quittierung einer Dienstunfähigkeit oder einem »Mangelhaft« in Sachen Mitarbeiterschaft gleichkäme und wir uns für unsere Gefühle und Gedanken schämen. Vielleicht wissen wir auch gar nicht so recht, wo oder mit wem wir über unsere Situation sprechen könnten. Aber gerade dieses Darüberreden, das Offenlegen mancher recht schwieriger Situation im Rahmen der Gemeindearbeit ist so wichtig – wenn wir dies tun, entdecken wir erstaunt, wie sehr unsere Erfahrungen und Erlebnisse denen unserer Weggefährten ähneln.

Wir alle kennen doch Krisen, die uns scheinbar zum Scheitern verurteilen, wir kennen die uns zugefügten Verletzungen, die so tief sind, dass sie scheinbar gar nicht heilen wollen. Wir alle kennen doch Angriffe von Menschen und der unsichtbaren Welt, die uns fast zur Strecke bringen. Wir alle kennen sie, die Stunden, Tage und Wochen, in denen wir fußlahm, ausgedörrt und krank vorwärtstorkeln und kein bisschen mehr den strahlenden Helden ähneln, die forschen Schrittes und voller Elan und Begeisterung sich einst auf den Weg machten. Dass wir solche Zeiten in unserem Leben richtig verarbeiten, daraus lernen und uns, wie einst Elia, wieder aufrappeln und unseren Auftrag zu Ende führen, ist Anliegen dieses Buches. Dass wir es wieder frohen Herzens tun, ohne Groll, ohne Bitterkeit, mit echter, tiefer Liebe und Hingabe, ist mein Wunsch. Und dass wir entdecken, wo es auf diesem Weg Angriffspunkte gibt, wo dicke Felsbrocken liegen, wo uns der Feind einen Hinterhalt legt, wo es steil bergauf geht und an welchen Stellen es unübersichtlich wird – dazu soll dieses Buch helfen. Ich weiß nicht, auf welchem Abschnitt dieser Wegstrecke Ihres Gemeindedienstes Sie sich momentan befinden: Vielleicht hüpfen Sie gerade munter und fröhlich einen breiten, sonnigen Weg entlang, vielleicht gestaltet sich Ihr Dienst gerade so, dass er einem wüsten und scheinbar sich endlos ausdehnenden Geröllfeld ähnelt, durch das Sie sich mühsam hindurchkämpfen, vielleicht hocken Sie jammernd und wehklagend am Straßenrand, weil Sie gerade kräftig eins auf die Nase bekommen haben, oder Sie laufen gelangweilt eine schnurgerade Straße entlang, auf der es auch nicht die kleinste Abwechslung zu geben scheint. Wie auch immer – ich wünsche Ihnen mit diesem Buch für Ihren Dienst und Ihre Mitarbeiterschaft in der Gemeinde das Erkennen, dass Sie nicht alleine gehen und die Erfahrung, dass Gott Ihnen, wie einst dem Elia, ein liebevolles, aber bestimmtes »Steh auf« zuflüstert!

1. Gemeinde – gestern und heute

Wenn wir uns genauer besehen wollen, warum wir als »Gemeindedienstler« manche Schwierigkeiten in unserer Arbeit haben, scheint es mir nötig, zunächst einmal einen Blick auf das Sosein der Gemeinde in der heutigen Zeit zu werfen. Schon immer ist Gemeinde ein recht erstaunliches und bizarres Gebilde gewesen. Daran hat sich auch heute nichts geändert. Kürzlich saß ich im Gottesdienst und ließ meine Blicke über die Anwesenden schweifen. Da saß der Personalchef eines führenden deutschen Unternehmens neben einem einfachen Bauarbeiter und unterhielt sich angeregt mit ihm. Da drückte ein Teenagermädel unsere älteste und schon sehr hinfällig gewordene Schwester herzlich an sich. Da fielen sich zwei um den Hals, von denen ich weiß, dass sie von ihrer politischen Überzeugung nicht unterschiedlicher sein könnten. Ein bunt durcheinandergewürfelter Haufen, voll verschiedener Persönlichkeiten unterschiedlicher Herkunft, Erfahrungen, Erwartungen und Prägungen – zusammengestellt, um miteinander Leben zu teilen, sich zu lieben und einander zu dienen. Dass es da öfter mal »rappelt im Karton«, sollte uns eigentlich nicht verwundern. Auch das ist nichts Neues. Das Neue Testament wäre um einiges dünner, müssten Paulus und die anderen Schreiber nicht immer wieder Bezug nehmen auf diverse Streitigkeiten und Meinungsverschiedenheiten, die ihre Wurzeln in unterschiedlicher religiöser, kultureller und persönlicher Prägung hatten. Je nüchterner und realistischer wir mit der Tatsache unserer Unterschiedlichkeit und den daraus resultierenden Konflikten umgehen, desto entspannter und stressfreier werden wir diese Konflikte abarbeiten können – denn wir wissen, dass diese Spannungen normal und durchaus kein Drama sind. Hängen wir dagegen die Latte sehr hoch und haben die Erwartung, dass immer alles eitel Freude und Sonnenschein sein muss, machen wir uns selbst viel Stress. So manch ein Mitarbeiter oder Leiter legt sich mit dieser überhöhten Erwartung selbst die Stolpersteine in den Weg. Aber so harmonisch und friedvoll ist das Leben nun einmal nicht – auch nicht das Leben in einer christlichen Gemeinde!

Je nach Zeitepoche und gesellschaftlicher Strömung, in der der Leib Christi sich bilden musste, divergierten die Spannungen und Konflikte, die der Gemeinde das Leben schwer machten. Jede gesellschaftliche Phase und Entwicklung, jede Kultur und jedes politische Gepräge eines Landes haben ihre eigene Herausforderung für die Gemeinde. Und jedes Jahrzehnt, jedes Jahrhundert hat seine eigenen schwierigen Wegstrecken und Hürden für die Menschen, die Gemeinde leiten und sich in ihr engagieren, die es zu überwinden gilt. Die Schwierigkeiten, mit denen wir heutzutage zu kämpfen haben, sind eigentlich paradox: Rein äußerlich besehen geht es der Gemeinde in unserer Zeit und unserer westlichen Welt so gut wie nie zuvor: Wir sind keinerlei Repressalien oder irgendeiner anderen Form der Verfolgung ausgesetzt und genießen im Gegenteil gemeinhin Akzeptanz oder sogar Anerkennung. Wirft man aber einen Blick hinter die Kulissen, stellt man fest, dass der Leib Christi mancherorts sterbenskrank ist und wie von einem Krebsgeschwür langsam, aber sicher von innen her zerfressen und zersetzt wird. Hingegen scheinen Gemeinden, die verfolgt werden, wie z.B. in China, innerlich zu erstarken und unter diesem Druck von außen explosionsartig zu wachsen.

Wenn ich nun im Folgenden einige konkrete Schwachpunkte der Gemeinde in der heutigen Zeit und in unserem Land aufzeigen möchte, soll das nicht mit anklagend erhobenem Zeigefinger geschehen, sondern es soll uns die Augen öffnen, manche Ursachen für schwierige Wegstrecken, die wir heute mit Gemeinden gehen müssen, klarer zu sehen. Es soll uns helfen, Probleme, die wir heute im Gemeindedienst bekommen, vor dem Hintergrund der heutigen Zeit und des heute vorherrschenden Lebensgefühls besser in den Griff zu bekommen. Wenn ich dabei von der Gemeinde spreche, meine ich dabei die durchschnittliche Otto-Normalverbraucher-Gemeinde. Dass dies an mancher Stelle etwas klischeehaft wirken muss, lässt sich kaum vermeiden. Dabei weiß ich sehr wohl, dass es in unserem Land auch die rühmlichen Ausnahmen gesunder, starker und gut funktionierender Gemeinden gibt, auf die das eine oder andere nicht zutrifft. Wie sehen solche Gemeinden aus? In einem Forschungsprojekt des Instituts für natürliche Gemeindeentwicklung in Emmelsbüll (Nordfriesland) Ende der Neunzigerjahre wurden weltweit tausend Gemeinden auf diesen Aspekt hin befragt und untersucht. Das Ergebnis dieser Untersuchung ergab acht Qualitätsmerkmale einer gesunden, wachsenden Gemeinde: bevollmächtigende Leitung (nicht zu verwechseln mit bevollmächtigte Leitung!), gabenorientierte Mitarbeiterschaft, leidenschaftliche Spiritualität, zweckmäßige Strukturen, inspirierende Gottesdienste, ganzheitliche Kleingruppen, bedürfnisorientierte Evangelisation und liebevolle Beziehungen.[1] Auch wenn solche Forschungsergebnisse nie allumfassend und abschließend sein können und erst recht kein Patentrezept für die »perfekte« Gemeinde enthalten (Gott bevorzugt es ja oft, um unsere ganzen klug erdachten Systemchen einen großen Bogen zu machen), lohnt es sich, hier einmal genauer hinzuschauen und sich mit den einzelnen Qualitätsmerkmalen intensiver zu beschäftigen.

Aber auch diese gut funktionierenden Gemeinden sind gesellschaftlichen Strömungen ausgesetzt, denen wir Aufmerksamkeit schenken sollten.

Erlaubt ist, was gefällt – Wertewandel in Gesellschaft und Gemeinde

Wir leben in einer Zeit, die von einem starken Wertewandel in der Gesellschaft gekennzeichnet ist. »Ich fürchte nicht die Stärke des Islam, sondern die Schwäche des Abendlandes. Das Christentum hat teilweise schon abgedankt. Es hat keine verpflichtende Sittenlehre, keine Dogmen mehr«, diagnostiziert Peter Scholl-Latour die gegenwärtige Entwicklung.[2] Die Bibel spricht an dieser Stelle eine noch deutlichere

1 Christian A. Schwarz: *Die natürliche Gemeindeentwicklung*. Emmelsbüll: C&P 1996.

2 Zitiert nach Stephan Holthaus: *Trends 2000. Der Zeitgeist und die Christen*. Gießen: Brunnen Verlag, [5]2001. S. 81.

und schonungslosere Sprache: »In den letzten Tagen werden schwere Zeiten anbrechen. Die Menschen werden selbstsüchtig sein, habgierig, prahlerisch, überheblich, bösartig, ungehorsam gegen die Eltern, undankbar, ohne Ehrfurcht, lieblos, unversöhnlich, verleumderisch, unbeherrscht, rücksichtslos, roh, heimtückisch, verwegen, hochmütig, mehr dem Vergnügen als Gott zugewandt« (2. Timotheus 3,1-4). Wer könnte es noch treffender formulieren, was in unserer Zeit, aber auch zu anderen Zeiten und in anderen Kulturkreisen mit einer der Dekadenz verfallenen Gesellschaft geschieht?

Alles ist heutzutage möglich und alles ist irgendwie normal. Kürzlich war ich mit unserem ältesten Sohn in einem Geschäft, in dem man alle nur erdenklichen Poster bekommen konnte. Gedankenverloren durchblätterte ich das Sortiment, als mein Sohn mich rief: »Mama, komm mal, da ist mein Lieblingsposter.« Ich trat an seine Seite und – mir blieb der Mund offen stehen: Zwei junge Mädels, mit weniger als Nichts am Leib, schmusend auf einem Bett. Ich schluckte und versuchte in meinem Gehirn abzurufen, was man laut Familienberatungsbüchern in solch einer Situation denn Kluges von sich gibt. »Äh, ich weiß ja nicht so richtig …« Zu mehr Klugheit reichte es bei mir in diesem Moment nicht. Später, als ich mich etwas gefangen hatte, kam es dann doch noch zu einem ganz guten Gespräch. Und es stellte sich Folgendes heraus: Mir war es noch vermittelt worden, dass gleichgeschlechtliche Beziehungen nicht gerade im Sinne des Erfinders sind und dass es sich erst recht nicht gehört, praktizierte Sexualität in der Öffentlichkeit zur Schau zu stellen. Das hatte erst einmal gar nichts mit meinem Christsein zu tun. Das war einfach eine von der vorangegangenen Generation und der Gesellschaft tradierte Norm und eine Wertvorstellung, die weitergegeben wurde. *Dazu* kam dann noch die Überzeugung der Christen und der Gemeinden, dass Gott nicht möchte, dass wir homosexuelle Neigungen ausleben – diese Überzeugung deckte sich aber mit der schon vorhandenen gesellschaftlichen Norm. D. h. meine christliche Überzeugung forderte von mir nichts anderes, als die Meinung zu vertreten, die auch mein säkulares Umfeld vertrat. Es war das, was »man« allgemeinhin so dachte. Jesus und die Gemeinde mussten also bei mir an dieser Stelle gar keine Korrektur vornehmen. Bei meinem Sohn hingegen fehlt diese Grundlage, diese Wertevermittlung seitens der Gesellschaft völlig. Obwohl er in einem christlichen Elternhaus groß geworden ist und wir durchaus viel über unsere ethischen Grundsätze mit unseren Kindern sprechen, vertritt das Umfeld, in dem er sich ansonsten aufhält, so gänzlich andere Überzeugungen, setzen die Medien so kontroverse Akzente, dass für ihn die Haltung der Christen alles andere als selbstverständlich ist. Was für uns noch Basiswissen war, ruft bei der nachfolgenden Generation oder bei Menschen, die aus einem nicht christlichen Umfeld kommen, nur ein irritiertes Stirnrunzeln hervor. In dem Gespräch mit meinem Sohn merkte ich, dass die Werte, die ich noch mit der Muttermilch aufgesogen hatte, sich heute schlicht und ergreifend in Luft aufgelöst haben. Das müssen wir als Fakt zur Kenntnis nehmen. Die Menschen haben Gott und dem christlichen Glauben den Rücken zugekehrt und in Folge ist ihr Denken und Handeln auch nicht mehr von einem christlichen Gedankengut geprägt. Dieser Wertewandel betrifft den gesamten ethischen Bereich und das Sozialverhalten. Galt es früher noch als erstrebenswerte Tugend, fleißig zu sein, ist es heute »in«, sich mit kleinstmöglichem Aufwand so weit wie möglich durchs Leben zu wursteln. War es früher noch erstrebenswert, so viel wie möglich in die Gemeinschaft und das Gemeinwohl zu investieren, gilt es heute, so viel wie möglich aus der Gemeinschaft für sich selbst herauszuholen. Galt früher noch ein Versprechen als verbindliche und unabänderliche Verpflichtung, ist es heute nichts mehr wert – ich hab meine Meinung halt geändert, lautet nun die Devise. Der Ehrliche ist der Dumme, und wenn man einigermaßen schlau ist und etwas auf sich hält, mogelt man hier und da gut und gerne – denn wer ist schon so blöd und sagt immer die Wahrheit. Man könnte diese Liste hier noch um einiges fortführen.

Ich sage damit nicht, dass die Menschen früherer Zeiten unbedingt »geistlicher« waren. Echtes geistliches Leben im Sinne von erfahrener Wiedergeburt und einer hingegebenen Jesusbeziehung war auch früher in unserem christlichen Abendland nicht die Norm. »Christliches« Handeln, Reden und eine gewisse Frömmigkeit waren häufig nicht mehr als ein anerzogenes Pflichtverhalten. Dass auch in diesem religiösen Klima immer wieder um echtes geistliches Leben gerungen werden musste, davon zeugen die Reformations- und Erweckungsbewegungen. Aber das Leben nach den Geboten Gottes war zumindest ein stabiles Gerüst, das der Zersetzung und dem Zerfall einer Gesellschaft, wie wir sie heute erleben, entgegenwirkte.

An dieser Stelle setzt Gemeindearbeit ein, deren Aufgabe es ja nicht in erster Linie ist, den Leuten ein vergnügliches Programm zu bieten, sondern die den Auftrag hat, Hilfestellungen zu einem Leben in der Nachfolge zu geben. Wie das konkret in den verschiedenen Lebensbereichen aussehen kann, muss ganz neu gelehrt und vorgelebt werden. Und das umso mehr, als Gemeinde sich heute sehr weltoffen und der Welt zugewandt präsentiert. Es ist wohlwollend zu beobachten, dass Gemeinde in den letzten fünfzig Jahren vielerorts immer mehr von ihrer Gettomentalität verliert und sich unters Volk mischt. Gemeinde soll hinausgehen und nicht warten, dass die Menschen kommen, Gemeinde soll in ihrer Gestaltung zeitgemäß und aktuell sein, Gemeinde soll sich nicht mehr abgrenzen von der bösen Welt da draußen – so lauten die Parolen heute. Alles richtig und durchaus begrüßenswert – wenn wir denn gleichzeitig darauf achten, dass wir den unguten Strömungen, die dadurch zwangsläufig mit ins Haus flattern, entgegenwirken. Die schützende und oft auch starre und einengende Membran, mit der Gemeinde sich in früheren Zeiten umgeben hat, hat Löcher bekommen – und das ist gut so. Aber neben vielem Positiven strömt nun auch etliches Negative in die Gemeinde hinein. An dieser Stelle müssen wir wachsam sein und dürfen es bei allem Verständnis für unsere Welt nicht zulassen, dass unsere ethischen und theologischen Überzeugungen verwässern. Wir müssen diese deutlich kommunizieren. Und das wird, glaubt man den Trendforschern, von den Menschen auch immer mehr gesucht und gewünscht, spüren sie doch zunehmend, dass die Loskoppelung aller Werte und Normen von einer »höheren Instanz« zugunsten einer Selfmade-Ethik eine Sackgasse ist. Es gibt in unserer Gesellschaft auch die Suche nach Orientierung und nach festen, will heißen verbindlichen und nicht ständig nach eigenem Belieben wechselnden

Werten und Normen.[3] Mit diesem Suchen und Fragen wenden die Menschen sich an Kirche und Gemeinde. Hilfestellungen und mögliche Antworten wollen wir ihnen gerne geben. Dabei darf nichts, aber auch gar nichts als selbstverständlich angesehen werden, nach dem Motto: »Das ist doch jedem klar.« Klar ist in der heutigen Zeit gar nichts mehr – wir tun gut daran, uns darauf einzustellen.

Übrigens: In dem Zimmer meines Sohnes hängt jetzt ein Poster mit dem Titel »Sleeping Beauties«. Die bildhübschen, äußerst wohlgeformten Mädels liegen schlafend ganz züchtig nebeneinander und tragen immerhin ganz reizende Dessous. Wenn das nicht eine deutliche Verbesserung ist!

Lauter zarte Gewächshauspflänzchen – Wie belastbar sind wir noch?

Kennen Sie Treibhauspflanzen? Sie sehen zwar gut aus, sind aber äußerst zart und absolut nicht widerstandsfähig. Ein kalter Luftzug, einmal zu stark gedüngt, einmal zu viel Sonne abgekriegt – und schon lassen sie die Blätter hängen. Erst recht würden sie eingehen, wenn sie vollständig Wind und Wetter ausgesetzt wären. Oft empfinde ich die Menschen in unserem Land wie solch eine Ansammlung von Gewächshauspflänzchen (und schließe mich selbst da gewisslich nicht aus). Denn das Umfeld und Klima, in dem meine Generation und erst recht die Generation unserer Kinder aufwächst und lebt, gleicht dem recht unnatürlichen Klima in einem Treibhaus. Im Vergleich zum entbehrungsreichen Leben früherer Generationen oder dem Leben in anderen Ländern dieser Welt leben wir trotz manch Gejammer immer noch wie in einem Schlaraffenland. Dennoch oder gerade deswegen sprechen Psychologen und Therapeuten, die mit Kindern und Jugendlichen arbeiten, von einer ständig sinkenden Frustrationstoleranz der jüngeren Generation. Neulich las ich in einer Studie, die sich mit der

---

3 Vgl. dazu auch Peter Hahne: *»Schluss mit lustig«*. Lahr: St. Johannis Druckerei, [70]2006.

Ursache von Gewalt an Schulen auseinandersetzte, dass interessanterweise sogar die befragten Schüler selbst bei sich diese abnehmende Frustrationstoleranz erkannten.

Die Fähigkeit, schwierige Zeiten und belastende Konflikte auszuhalten, wird immer geringer. Alles, was anstrengend ist und dabei unangenehme Gefühle hervorruft (es gibt ja auch Dinge, die unsere Anstrengung fordern, dabei aber Spaß und gute Gefühle machen), wird mit unangemessener Aggression beantwortet oder gemieden wie die Pest. Es sei denn, unser Einsatz dient der Befriedigung der ureigensten Bedürfnisse oder dem Erhalt eines Status quo mit dem Ziel, andere zu beeindrucken. Nehmen Sie z.B. meine Kinder: Bitte ich sie, einen Mülleimer auszuleeren, brechen sie unterwegs vor Erschöpfung schier zusammen. Folgt dann noch die Aufforderung, den Tisch zu decken, murmeln sie irgendwas von »Kinderarbeit« und »verboten« vor sich hin. Einer meiner Söhne scheut dagegen keinerlei Mühen, seinen Körper mit schweißtreibenden sportlichen Übungen zu malträtieren, und ist an dieser Stelle äußerst einsatzfreudig und diszipliniert. Hier scheinen sich für ihn der Einsatz und das Überwinden unangenehmer Gefühle also zu lohnen.

Und wir Erwachsenen? Wir sind doch keinen Deut besser! Fettwegpillen contra Disziplin beim Essen, Tütensuppen und Fertignachtisch statt arbeitsaufwendigem Kochen, Beziehungen abbrechen und die Scheidung einreichen anstatt durchhalten und an der Ehe arbeiten. Wir reden von unhaltbaren Zuständen, wenn wir mal eine halbe Stunde zu Fuß zur Arbeit gehen müssen, weil das Auto gerade in der Werkstatt ist. Oder wir sind völlig aufgebracht, wenn die Waschmaschine ihren Geist aufgibt und uns tatsächlich mal zugemutet wird, drei Teile mit der Hand zu waschen.

Auch mit der Belastbarkeit und Einsatzbereitschaft von uns Erwachsenen ist es vielfach nicht mehr weit her. Häufig ist diese ebenfalls auf die Momente reduziert, in denen es um unsere Wünsche und Bedürfnisse geht, Dinge, von denen wir etwas haben oder wir mit unserem Engagement erreichen können, dass unsere Mitmenschen mal wieder kolossal beeindruckt von uns sind. Da scheuen wir dann allerdings keine Kosten und Mühen.

Wir leben in einer Spaßgesellschaft – und das gilt auch für die Gemeinde. Schließlich färbt jeder Gesellschaftstrend irgendwann mal auf uns ab. Spaß muss es in der Gemeinde machen, erbaulich soll es sein, sie soll mir gute Gefühle geben und ein Quell beständiger Freude sein. Ist ja auch nicht grundsätzlich verkehrt, im Gegenteil. Aber eben nur die eine Seite der Medaille. Denn wenn es in der Gemeinde anstrengend wird, wenn es Schwierigkeiten gibt, wenn uns manches nicht gefällt und wir deswegen Konflikte aushalten müssen, treten viele den Rückzug an, klinken sich aus und suchen sich gegebenenfalls ein neues Nest, in dem es wärmer und kuscheliger ist. Durchhalten? Aushalten? Dranbleiben? Ausdauernd investieren in Veränderung? Das ist eher seltener geworden. Früher waren Gemeindewechsel oder Austritte rar gesät. Sicher, gerade in erwecklichen Zeiten kam es immer wieder zu Spaltungen und Trennungen. Dabei ging es aber verstärkt um biblisch-theologische Auseinandersetzungen und weniger um die persönlichen Empfindlichkeiten Einzelner.

Wer zu einer Gemeinde gehörte, blieb dabei – in guten wie in schlechten Tagen. Trennungen, sei es in der Ehe, in der Familie oder in der Gemeinde, waren nicht die Norm. Heute gehören sie zum Alltag vieler Gemeinden dazu. Meiner Wahrnehmung nach war die Fluktuation in den Gemeinden noch nie so groß wie zu unserer Zeit. Man sucht sich lieber etwas Neues, etwas, was weniger anstrengend und nicht so einsatzfordernd ist. Nun will ich hier nicht den Stab über jene brechen, die so sehr an und in ihrer Gemeinde leiden, dass sie keinen anderen Weg als einen Wechsel mehr sehen. Ich kenne aus meinem eigenen Leben solche Zeiten, in denen der Kräfteverschleiß in keiner Relation mehr zum Ergebnis steht. Manch einer mag in solch einer Situation nach langem Ringen und Kämpfen von Jesus grünes Licht bekommen, sich ein für ihn gesünderes Gemeindeumfeld zu suchen. Schließlich wären nicht einige der größeren und kleineren Erneuerungs- und Reformationsbewegungen in unserem Land auf den Weg gekommen, wenn Menschen für sich nicht diesen Weg eines Neuanfangs gesehen hätten. Manchmal aber scheint mir diese Zeit des Ringens in Wort, Tat und Gebet doch sehr stark abgekürzt zu werden, weil eben auch die geistliche Frustrationstoleranz so niedrig geworden ist. Und längst geht es dabei nicht immer nur um den erhabenen Wunsch, Jesus besser dienen zu können – oder, wie bei den großen Reformatoren – um wirklich existenziell wichtige Erkenntnisse aus dem Wort Gottes. Häufiger stehen persönliche Verletzbarkeit und unterschiedliche Stilfragen im Vordergrund. Unseren Bruder und unsere Schwester auszuhalten, mit all den Merkwürdigkeiten, die er oder sie mitbringt (genauso wie wir auch!), scheint uns immer schwerer zu fallen.

Besonders für Leiter auf den verschiedensten Ebenen hat diese geringe Belastbarkeit und Konfliktfähigkeit von Gemeindegliedern darüber hinaus die Konsequenz, dass sie in diesem Bereich unglaublich viel Zeit und Kraft investieren müssen. Denn man kann beobachten, dass diese Gewächshauspflänzchen immer weniger in der Lage sind, mit ihren Problemen und Konflikten allein klarzukommen und sie zu lösen. Ständig hat irgendjemand mit einem anderen Stress und braucht Hilfe von außen, weil anscheinend kaum geistliche und persönliche Reserven vorhanden sind, um mit diesen Dingen selbst klarzukommen und allein zu Lösungen zu finden. Manchmal unterscheidet sich die Arbeit meines Mannes gar nicht so sehr von meinem Job als Mutter: Ständig kommt jemand an und beschwert sich wortgewaltig, weil der Sowieso sich da unmöglich verhalten hat und dort etwas Fieses von sich gegeben hat. Großes Spektakel. Oft schieb ich die Kinder dann galant aus dem Zimmer mit den Worten: »Ich hab anderes zu tun! Macht das unter euch aus, dafür seid ihr wirklich alt genug!« Neunzig Prozent meiner Mutterpflicht besteht daraus, Streit zu schlichten und Zänkereien zu unterbinden. Mein Mann scheint mir die meiste Zeit mit ganz ähnlichen Dingen beschäftigt zu sein, und manchmal möchte ich am liebsten dazwischenrufen:

»Leute, wir haben wirklich Besseres zu tun! Macht das doch unter euch aus ...«

Die Qual der Wahl – Gemeinde, eines von vielen Angeboten

Zu unserer Wohlstands- und Spaßgesellschaft gehört auch eine Fülle von Freizeitangeboten. »Die Menschen sind mehr dem Vergnügen als Gott zugewandt«, so lasen wir in der eingangs zitierten Bibelstelle aus dem zweiten Timotheusbrief. Gemeinde ist eine von vielen Möglichkeiten dieses Vergnügens und Zeitvertreibs geworden, aber sie hat nicht mehr unbedingt Priorität. Ich erinnere mich noch gut, wie wir mit den Teens der Gemeinde einen Termin suchten, an dem sich die neu formierte Jugendgruppe treffen sollte. Sie hätten dabei sein sollen. Das Ganze war bühnenreif! Freitagabend? Genervtes Augenverdrehen. Da verabredet man sich mit Freunden. Also Samstag? Mich treffen Blicke, als sei ich gerade der Steinzeit entsprungen (was der Realität aus dem Blickwinkel der Teens ja durchaus sehr nahe kommt). Samstag schläft man bis mittags, um sich von den Strapazen der vorangegangenen Nacht zu erholen. Und nachmittags hängt man ab, um sich äußerlich und mental auf die nächste Nacht vorzubereiten. Ja, dann sei doch der Samstagnachmittag ideal, wenn da sowieso nur abhängen angesagt ist. Ein empörter Aufschrei! Man bräuchte doch Zeit, um sich zu erholen! Die ganze Woche sei so anstrengend gewesen! Bis an die Grenzen der Belastbarkeit würde man getrieben, die letzten Reserven hätte man aus sich rausgepresst! Völlig ausgelaugt sei man und bräuchte nun dringend Erholung.

Ich fasse es nicht und langsam treten mir Schweißperlen auf die Stirn. Unter Aufbietung meiner letzten Geduld gehen wir die ganze Woche durch. Nein, hier habe man Klavierunterricht und dort Training. Donnerstagabend? Ausgeschlossen. Schließlich hätte man den ganzen Nachmittag Prospekte ausgeteilt (man müsse ja das kümmerliche Taschengeld aufbessern …) und sei nun entweder durchgefroren, nass geregnet oder völlig verschwitzt; in jedem Fall müsse man seinen strapazierten Body erst einmal in ein entspannendes Wannenbad tauchen. Und danach? Mich trifft ein waidwunder Blick. Nein, da sei dringend ein freier Abend vonnöten. Das würde ich doch sicherlich verstehen. Ich glaube, mein Blick ist schon ganz glasig und ich hätte jetzt gar zu gerne einen Spiegel bei der Hand, um zu sehen, ob mir schon der Schaum vorm Mund steht.

Ein Teil von mir sehnt sich nach der guten, alten Zeit zurück, in der alle weltlichen Vergnügungen für Kinder aus christlichen Elternhäusern absolut tabu waren. Es gab Familie, es gab Gemeinde. Viel mehr nicht, höchstens noch das Erlernen eines Musikinstrumentes – zur Ehre des Herrn, versteht sich. Alles andere – auch Freunde außerhalb der Gemeinde – war die »Welt« und gehörte damit zum absoluten Sperrgebiet. Der einzige Ort des Vergnügens, an dem wir uns aufhalten durften, war die Gemeinde. Und da bin ich liebend gerne hingegangen, ich hatte ja sonst nichts. Freiwillig hätte ich keine Veranstaltung ausgelassen und hintreiben musste man mich in die Jugendstunde ganz gewiss nicht. »Furchtbar!«, werden jetzt einige sagen, »das reinste Gettochristsein.« Stimmt. Ideal war das garantiert nicht und das weiß eben auch der andere Teil in mir. Wie oft habe ich mich ausgeschlossen gefühlt, weil ich alles Mögliche nicht mitmachen durfte. Etliche von uns haben noch heute Probleme, Freundschaften mit Nichtchristen zu schließen und sich in der Welt der »Entkirchlichten« zurechtzufinden, weil sie den Umgang mit Menschen, die nicht aus der vertrauten Gemeindeszene kommen, nie gelernt haben.

Als Gegenreaktion auf meine Prägung habe ich unseren Kindern nie einen Stein in den Weg gelegt, wenn es um Fußball- oder Turnverein ging, wenn Freundschaften außerhalb der Gemeinde geschlossen und anderen Freizeitbeschäftigungen nachgegangen wurde. Der Welt gegenüber aufgeschlossen sollten sie sein, unverkrampft und natürlich über ihren Glauben sprechen lernen (welch seliger Wunschtraum!) und vertraut mit dem sein, was Gleichaltrige beschäftigt. Das Gefühl des Ausgegrenztseins wollte ich ihnen auf jeden Fall ersparen. Jetzt stelle ich besorgt fest, dass das Pendel zu weit in die andere Richtung ausgeschlagen ist. Auf ein Zuviel an Ausgrenzung ist ein Zuviel an Integration gefolgt. Für meine Kinder und für viele andere Christen ist Gemeinde nur noch ein Ding unter vielen anderen, aber beileibe nicht mehr das, was in ihrem Leben Priorität hat. Denn auch wenn das oben genannte Beispiel aus dem Bereich der Jugendarbeit stammt, so beschränkt sich diese Haltung (... »ich hab schon so viel anderes zu tun, ich kann bei dieser Sache leider nicht mitarbeiten«) doch absolut nicht nur auf die Jugendlichen. Der Satz von Jesus: »Trachtet zuerst nach dem Reich Gottes und nach seiner Gerechtigkeit, so wird euch alles andere dazugegeben« (Matthäus 6,33), muss im Bezug auf Gemeinde in allen Altersstufen ganz neu durchbuchstabiert werden. Nun beschränkt sich das Reich Gottes ganz sicher nicht nur auf Gemeindearbeit. Ich bin sehr dafür, dass wir Menschen mit den entsprechenden Begabungen und Berufungen freisetzen, damit sie auf der Außenbaustelle Reich Gottes bauen können. Menschen mit einer evangelistischen Begabung gehören schwerpunktmäßig nach »draußen«, müssen Zeit und Freiräume haben, Kontakte zu knüpfen und zu intensivieren. Wir tun uns keinen Gefallen damit, diese Leute auf der Innenbaustelle einzubinden und festzuhalten. Aber um diese Menschen geht es hier nicht. Sondern um diejenigen, die sich weder auf der Innen- noch auf der Außenbaustelle einbinden und einfügen lassen, sondern die so beschäftigt sind mit anderen Dingen, dass sie den Grund ihres Daseins, nämlich den Bau des Reiches Gottes, aus dem Blick verloren haben.

Gemeinde im Stress – Wie »gut« muss Gemeinde sein?

Nun sagen an dieser Stelle manche: »Dann ist Gemeindearbeit eben nicht attraktiv genug und wir müssen nach dem Vorbild von Willow Creek mehr investieren und professioneller arbeiten. Wir müssen so an Attraktivität gewinnen, dass die Angebote der Welt daneben verblassen.« Dabei weiß ich, dass das Geheimnis der genannten Gemeinde eher in einem hingegebenen, leidenschaftlich-geistlichen Leben liegt, als in großartigen Programmen. Aber abgesehen davon: Was sollen wir denn noch alles aus uns herauspressen? Wie hoch soll sich die Leistungsspirale, in der engagierte Mitarbeiter feststecken, denn noch drehen? Welche genialen Stundenentwürfe oder Gottesdienste müssen wir denn noch herbeizaubern, um die Großen und Kleinen unserer Gemeinde bei der Stange zu halten?

Ich erinnere mich dumpf, dass mein früherer »Sonntagsschulonkel« eine lange, sehr dramatische Geschichte aus der Bibel erzählte, gespickt mit nicht weniger dramatischen Erlebnissen aus dem Krieg. Sein Pendant, eine graubestrumpfte, Knoten tragende Sonntagsschultante traktierte das asthmatisch keuchende Harmonium, zu dessen Klängen wir fröhliche Lieder trällerten. In ihnen war die Rede von güldenen Sonnen, grünen Auen, Jesu Schäflein und einem Bösen, der alle samt und sonders zu verschlingen droht. Wenn es auch meine Fantasie sehr beflügelte – verstanden habe ich davon nicht allzu viel, denn diese Liedtexte waren damals schon hoffnungslos altmodisch. Vor dreißig Jahren lief man schon über eine sonnenbeschienene grüne Wiese und wandelte nicht unter der güldenen Sonne auf grünen Auen. Aber irgendwie haben wir uns damit arrangiert – und es war okay so.

Uns wurden keine aufwendig inszenierten Theaterstücke vorgespielt und das Einspielen von Videoclips fehlte schon mal ganz. Heute müssen immer neuere, immer bessere Methoden gefunden werden, um die Aufmerksamkeit der etwas älteren Kids zu fesseln. Kein Wunder also, dass viele Kindermitarbeiter gestresst und am Ende ihrer Nerven sind, überfordert, diesem gewaltigen Anspruchsdenken gerecht zu werden. Ähnlich geht es Jugendmitarbeitern, die mit einer stinknormalen Bibelarbeit nur noch ein müdes Gähnen ernten, denn »wo nichts los ist, geht man auch nicht hin«.

An dieser Stelle stehe ich in der Gefahr, gründlich missverstanden zu werden. Ich möchte hier nicht die gute, alte Zeit idealisieren und etwas glorifizieren, was durchaus verbesserungswürdig war. Und erst recht möchte ich nicht mit dem Finger auf die ach so undankbare Jugend von heute zeigen. Dieses hohe Anspruchs- und Konsumdenken findet man ja nicht nur bei der Jugend vor, sondern es ist auch unter uns Erwachsenen durchaus sehr verbreitet. Die Jugend lebt ja meistens nur in sehr zugespitzter Weise aus, was wir ihr längst vorgelebt haben. Und ich möchte ganz gewisslich nicht die Zeit zurückdrehen. Wir haben den Auftrag, den Menschen in der heutigen Zeit mit den Mitteln, den kreativen und technischen Gestaltungsmöglichkeiten unserer Zeit das Evangelium zu verkünden. Zugleich sehe ich aber in dem hohen Anspruchs- und Konsumdenken der Gemeinden in der heutigen Zeit eine große zerstörerische Kraft. Geben Mitarbeiter diesem Druck nach, laufen sie wie in einem Hamsterrad: immer noch schneller, noch mehr und noch besser. Sie werden ausgelaugt und brechen irgendwann unter dem enormen Druck zusammen. Gute und begabte Mitarbeiter werden auf diesem Weg verschlissen und verlieren ihre Kraft. Und die Gemeinde? Ihr tut es auch nicht gut, wenn Mitarbeiter und Leiter diesem ständigen Schrei nach »mehr« und »besser« nachgeben. Wie ein Kind stumpft sie bei diesem Überangebot irgendwann ab und ist nicht mehr in der Lage, in dem Schlichten und Einfachen noch das Reden Gottes zu hören.

Oft ist es aber auch umgekehrt: Dann sind es Pastoren, Älteste oder andere engagierte Mitarbeiter, die dieses hohe Tempo vorlegen und so für ein enorm hohes Stressniveau in der Gemeinde sorgen. Eine Flut an Veranstaltungen wird neben dem »normalen« Gemeindealltag geplant und der Gemeinde wird nahe gelegt, zu diesen Terminen auch zu erscheinen, denn sie alle seien von großer Wichtigkeit. Das mag ja durchaus stimmen. Nur dürfen wir nicht aus den Augen verlieren, dass ein Großteil der Gemeinde aufgrund eines sowieso schon anspruchsvollen Alltags nicht in der Lage ist, all diese Angebote wahrzunehmen. Werden vonseiten der Verantwortlichen permanent Erwartungen gestellt, doch bei dieser oder jener Veranstaltung dabei zu sein und mitzuarbeiten, empfinden Menschen irgendwann Gemeinde nicht mehr als einen Ort, an dem sie auftanken können und wo sie für ihren weiteren Alltag gestärkt werden, sondern als zusätzliche Last, die ihnen nun auch noch jede Menge Arbeit »aufhuckt«. Verständlich, dass unter diesen Bedingungen keiner gerne mitarbeitet, und dass die, die es tun, irgendwann zusammenklappen. Dazu kommt, dass eingeplante Höhepunkte für die Gemeinde (wie etwa ein Konzert, eine besondere Bibelwoche, eine Evangelisation usw.) keine mehr sind, wenn es von diesen Terminen zu viele im Gemeindealltag gibt. Früher gab es sonntags einen Gottesdienst plus Sonntagsschule, in der Woche eine Bibelstunde und evtl. noch eine Jugendstunde und Frauenstunde. Mehr nicht. Da die einzelnen Gruppenstunden nicht ein solch extrem hohes Niveau wie heute im Bezug auf ihre didaktische Gestaltung hatten, waren Mitarbeitertreffen in der Häufigkeit, wie sie heute stattfinden müssen, auch nicht vonnöten. Highlights im Gemeindealltag gab es ein-, maximal zweimal im Jahr. Das waren dann aber auch wirkliche Höhepunkte, und weil das Angebot sowohl in der Gemeinde wie auch in der Gesellschaft sonst eher spärlich war, strömten die Leute dann in Scharen herbei und die Gemeindehäuser waren voll – es gab ja nun wirklich mal etwas Besonderes. Heute ist das Besondere häufig der normale Status in unserem Gemeindealltag. Kein Wunder also, wenn die Glieder unserer Gemeinden bei diesem Zuviel streiken und unsere gut gemeinten »Leckereien«, die wir anbieten, achtlos liegen lassen.

Pastoren, Gemeindeleitungen und Gruppenleiter ziehen an dieser Stelle die Daumenschrauben oft noch fester und reagieren häufig mit (verständlicher) Frustration und Resignation, wenn aller Druck, alle Appelle, alles gute Zureden und alle Motivation weiterhin im Sande verlaufen. Diese Empfindungen werden dann auf die Gemeinde projiziert; wir lamentieren, jammern und klagen gern und häufig über mangelnde Mitarbeit und Präsenz der Gemeindeglieder und verbreiten um uns eine Aura ständiger Unzufriedenheit und Nörgelei. Das ist immer eine denkbar schlechte Basis für Veränderung und setzt einen unproduktiven Kreislauf von Druck, Überforderung und Ressentiments in Gang.

Wollen wir diesen Kreislauf durchbrechen, muss hier ein Umdenken stattfinden. Wir sollten die Gemeindeglieder ermutigen, aus der Fülle der angebotenen Veranstaltungen ein paar herauszusuchen, die für ihr persönliches geistliches Wachstum und für ihren speziellen Dienst von Bedeutung sind. Nicht jeder muss immer und überall dabei sein und nicht jeder ist verpflichtet, das volle Programm mitzunehmen. Für Leiter heißt dies, dass sie das Lebensumfeld ihrer Mitgeschwister mit seinen spezifischen Belastungen wirklich kennen und dass sie ihnen helfen, ihre eigene Begabung und den dazugehörigen Platz in der Gemeinde zu entdecken. Ihre Aufgabe ist es, die Geschwister für diesen Platz freizusetzen und sie zu ermutigen, diesen

Platz nach ihrem besten Vermögen auszufüllen und zu allem anderen ein fröhliches »Nein« zu sagen. Das ist Schutz vor Überforderung, das ist wahres Weiden der Herde. Tun Sie das? Oder versuchen Sie, Ihre »Leutchen« ständig zu bearbeiten und zu bedrängen, weil diese oder jene Arbeit doch dringend auch noch getan werden muss? Stehen Sie wie ein Sklaventreiber hinter ihnen und fordern sie zu ständig neuen Höchstleistungen heraus, damit der Laden läuft?

Wenn wir anfangen, Mitarbeiter zu ermutigen, weniger Veranstaltungen zu besuchen, dafür aber weniger und gabenorientierter zu arbeiten, damit ihnen die Luft zum Atmen nicht ausgeht, mag uns das für unsere Arbeit sehr kontraproduktiv erscheinen. Wie soll denn das Lobpreisteam laufen, wenn sich Schwester X entscheidet, nur noch in der Kinderstunde mitzumachen? Wenn Bruder Y sagt, er beschränke sich jetzt auf den Bereich Technik, weil da seine Begabungen liegen, und er somit aus der Jugendarbeit aussteigen möchte? Wer, bitteschön, soll die Arbeit am Büchertisch tun, wenn die doch äußerst kompetente Schwester dort beschließt, von Stund an nur noch in Sachen Seelsorge zu machen, weil hier ihr Gabenschwerpunkt liegt? Tatsächlich werden wir den Mut haben müssen, manche in unseren Augen sehr wichtige Arbeit ungetan liegen zu lassen. Das ist nicht leicht und das schmerzt. Trotzdem werden wir nirgendwo in der Bibel aufgefordert, um der Menschen oder der Sache willen unsere Grenzen zu überschreiten. Im Gegenteil: In 1. Petrus 4,10 wird uns gesagt, dass wir dienen sollen, »jeder mit der Gabe, die er empfangen hat«. Mit dieser Gabe sollen wir wuchern und allen nur erdenklichen Einsatz zeigen – von allem anderen sollen wir die Finger lassen! Paulus drückt es im Brief an die Epheser so aus (Hoffnung für alle): »Jedem Einzelnen von uns aber hat Christus besondere Gaben geschenkt, so wie er sie in seiner Gnade jedem zugedacht hat« (Kap. 4,7). Ihnen und mir ist von Jesus ein bestimmtes Maß, ein bestimmtes Potenzial, aus dem wir schöpfen können, zugedacht. Bei diesem Maß zu bleiben ist tausendmal gesünder und besser für uns und die Gemeinde, als wenn wir ständig mit unseren Ressourcen Raubbau treiben und uns selbst und die Gemeinde mit unserem Arbeitstempo langsam, aber sicher an den Rand eines Zusammenbruchs bringen. Wenn wir dagegen Menschen den Raum geben, ihren Platz auszufüllen und zu anderen Dingen Nein zu sagen, entlastet das, nimmt Druck und schafft Freiräume (ausführlicher befasst sich das Kapitel »Die hohe Kunst des Neinsagens« mit dieser Thematik). Sie zu ermutigen, Jesus zu fragen, was denn ihr Platz ist, welche Gemeindeaktivitäten für sie dran sind und welche nicht, lehrt sie das Hören auf Jesus und verhilft ihnen zu echter geistlicher Reife, die mehr danach fragt: »Was will Jesus?«, als: »Was erwarten Menschen von mir?«

Vielleicht werden wir dann erstaunt wahrnehmen, dass so manches Loch, das sich auftut, plötzlich und ganz unvermutet von jemandem gefüllt wird, an den wir gar nicht gedacht hatten, weil wir mit unserem »Machen« aufgehört haben und endlich Jesus zum Zug kommen ließen. Wenn wir davon ablassen, aus uns und anderen etwas herauszupressen, was wir eigentlich gar nicht sind und haben, nur weil wir meinen, bestimmte Dinge müssten unbedingt in einer Gemeinde getan werden, entdecken wir vielleicht auch, dass unsere Gemeinde ein ganz eigenes Profil bekommt. Jesus hat uns mit unserem Gabenspektrum gerade in dieser Konstellation zusammengestellt, damit wir einen ganz spezifischen Auftrag ausführen können – mehr brauchen und sollen wir gar nicht tun!

Da könnte ja jeder kommen – Ichzentriert oder gemeinschaftsorientiert?

Ein weiterer Trend in unserer Gesellschaft und somit auch in unseren Gemeinden ist eine immer stärker werdende Ichzentriertheit. Alles muss mir gefallen, die Dinge müssen so laufen, wie ich das will, und es muss mir etwas bringen. Gerade unter Jugendlichen, aber auch unter Erwachsenen kann sich oft nur schwer ein Gruppengefüge entwickeln, weil dem einen dies und dem anderen das nicht passt und man nicht bereit ist, die ganz persönlichen Wünsche und Bedürfnisse dem Ganzen unterzuordnen. Überhaupt ist das Wort Unterordnung für viele das reinste Reizwort: Wenn das nicht generell einer Verstümmelung unserer Persönlichkeit gleichkommt, ist es doch zumindest ein Rückschritt ins finsterste Mittelalter – so meinen wir. Wo kommen wir denn hin, wenn Gemeindeleitung oder Älteste Ziele und Perspektiven für die Gemeinde vorgeben, ohne vorher nach unserer maßgeblichen Meinung gefragt zu haben? Solange diese Vorgaben identisch mit unseren eigenen Vorstellungen sind, geht es ja noch. Aber wehe, wir haben andere Erkenntnisse, dann maulen und moppern wir so lange rum, bis auch der Letzte in der Gemeinde begriffen hat, dass wir damit überhaupt nicht einverstanden sind. Ganz schlimm wird es, wenn uns jemand anders auch noch sagen will, was wir ganz persönlich tun oder lassen sollten: Da könnte ja nun wirklich jeder kommen. Die Fähigkeit von Menschen, sich einzugliedern und unterzuordnen, nimmt immer weiter ab. Denken, Leben und Arbeiten zum Wohl der Gemeinschaft, wie Paulus es in dem trefflichen Bild vom Leib und seinen Gliedern beschreibt, ist dem Denken, Leben und Arbeiten zu unserem eigenen Wohl gewichen.

Neulich teilten unsere Ältesten der Gemeinde in einer Gemeindestunde den Entschluss mit, auch weiterhin in den Gemeinderäumen keinen Alkohol auszuschenken. In mir grollte und grummelte es. Wer, so dachte ich mir, will denn dann noch irgendwelche Feste im Gemeindehaus feiern? Ich sah mich im Geiste schon bei meiner Silberhochzeit, wie ich in meiner Rechten elegant ein Wasserglas halte und mit selbigem formvollendet anstoße und danach das köstliche Essen mit einer schnöden Apfelschorle herunterspüle. Nein, dazu habe ich wirklich keine Lust! Und Kick-off während der WM ohne ein kühles Bier? Ja du liebe Zeit, wer will sich denn so was antun. Und wer, bitteschön, will denn zu so einer merkwürdigen Veranstaltung kommen? Ich grummele und grummele und gebe in den nächsten Wochen bei allen passenden und unpassenden Gelegenheiten gefragt und ungefragt meine Kommentare ab und lasse alle wissen, was ich denn von dieser Entscheidung halte – so weit mein ganz persönlicher, vorbildlicher und äußerst produktiver Beitrag zum Thema Unterordnung.

Heißt das nun, dass wir keine eigene Meinung mehr haben dürfen und uns immer der Ansicht anderer unterordnen müssen? Ich las einen Vers im Philipperbrief, der mir an dieser Stelle geholfen hat, weil ich ihn als sehr gesund und ausgewogen empfinde: »Jeder achte nicht nur auf das eigene Wohl, sondern auch auf das der anderen« (Philipper 2,4). Wenn wir über ungute Tendenzen unserer Zeit wie Ichzentriertheit, Individualismus oder mangelnde Fähigkeit zu Ein- und Unterordnung nachdenken, ist das nicht gleichbedeutend mit der Aufforderung, unser Ich in die Ecke zu stellen, uns fortan in der Gemeinschaft aufzulösen und widerspruchslos das zu tun, was uns jemand anders vorgibt. Diese ebenfalls ungesunde Tendenz haben wir in unserem Land und so manch einer auch in seiner Gemeinde schmerzhaft erlebt – um die fatalen Folgen wissen wir alle. Nein, es geht, wie dieser Vers uns lehrt, um Ausgewogenheit. Natürlich hat unser Wohl, unsere Meinung, haben unsere Bedürfnisse Bedeutung und verdienen unsere Beachtung. Diese Dinge wahrzunehmen und auch auszuformulieren kann durchaus wichtig sein. Aber dann gilt es, den Blick von uns weg auch auf den anderen zu richten und sein Wohl in unsere Überlegungen und Entscheidungen miteinzubeziehen: Bevor diejenigen von uns mit einem Alkoholproblem ins Schleudern kommen, schlürfe ich dann doch lieber mein kühles Wässerchen. Bedenken wir alle ebenfalls die Situation des anderen, muss keiner auf der Strecke bleiben, sondern wie bei einer Wellenbewegung hat mal das Wohl des einen und dann wieder das Wohl des anderen Vorrang, steckt mal der eine und ein anderes Mal der andere zurück. In diesem biblischen Modell gemeinschaftlichen Lebens gibt es weder ein Abdriften in einen extremen Individualismus noch das Abgleiten in eine ungesunde Form der Unterordnung, die einer unkritischen Hörigkeit gleichkommt.

Nun mag es sein, dass Sie trotz aller gegenteiligen Beteuerungen meinerseits den Eindruck haben, ich idealisiere das Früher und bewerte das Heute nur negativ. Vielleicht fragen Sie sich zu Recht, welche guten und weiterentwickelten Züge Gemeinde denn heute hat und an welchen Stellen sie sich zum Positiven verändert hat. Doch, ich bin durchaus der Ansicht, dass es da Entwicklungen gibt.

Stärken der Gemeinde heute – Positive Entwicklungen nutzen

1. Ehrlichkeit und Offenheit

Eine ganz große Stärke der Gemeinde der heutigen Zeit ist ihre Sehnsucht nach Echtheit, Authentizität und Offenheit. Die frommen Kulissen bröckeln und man hat den Mut, sich dem anderen auch in seiner Schwachheit, Begrenztheit und in seinem Unvermögen zuzumuten. Das schafft vielerorts eine Atmosphäre der Offenheit und Ehrlichkeit. Ich bin noch mit dem Motto groß geworden: »Erzähl das bloß keinem, denn was bei uns zu Hause läuft, geht niemanden etwas an.« Nun bin ich in einer Alkoholikerfamilie groß geworden, für die solch eine Verordnung zum Stillschweigen symptomatisch ist. Aber von anderen weiß ich, dass auch in »normalen« Familien so gedacht und geredet wurde. So lebte man im gesellschaftlichen Umfeld, etwa in der Nachbarschaft oder im Arbeitsalltag und darüber hinaus auch in der Gemeinde. Bloß keinen hinter die gut aufpolierte Hochglanzfassade blicken lassen. Man umgab sich mit einer Aura durchgestylter Gutbürgerlichkeit und Frömmigkeit und präsentierte sich als ehrbarer Bürger und strammer Vorzeigechrist. Zugeben, dass man seit Monaten keine Stille Zeit mehr gemacht hat? Eingestehen, dass das Gebetsleben ein höchst unbefriedigender Monolog geworden ist? Sich dazu stellen, dass man psychische Probleme hat und dringend einen Seelsorger oder Therapeuten aufsuchen müsste? Anfechtungen? Süchte und Abhängigkeiten? Eheprobleme? Stress mit den Kindern? Undenkbar, so etwas auch nur annähernd zuzugeben. Ich weiß noch, wie mein Mann in einer Predigt erwähnte, dass er mit mir auf der Fahrt zum Gottesdienst eine heftige Auseinandersetzung hatte. Wenn ich mich recht erinnere, ging es in dieser Predigt um Verletztwerden und um Versöhnung. Für ihn war es ganz natürlich (und das schätze und liebe ich an den Predigten meines Mannes sehr), sein persönliches, aktuelles Erleben und Versagen miteinfließen zu lassen. Nach diesem Gottesdienst kam eine alte Schwester in einem äußerst alarmierenden Sturmschritt auf ihn zu und zischte ihn an, was er sich denn denken würde, detaillierte Einzelheiten aus unserem Eheleben in aller Öffentlichkeit breitzutreten, vor allem wenn es sich dabei um so etwas Verwerfliches wie einen Ehestreit handle. Das sollten wir doch in unserem stillen Kämmerlein abmachen – so etwas gehöre wirklich und wahrhaftig nicht auf die Kanzel. Über diese Begebenheit muss ich immer noch schmunzeln und ich bin unendlich dankbar, dass wir heute in vielen Gemeinden ein anderes Klima haben, und für die Luft, die dieses Klima der Offenheit und Ehrlichkeit mir zum Atmen gibt. Denn auch ich bin alles andere als ein strammer Vorzeigechrist und habe Begrenzungen und Macken zuhauf. Wie wohltuend, wenn ich diese nicht verstecken oder mich gar dafür schämen muss. Wie entspannend, wenn ich einfach die sein kann, die ich bin, weil ich weiß, meine Geschwister tragen und ertragen mich. Zu diesem Klima der Offenheit tragen wir alle enorm viel bei, wenn wir nicht nur von unseren Stärken und unseren geistlichen Siegesstunden reden, sondern auch unsere Schwächen und unser Versagen zu Wort kommen lassen. In diesem vertrauensvollen Miteinander entdecken wir dann, dass sich unsere Ängste, unsere Sorgen, unsere Probleme und unser Versagen in vielen Punkten ähneln und sich niemand verschämt damit verstecken muss.

2. Barmherzigkeit

Da, wo dieses Klima der Offenheit und Verletzlichkeit herrscht, werden wir automatisch im Umgang mit anderen, ihren Schwächen und ihrem Versagen barmherziger. Auch das ist ein Wesenszug, den ich an Gemeinde in der heutigen Zeit sehr schätze. Die Tendenz zur Gesetzlichkeit, eine Eigenart, die Freikirchen in früheren Jahrzehnten sehr häufig anhaftete, ist meiner Wahrnehmung nach abnehmend. Immer da, wo wir ausschließlich aus eigener Kraft, Stärke und Leistung heraus leben, wo wir uns und anderen etwas vormachen, werden wir gesetzlich und verurteilen den, der es nicht schafft, aus dieser vermeintlichen Stärke heraus zu leben, der versagt, schuldig wird oder sein Leben in irgendeiner Weise nicht unter die Füße kriegt. Wenn wir dagegen aufhören, vor uns und vor anderen den geistlichen Superhelden herauszukehren, und anfangen, uns selbst und andere mit unserer Schuld zu konfrontieren, fällt dieses Gerüst zusammen, und wir entdecken, wovon wir eigentlich und ausschließlich leben: nämlich von der Gnade und Barmherzigkeit Gottes. Das wird immer auch Auswirkungen auf unseren Umgang mit anderen haben. Wenn unser Bruder, unsere Schwester schuldig werden, zeigen wir nicht mit ausgestrecktem Finger auf sie, sondern wir werden sofort daran erinnert, dass wir selbst keinen Deut besser sind und von der gleichen Gnade leben wie er oder sie auch. Diese Atmosphäre der Gnade und Barmherzigkeit im Umgang miteinander und mit Schuld, die der Einzelne auf sich lädt, kann ich in vielen Gemeinden heute entdecken. Und das ist, so empfinde ich es, eine große Stärke und ein Geschenk. Dass wir dabei aufpassen müssen, nicht auf der anderen Seite vom Pferd zu fallen und Schuld zu verharmlosen oder als nicht so schlimm abzutun, obwohl sie angesprochen und deutlich als Sünde benannt werden müsste, sei am Rande noch erwähnt.

3. Reflektiertes Christsein

Vor fast genau einem Jahr ließ unser ältester Sohn sich taufen (genau, der mit dem Mädelsposter ...). Wie immer herrschte bei uns auch an diesem Sonntagmorgen eine gewisse Hektik, zumal ich noch etliche Vorbereitungen zu treffen hatte, um dieses Ereignis hinterher auch noch angemessen zu zelebrieren. Endlich waren alle abgefüttert und ausgehfertig – wir starteten durch, der Gemeinde entgegen. An der ersten Kreuzung fragte ich den Täufling beiläufig, ob er denn an ein Handtuch gedacht habe. Erstaunt verneinte er. Mein Mann meinte, das sei nicht so wichtig, in der Gemeinde gäbe es sicher noch irgendwelche Handtücher auszuleihen. Ich sah in Gedanken schon meinen Sohn, wie er sich nach der Taufe mit einem dieser briefmarkengroßen Geschirrtücher trockenrubbelt, aber als ich den angespannten Gesichtsausdruck meines Mannes sah, behielt ich diesen Gedanken wohlweislich für mich. Eine böse Ahnung befiel mich, und ich fragte vorsichtig: »Aber an eine Unterhose hast du gedacht?« – »Nö«, lautete die coole Antwort, »wozu denn?« – »Weil man nur mit Unterhose getauft wird. Das gehört sich so«, erklärte ich kategorisch und suchte in Gedanken schon nach einer geeigneten theologischen Untermauerung des Ganzen. Einen Moment herrschte Totenstille, dann mussten wir alle losprusten – ich glaube, so eine blöde und unqualifizierte Antwort hatte ich schon lange nicht mehr gegeben.

Dieses Ereignis fiel mir ein, als ich darüber nachdachte, wie häufig man früher auf die Frage, warum man dieses oder jenes zu tun oder zu lassen hatte, die Antwort bekam: »Als Christ tut man so etwas nicht.« Oder: »Für einen Christen gehört sich so etwas nicht.« Nachfolge reduzierte sich damit auf das Einhalten eines bestimmten Sittenkodexes und darauf, dass man sich anständig benahm und sich nichts zuschulden kommen ließ. Nicht selten hatte man den Eindruck, linientreues und angepasstes Verhalten mache einen guten Christen aus. Heute hört man die Antwort »das tut man so« oder »das gehört sich so« in unseren Gemeinden immer weniger. Und das finde ich eine durchweg positive Entwicklung. Statt zu fragen, was man denn in dieser oder jener Situation macht, wird stärker reflektiert, was ich denn ganz persönlich in dieser oder jener Situation tun will, wie ich denn leben will und was denn ganz grundsätzlich zu mir passt. Wenn dann eine gewisse geistliche Reife dazukommt, lautet die Frage eher: Was will Jesus denn von mir? Früher hieß es dagegen: Was tut man als Christ in dieser oder jener Situation? Das ist die starke Seite, der gute Einfluss des Individualismus, den ich zuvor ja eher als etwas Negatives bewertet habe, auch wenn es sich hier um eine schmale Gratwanderung handelt. Das zu tun, was ich möchte, was Jesus mir persönlich gezeigt hat, und nicht das, was die christliche Masse oder Tradition vorschreibt, ist eine gute Ausgangsbasis für einen authentischen Lebensstil. Das mir vorgelebte und tradierte Christsein zu hinterfragen, zu reflektieren und nur das zu übernehmen, was auch zu den eigenen Erkenntnissen und geistlichen Erfahrungen passt, anstatt einfach nur unkritisch hinterherzulaufen, birgt die Chance echten geistlichen Tiefgangs in sich. Dieses Verhalten ermutigt, wirklich den eigenen Weg zu finden und ihn dann auch zu gehen und nicht ständig nach rechts und links zu schielen in dem Wunsch, dass andere mir für mein angepasstes Verhalten den erwünschten Beifall zollen. Es ist ein Lebensstil der Echtheit, der tote Traditionen hinterfragt und festzementierte Meinungen ankratzt. So zu leben ist nicht leicht, die angepasste Variante ist allemal bequemer und weniger angefochten – trotzdem braucht

Gemeinde solche Menschen ganz dringend, um sich ihre Lebendigkeit zu erhalten.

Ich habe nun etliches über Gemeinde früher und heute gesagt. In manchen Punkten werden Sie mir zustimmen, anderes werden Sie vielleicht ganz anders sehen und erleben. Vielleicht fallen Ihnen auch noch andere Dinge ein, die Gemeinde von außen stark beeinflussen. Das ist gut. Je wachsamer wir diese Dinge wahrnehmen, umso besser und vorbereiteter können wir reagieren, wenn wir das Empfinden haben, unsere Gemeinde gerät aufgrund dieser Einflüsse von außen in eine Schieflage. All diese Dinge anhand des Wortes Gottes zu überprüfen und aufmerksam zu begleiten, ohne Panikmache und einseitige Schwarzmalerei, sollte die vorrangige Aufgabe von Leitern und Mitarbeitern sein.

Neben diesen gesellschaftlichen Einflüssen von außen gibt es Dinge, die Gemeinde von innen her schwächen. Dieser Zersetzungsprozess von innen spielt sich vor allem im gestörten Miteinander und in kaputten Beziehungen ab. Viele Gemeinden zerbrechen, weil das Miteinander nicht funktioniert, weil Konflikte um große und kleine Dinge so dominieren, dass man nicht mehr länger miteinander unterwegs sein kann und will. Manchmal scheren bloß Einzelne aus, oft sind es aber ganze Gruppen oder Gemeindeteile, die die Gemeinde verlassen. Meiner Wahrnehmung nach nimmt dieser Trend zu. Das hat mit der oben genannten niedrigen Frustrationstoleranz aller Beteiligten zu tun und mit dem immer stärker werdenden Individualismus. Es hängt aber auch damit zusammen, dass wir scheinbar nichts Besseres zu tun haben, als uns dauernd auf unwichtigen Nebenschauplätzen kleingeistige Gefechte zu liefern. Christen geht es hier in der westlichen Welt sehr gut – statt diesen Vorteil zu nutzen, verhalten wir uns wie Kinder, die vor lauter Langeweile anfangen, sich gegenseitig zu ärgern und sich darüber kräftig in die Haare geraten. Was uns an äußeren Anfeindungen fehlt, machen wir durch innere Anfeindungen wett und zerstören uns wie ein Selbstmordkommando. Ganz schön dumm, oder?

Mir ist es an dieser Stelle ein Anliegen, bestimmte innergemeindliche Vorgänge, die einen gesunden und hilfreichen Umgang im Miteinander und mit daraus resultierenden Konflikten vereiteln, ans Licht zu holen. Mancher Crash würde nicht mit Totalschaden und Schwerverletzten enden, wenn wir die Spielchen, die der Feind da mit uns spielt, den Nutzen, den er aus unseren Schwachpunkten und Fehlhaltungen zieht, besser durchschauen würden. Hier sei noch ganz deutlich gesagt, dass ich kein *geistlicher Vorturner* bin. Ich bin genauso auf dem Weg wie Sie auch. Ich bin Lernende, und als solche versage ich genauso oft wie Sie wahrscheinlich auch, wenn es um den Beitrag zu einem guten Miteinander in der Gemeinde geht. Persönliche Empfindlichkeiten, verletzter Stolz, Unversöhnlichkeiten und Egoismus müssen auch bei mir immer wieder aufgedeckt und ausgeräumt werden – und da muss ich mir vieles, was ich hier schreibe, tagtäglich immer wieder selber sagen. Wie soll nun das Miteinander in der Gemeinde aussehen?

Fein und lieblich

Sie kennen wahrscheinlich den ersten Vers aus dem 133. Psalm: »Siehe, wie fein und lieblich ist es, wenn Brüder einträchtig beieinander wohnen.« So manch einem stellen sich bei dieser etwas süßlich anmutenden Darstellung geschwisterlicher Harmonie die Nackenhaare auf, und er denkt: »Also, ich wüsste ja so manches Attribut, was zu unserer Gemeinde und der Beziehung der Geschwister untereinander passen würde, aber ›fein‹ und ›lieblich‹ gehören garantiert nicht dazu, und von Einheit kann schon mal gar nicht die Rede sein. Auf uns passt zurzeit eher so etwas wie: Siehe, wie nervenaufreibend und ätzend es ist, wenn Brüder sich ständig in den Haaren liegen.« Nichtsdestotrotz liegt auf dieser im Psalm erwähnten Eintracht eine Verheißung, die wir ein Stück weiter in Vers 3 lesen: »Denn dort spendet der Herr Segen und Leben in Ewigkeit.« Es scheint sich also zu lohnen, an dieser Einheit zu arbeiten und immer wieder viel an dieser Stelle zu investieren. Das müssen wir auch, denn von selbst, ohne unser Dazutun, stellt sie sich ganz bestimmt nicht ein. Es ist ja eine Illusion zu meinen, nur weil wir Christen sind, klappe das mit der Einheit wie am Schnürchen – jeder, der länger in der Gemeinde ist, weiß nur zu gut, dass das nicht stimmt. Dafür bringen wir alle noch viel zu viele menschliche und seelische Belastungen und Unausgegorenheiten mit in die Gemeinde. Diese Anteile in uns mit der Kraft des Heiligen Geistes anzugehen und zu überwinden, ist ein lebenslanger, sehr wichtiger Prozess – die Vollendung werden wir erst im Himmel erreichen, und bis dahin gilt es noch ein gutes Stück Weg zurückzulegen.

Im Neuen Testament gibt Jesus in Matthäus 13,34 eine steile und anspruchsvolle Vorlage bezüglich unseres Umgangs und Lebens miteinander. »Ein neues Gebot gebe ich euch: Liebt einander! Wie ich euch geliebt habe, so sollt auch ihr einander lieben. Daran werden alle erkennen, dass ihr meine Jünger seid: wenn ihr einander liebt.« Kennzeichen unseres Miteinanders soll also gegenseitige Liebe sein. Wie definiert sich diese Liebe, und wie definiert sie sich nicht?

1. Liebe ist Geschenk

Die Liebe, um die es hier geht, ist die göttliche Liebe, auch Agape genannt. Diese Liebe ist nicht machbar, nicht produzierbar, sondern ein reines Geschenk. In Römer 5,5 heißt es: »... denn die Liebe Gottes ist ausgegossen in unsere Herzen durch den Heiligen Geist, der uns gegeben ist.« Die Erkennntnis, dass Gott uns liebt und die Fähigkeit, somit auch uns selbst und anderen mit dieser Liebe zu begegnen, ist Geschenk und Wirken des Heiligen Geistes und kein Produkt unseres guten Willens und unserer Anstrengung. Liebe, mit der wir uns in der Gemeinde lieben sollen und können, ist göttliches Wirken in unsere Wirklichkeit hinein und entzieht sich damit komplett unserer menschlichen Machbarkeit! Alles, was wir tun können, ist Hindernisse, die das Wirken des Geistes Gottes in uns blockieren oder gar unterbinden, auszuräumen, um so dem Heiligen Geist mehr Raum zu geben, uns zu gestalten und zu verändern. Ihn einzuladen, uns ganz zu durchdringen und uns mehr und mehr umzuformen, ist effektiver als alles menschliche Bemühen, uns zu verändern und alle fragwürdigen Versuche, Liebe zu produzieren. Ich möchte, dass Sie das bei all dem, was Sie zu diesem Thema lesen werden, im Hinterkopf behalten. Wirkliche Veränderung in unserem Leben geschieht nie durch ein kräftiges Zusammenreißen und Bemühen unsererseits, sondern immer nur dadurch, dass wir Jesus und dem Heiligen Geist Raum geben, uns zu verändern und zu beschenken. Wenn Sie hier einige Dinge lesen werden, wie diese Liebe in der Gemeinde blockiert wird und welche Dinge es bewusst zu machen und auszuräumen gilt, kann es sich dabei immer nur um einen Akt handeln, der dem Wirken Gottes, uns mit seiner Liebe zu beschenken, Bahn brechen soll, nie aber um ein Produzieren dieser Liebe an sich. Das kann ich nicht, das können Sie nicht. Versuchen Sie es doch, werden Sie erleben, dass Sie verkrampft und verbissen etwas zu machen versuchen, auf das Sie keinen Zugriff haben. Unter dieser Anstrengung werden Sie nach und nach verbittert und müde werden. Druck und Krampf machen sich dann in Ihrem Leben breit und zu Recht werden Sie irgendwann resignieren, weil Sie sich etwas vorgenommen haben, was gar nicht in Ihren, sondern in Gottes Zuständigkeitsbereich fällt.

Anstatt sich fest vorzunehmen, diesen Bruder oder jene Schwester mehr zu lieben, weil Jesus es ja so will, anstatt sich vorzunehmen, beim nächsten Mal, wenn er Ihnen wieder so blöd kommt, mit zusammengebissenen Zähnen nett und freundlich zu ihm zu sein, sollten Sie vielleicht einige Zeit einfach einmal nur darum beten, dass der Heilige Geist sich in Ihnen Raum schafft und Sie mit Gottes Liebe zu Jesus, zu sich selbst und zu dem anderen beschenkt. Mehr nicht. Aber das immer wieder. Stur und ganz beharrlich. Da wird etwas passieren, das garantiere ich Ihnen – diese Zusage haben wir.

2. Seelische und göttliche Liebe

Was Jesus nicht meint, wenn er davon spricht, dass wir uns untereinander lieben sollen, ist die seelische Liebe, die auf angenehmen Emotionen gegründet ist, sondern, wie wir gesehen haben, die göttliche Liebe. Das Wesen dieser göttlichen Liebe verwechseln wir in der Gemeinde häufig mit seelischer Liebe. Seelische Liebe ist menschlich und ist in jedem Verein zu finden. Sie beruht auf dem Gedanken »Gleich und Gleich gesellt sich gern«. Man ist sich sympathisch, hat ähnliche Interessen, einen ähnlichen sozialen Status, gleiche oder ähnliche Herkunft, ungefähr das gleiche Alter und lebt in einem ähnlichen Lebensabschnitt. Das alles zusammen führt dazu, dass die »Chemie stimmt« und wir uns mit dem anderen wohlfühlen und Freundschaft entsteht. Nun ist das an sich ja nicht verwerflich, denn solche Freundschaften sind durchaus wünschenswert und bereichern unser Leben. Aber für Gemeinde reicht das nicht aus. Denn in der Gemeinde suchen wir uns die Leute nicht aus, mit denen wir fortan zusammenleben sollen, sondern Gott selbst stellt diese Gemeinschaft zusammen. Und diese Zusammenstellung ist manchmal etwas, nun ja, sagen wir mal eigenwillig. Häufig haben wir mit dem, der da neben uns sitzt, nichts, aber auch rein gar nichts gemeinsam. Überwinden wir diese Unterschiedlichkeit nun nicht durch die göttliche Liebe, sondern ist weiterhin ausschließlich unsere seelische Liebe am Werk, entsteht das, was wir in vielen Gemeinden haben, nämlich eine Cliquenbildung und ein Zusammenrotten Gleichgesinnter. Da entstehen Cliquen, die im besten Fall einfach nur nebeneinander existieren, umgeben von einer undurchlässigen Membran, die keinen raus- und keinen reinlässt; Cliquen, die sich im schlimmsten Fall aber auch noch gegenseitig bekämpfen.

Kürzlich hatten wir einen Gemeindeausflug. Bei strahlendem Sommerwetter lagerten lauter kleine Grüppchen auf Decken und Stühlen auf der sonnenbeschienenen Wiese (da haben wir sie wieder, unsere güldene Sonne und die grünen Auen). Man unterhielt sich angeregt, es wurde gespielt und gelacht. Ein Bild des Friedens und der Harmonie, wohliger Behaglichkeit und herzerwärmender Gemeinschaft zeigte sich da. Fein und lieblich – ja, das passte jetzt. Bis mein Blick auf ein paar Menschen fiel, die etwas abseits, ziemlich unbeholfen und allein von einem Fuß auf den anderen traten. Sie gehörten sichtlich zu keiner Gruppe dazu – und wurden auch nicht dazugebeten. Keiner nahm sie so richtig wahr, alle waren viel zu sehr mit sich und ihrem eigenen Wohlgefühl beschäftigt. Seelische Liebe. Gleich und Gleich gesellt sich gern. Der andere, der so fremd ist, der so gar nicht zu mir passt, hat da keinen Platz. Dietrich Bonhoeffer schreibt in seinem Buch *Gemeinsames Leben*: »Seelische Liebe liebt den anderen um seiner selbst willen, geistliche Liebe liebt den anderen um Christi willen.«[4] Das ist der Unterschied. Wenn göttliche Liebe in uns am Werk ist, spielt es nicht in erster Linie eine Rolle, ob der andere zu mir passt oder ob er mir sympathisch ist und ich mich in seiner Gegenwart gut fühle, sondern ich gehe auf ihn zu und nehme ihn an, weil Christus in mir lebt und er in mir den anderen liebt. Göttliche, geistliche Liebe grenzt den Fremden, den Andersdenkenden nicht aus, sondern überwindet diese Grenzen und nimmt ihn in die Gemeinschaft mit hinein.

---

4 Dietrich Bonhoeffer: *Gemeinsames Leben*. Gütersloh: Gütersloher Verlagshaus [28]2006. S. 25.

3. Lieben und loslassen

Ein zentraler Satz für die christliche Gemeinschaft, eine Aufforderung, wie denn unser Umgang miteinander sein soll und wie die Liebe, mit der wir uns lieben sollen, praktisch und erlebbar werden kann, ist der Satz aus Galater 6, Vers 2: »Einer trage des anderen Last, so werdet ihr das Gesetz Christi erfüllen.« Das impliziert, dass wir einander unsere Lasten mitteilen und zulassen, dass ein anderer sich mit darunterstellt. Eine Anweisung nicht nur für besondere Seelsorgefälle, sondern für uns alle. An dieser Stelle müssen wir die Scheu überwinden, etwas aus unserem persönlichen Leben – denn hier haben wir ja die meisten Lasten zu tragen – mitzuteilen und uns zu öffnen. Nicht gemeint ist bei dieser Übung praktizierter Geschwisterliebe, dass einige, z.B. Älteste, Seelsorger oder Pastoren einseitig zu kollektiven Lastenträgern der Gemeinde werden und selber ihre Lasten niemand anders auf die Schulter packen können. Diese Einseitigkeit kann nur irgendwann zu einer Überlastung Einzelner werden. Dieses System funktioniert nur in Wechselseitigkeit. Wir sollten unsere Angst (oder vielleicht geht es mehr um unseren Stolz) loslassen, die uns verbieten, auch als Mitarbeiter und Leiter schwach und bedürftig und auf die Hilfe anderer angewiesen zu sein.

Doch, auch wir müssen Schuld vor Geschwistern bekennen, auch wir müssen für uns beten lassen, und auch wir brauchen das klärende Gespräch. Dass wir uns mit unter dieses geistliche Prinzip des gegenseitigen Lastentragens stellen und uns nicht darüber erheben, ist ein Akt der Demut und wird für uns und die Gemeinde reiche Früchte tragen.

Interessanterweise geht der Text im Galaterbrief aber noch weiter, und es ist ganz wichtig, diesen Zusammenhang zu sehen. In Vers 4 und 5 schreibt Paulus: »Jeder prüfe sein eigenes Tun. Dann wird er sich nur im Blick auf sich selber rühmen können, nicht aber im Vergleich mit anderen. Denn jeder wird seine eigene Bürde zu tragen haben.« Was denn jetzt? Sollen wir uns nun gegenseitig die Lasten abnehmen oder muss doch jeder sein eigenes Päckchen tragen? Diese Verse zu dem bekannten Vers »Einer trage des anderen Last« mit dazuzulesen ist so wichtig, weil sie uns vor einem schädlichen Ungleichgewicht von Nähe und Distanz, Eigenständigkeit und Gemeinschaft und Füreinandersorgen und Loslassen bewahren. Ich trage die Last des anderen. Ja, aber er muss auch seine eigene Last tragen. Ich habe Verantwortung für den anderen. Ja, aber er trägt auch für sich selber Verantwortung, wie auch ich für mich selbst Verantwortung trage. Wir sollen ganz für den anderen da sein und trotzdem ganz bei uns selbst bleiben. Gemeinde ist bei aller Nähe, bei aller füreinander sorgenden Liebe keine Symbiose, keine Verschmelzung verschiedener Menschen. Warum ist mir das so wichtig? Weil es in der Gemeinde immer wieder Menschen gibt, die diese Trennungslinie zwischen sich selbst und dem anderen nicht sauber und deutlich erkennbar ziehen. Die vor lauter »Liebe« zum andern so sehr mit dessen Not mitleiden, dass sie selber daran krank werden und zugrunde gehen. Die sich immer für alles Fehlverhalten anderer verantwortlich fühlen, daran zerbrechen und andere nicht in ihre eigene Verantwortung entlassen können. Göttliche Liebe lässt los, seelische Liebe klammert. Um das zu verdeutlichen, sehen wir uns am besten Jesus an, und zwar die bekannte Begegnung, die er mit einem reichen jungen Mann hatte. Es heißt in Markus 10,21 ausdrücklich, dass Jesus diesen Mann ansah und ihn liebte. Trotzdem oder gerade deswegen konfrontierte Jesus ihn mit seiner Verantwortung, nämlich sich von seinem Reichtum zu lösen und Jesus nachzufolgen. Der Mann ist dazu nicht bereit, und Jesus lässt ihn ohne weiteren Kommentar ziehen. Kein Klammern, kein Bearbeiten, kein Bitten und Betteln, kein Abnehmen dieser Verantwortung, sondern die Akzeptanz, dass der andere seine Entscheidungen in aller Freiheit treffen darf und auch die Konsequenzen dafür trägt. Mittragen ist die eine Seite, Loslassen, wenn der andere Wege gehen will, die ich als Bruder oder Schwester nicht teilen kann oder will, die andere.

4. Die Andersartigkeit des anderen lieben

Wie wir gesehen haben, beschränkt sich seelische Liebe auf Gleichgesinnte. Sie hört auf, wo der andere mir fremd ist, ganz anders denkt und ganz andere Empfindungen hat. Oder sie fängt an diesem Punkt an, ihn beherrschen und dominieren zu wollen, und wird manipulativ.

Noch einmal Bonhoeffer: »Seelische Liebe liebt den anderen nicht in seiner Freiheit, sondern als den an sie Gebundenen, sie will mit allen Mitteln gewinnen, erobern, sie bedrängt den anderen, sie will unwiderstehlich sein, sie will herrschen.« (S. 25). Ein Grundübel in unseren Gemeinden ist die Ansicht, wir könnten nur dann eine Gemeinschaft sein, wenn wir in allen Punkten gleich denken. Um genauer zu sein: wenn der andere so denkt, fühlt und handelt, wie ich es tue. Tut er das nicht, schlägt diese Liebe in Abwehr und Ablehnung um, weil der andere sich meinen manipulativen Umtrieben widersetzt. Seelische Liebe ist so, sie hört ganz schnell auf, wenn unser Drängen und unsere Herrschsucht nicht ans Ziel kommen, sondern der andere in seiner Andersartigkeit verharrt. Göttliche Liebe dagegen atmet Freiheit und lässt dem anderen Raum, ganz anders zu denken, zu fühlen und zu handeln. Natürlich darf diese Freiheit nicht auf Kosten der Grundwahrheiten des Wortes Gottes gehen. Die Grenzziehung an dieser Stelle ist, zugegeben, äußerst schwierig. Denn was sind unumstößliche Grundwahrheiten, sozusagen die Konstanten des christlichen Glaubens, und was sind die Variablen, die uns jede Menge Spielraum ermöglichen? Wann fängt die Grenzüberschreitung an, bei der wir beginnen, uns das Wort Gottes zurechtzubiegen?

Ich möchte Ihnen diese Fragen zum Nachdenken mitgeben, weil ich mich weder befähigt noch befugt sehe, sie für Sie zu beantworten. Bei der Beantwortung werden wir sicher nicht alle auf einen Nenner kommen. Ich persönlich finde es aber hilfreich, wenn jeder Einzelne und jede Gemeinde für sich ein deutliches Profil herausarbeitet. Diese Position sollte sich aus einem intensiven Austausch miteinander, aber mehr noch aus gründlichem Bibelstudium und viel Gebet heraus entwickeln. Der kleinste, aber gleichzeitig auch wichtigste gemeinsame Nenner, der definitiv nicht mehr weiter heruntergekürzt werden kann, muss den Menschen, die in unserer Gemeinde leben, und denen, die zu uns gehören wollen, klar sein. Sind wir an dieser Stelle schwammig und ungenau, etwa aus Angst, gesetzlich oder eng zu wirken, tun wir uns und anderen keinen Gefallen.

Aber über diesen kleinsten, konstanten, gemeinsamen Nenner hinaus darf der andere anders sein und darf andere Ansichten haben als ich. Ich muss ihn nicht überzeugen oder dahingehend manipulieren, dass er die gleichen Überzeugungen vertritt wie ich. Gibt es in Ihrer Gemeinde diese Freiheit, die aus der Quelle göttlicher Liebe gespeist wird? Sind Sie selbst als Leiter oder Mitarbeiter jemand, der mit dazu beiträgt, dass dieses Klima der Freiheit bei Ihnen herrscht, oder verpesten Sie die Luft, indem Sie immer wieder versuchen, alle schön linientreu auf einer Spur zu halten oder sogar dahingehend versteckt zu manipulieren, dass sie so denken wie Sie? Wie viel Raum ist in Ihrer Gemeinde, in Ihrer Gruppe für anderes Denken und Fühlen? Dem anderen seine Andersartigkeit zuzugestehen ist der erste Weg zu echter Einheit, die niemals Gleichmacherei bedeutet. Verstehen zu wollen, wie der andere denn zu seiner Meinung und zu seinen Empfindungen kommt, anstatt ihn gleich als »völlig daneben« abzustempeln, ein weiterer. Nach und nach werden wir den manchmal so merkwürdigen Bruder oder die in unseren Augen so schwierige Schwester immer mehr schätzen lernen und sie als Ergänzungen erleben. Dann sind wir von echter Liebe und von dem Gedanken des Leibes und seiner verschiedenen Glieder gar nicht mehr so weit entfernt.

Fein und lieblich – vielleicht haben Sie entdeckt, dass Ihr Verständnis von Liebe an der einen oder anderen Stelle revidiert werden muss. Bei mir ist das so. Ich verwechsle immer wieder die seelische Liebe mit der göttlichen Liebe. Dann will ich es einfach nur nett und kuschelig haben und suche mir Gleichgesinnte, mit denen ich mich so richtig gut verstehe. Ich fange an zu klammern, wo ich eigentlich loslassen sollte, lade mir Verantwortungen auf, die eigentlich die Sache des anderen sind, und versuche, alle Unterschiede in einem Brei der Gleichmacherei zu ertränken, um ja die vermeintliche Harmonie nicht zu stören. Göttliche Liebe ist viel reifer, gibt viel mehr Weite und hat nicht diesen fahlen Beigeschmack von Manipulation und Vereinnahmung. Wie wir gesehen haben, kann göttliche Liebe Einheit bei aller Verschiedenheit sein.

Um diese Einheit zu finden, müssen wir uns aber mit und in unserer Verschiedenheit auseinandersetzen. Diese Auseinandersetzungen brauchen wir nicht zu fürchten, denn sie sind gesund und notwendig.

Echte Liebe kann Auseinandersetzungen aushalten, ja, schließt sie sogar mit ein. Seelische Liebe ist konfliktfeige oder wird im Konflikt lieblos und verletzend, göttliche Liebe dagegen ist konfliktfähig und wird einen Konflikt mit aller Wucht austragen, dabei aber fair und dem Bruder, der Schwester zugewandt bleiben. Wohl der Gemeinde, in deren Mitte es eine gute Streitkultur gibt, wo man bis zum Verstehen und Verstandenwerden miteinander ringt. Wo man am Ende miteinander beten und sich in den Armen liegen kann. Wir dürfen unterschiedlich sein, weil Jesus uns fest zusammenbindet. Und wir brauchen die Auseinandersetzungen, wie sonst könnten wir in der Gemeinde mit all unserer Verschiedenartigkeit leben?

3. Gemeinde im Streit

Dürfen Christen streiten?

Immer wieder hört man von Christen, vor allem von älteren Geschwistern, den Satz: »Wir dürfen uns nicht streiten, wir müssen Frieden halten, wir sind doch Christen.« Diese Einstellung hat durchaus auch eine biblische Begründung, und zwar eine sehr eindeutige. So heißt es z.B. in Römer 12,18: »Soweit es euch möglich ist, haltet mit allen Menschen Frieden« und kurz zuvor in Vers 16: »Seid untereinander eines Sinnes.« Dem Timotheus wird in 2. Timotheus 2,23 von Paulus der Rat gegeben: »Lass dich nicht auf törichte und unsinnige Auseinandersetzungen ein; du weißt, dass sie nur zu Streit führen. Ein Knecht des Herrn soll nicht streiten, sondern zu allen freundlich sein, ein geschickter und geduldiger Lehrer, der auch die mit Güte zurechtweist, die sich hartnäckig widersetzen.« Also doch nicht streiten? Wenn wir uns aber Jesus anschauen, der ja in diesen wie in allen anderen Dingen auch unser Lehrmeister ist, stellen wir fest, dass er hochgradig konfliktbereit und konfliktfähig war. Nehmen wir beispielsweise die Vertreibung der Händler aus dem Tempel oder Jesu häufige Auseinandersetzungen mit der religiösen Elite, die ihre Zuspitzung in seiner Rede gegen die Pharisäer fand, in der er in seiner Wortwahl nicht gerade zimperlich war (Lukas 11,37-52). Obwohl Jesus die Liebe in Person war, stellte er sich immer wieder Auseinandersetzungen, oft wurden sie von ihm sogar erst inszeniert, indem er Missstände offen ansprach und diese an keiner Stelle mit dem Mäntelchen der Liebe zuhängte. Auch in der Apostelgeschichte wird von Auseinandersetzungen berichtet, so z.B. in Kapitel 15, wo es auf dem Apostelkonzil eine große Kontroverse zu der Frage gab, ob sich bekehrte Heiden nun doch noch beschneiden lassen müssten oder nicht. Wenn wir die Briefe im Neuen Testament lesen, stellen wir fest, dass auch sie manch recht konfliktfreudigen Abschnitt enthalten. Paulus greift z.B. im Korintherbrief Streitfragen aus der Gemeinde auf, diskutiert sie exemplarisch durch und kehrt diese ganzen Themen nicht um des lieben Friedens willen unter den Teppich, in der Hoffnung, dass sie sich irgendwann von selbst erledigen. Wenn wir diese auf den ersten Blick recht widersprüchlichen Aussagen der Bibel lesen, müssen wir fragen, wie denn ein »richtiges«, christusgemäßes Streiten und ein konstruktives Konfliktverhalten aussehen können.

Konstruktives Konfliktverhalten

1. Wie wichtig ist das Ganze?

Die oben erwähnte Bibelstelle aus 1.Timotheus 2,23 macht deutlich, dass wir uns gar nicht erst auf nebensächliches und nutzloses Gezänk einlassen sollen. D.h. es gibt, wie Paulus es nennt, törichte und unsinnige Auseinandersetzungen, die zu nichts führen und andererseits Dinge, die um der Wahrhaftigkeit willen »durchstritten« werden müssen. Bevor wir uns in einen Konflikt begeben, sollten wir uns also zunächst immer erst fragen: Wie wichtig ist das Ganze? Ist diese Sache wirklich einen Streit wert? Trägt eine Auseinandersetzung an dieser Stelle zum Bau unserer Gemeinde, zum Bau des Reiches Gottes bei? Wie viel Gezänk würde sich erübrigen, wenn jeder sich diese Fragen stellen und die Antwort beherzigen würde. Wir lassen in unseren Gemeinden unendlich viel Energie bei Nebensächlichkeiten, anstatt uns auf die Hauptsache zu konzentrieren. Ist es denn wirklich so wichtig, ob der Teppich im Gemeindehaus rot oder grün ist und ob die Stühle im Halbkreis oder alle schnurgerade hintereinander stehen?

Ich weiß, dass die Unterscheidung von wichtig und unwichtig gar nicht so leicht ist und dass wir an dieser Stelle unterschiedliche Toleranzniveaus haben. Für den einen ist die Frage, ob beim Abendmahl aus einem Kelch oder aus »Pinnchen« getrunken werden soll, eine Nebensächlichkeit, für den anderen entzünden sich daran theologische Fragen und emotionale Aufregungen allererster Güte. In einer unserer Gemeinden sollte zwecks Projektion von Liedern eine Leinwand vorne angebracht werden. Damit alle sehen konnten, wurde sie in der Mitte installiert. Dafür musste aber das Kreuz nach rechts oder links verschoben werden. Für die einen eine Überlegung rein praktischer Natur, für die anderen war dieses Verschieben des Kreuzes ein Sinnbild, das sagte: Das Kreuzesgeschehen steht bei uns nicht mehr in der Mitte. Sie sehen, dass die Frage nach Wichtigem und Unwichtigem gar nicht so leicht zu klären ist. Wenn Sie in Ihre eigene Gemeinde schauen, fallen Ihnen da sicher noch zig andere Beispiele ein.

Auch wenn sie nicht einfach zu beantworten sind, helfen mir die Fragen: Wie wichtig ist das Ganze? und: Sagt die Bibel etwas zu diesem Thema? an dieser Stelle sehr. Sie helfen mir, die Prioritäten in meinem Denken und Fühlen neu zu sortieren. Gehe ich hier ehrlich und selbstkritisch mit solchen Fragen um, stelle ich Folgendes fest: Ja, es gibt Dinge, für die will ich streiten, weil es hier um die Konkretisierung des Willens Gottes unter uns geht und die Bibel sich zu diesem Thema äußert. In diesen Punkten will ich zunächst und in aller erster Linie nach dem Maßstab des Wortes Gottes fragen, biblische Leitlinien gründlich und ehrlich (will heißen: ohne vorgefasste Meinung) erarbeiten, mein Denken und Empfinden von daher korrigieren lassen und, sei es auch noch so schwer, diese dem Wort Gottes unterordnen (ein Beispiel wäre an dieser Stelle die häufig gestellte Frage nach dem sogenannten Zehnten).

Es gibt aber beileibe mehr Dinge, die etwas mit meiner persönlichen Meinung, meinen Empfindungen, meinen Vorlieben und meinem Pietätgefühl zu tun haben, und zu denen das Wort Gottes, das ich für meine Meinungsbildung an dieser Stelle genauso heranziehen sollte, überhaupt nicht oder zumindest keine eindeutige Stellung bezieht (z.B. der rote oder grüne Teppich). Auch wenn meine eigenen Empfindungen nicht unwichtig sind, breche ich mir dennoch nicht gleich einen Zacken aus der Krone, wenn ich hier einmal nicht meinen Kopf durchsetze, sondern einer Sache zustimme, die mir nicht passt.

2. Kommunikation statt Rückzug

Eine gerade unter Christen weitverbreitete Methode, mit Kontroversen und Konflikten umzugehen, ist, den Ärger »um des lieben Friedens willen« herunterzuschlucken und den Rückzug anzutreten, anstatt den Sachverhalt zügig und konkret anzusprechen. Abgesehen davon, dass solch eine Haltung für unsere Psyche und unseren Körper äußerst schädlich ist, bewirkt sie in der Regel, dass sich der Konflikt dadurch nur noch verstärkt. Denn in unserem Inneren fangen wir sehr schnell an, die Dinge zu dramatisieren, aufzubauschen und aus der Mücke einen Elefanten zu machen. In das, was der andere gesagt und getan hat, werden die absonderlichsten Dinge hineininterpretiert, und wir unterstellen ihm finsterste Absichten, ohne dass wir genau wissen, was die Beweggründe für sein Reden oder sein Handeln waren. Wir schüren das Feuerchen so richtig, indem wir das Gesagte oder Geschehene immer wieder von Neuem in unseren Gedanken gleich einem Film ablaufen lassen. Wenn wir dagegen Unstimmigkeiten direkt ansprechen, lassen sie sich häufig ganz leicht und schnell ausräumen und entpuppen sich nicht selten als ein Missverständnis.

Ein Beispiel, wie das geschehen kann: Sonntagmorgen. Auf der Fahrt zur Gemeinde gab es bei uns im Auto den üblichen Stress mit den Kindern, weil der eine singen wollte, der andere aber zu dieser frühen Morgenstunde dieses ätzende Geplärr nicht ertragen kann und viel lieber CD hören will mit, so finde ich, nicht viel weniger ätzender Musik. Etwas geladen komme ich in der Gemeinde an und raffe noch die letzten Utensilien zusammen, die ich für den Bibelunterricht brauche, den ich heute zu halten habe. Dabei rausche ich schnurstracks an einer lieben Schwester vorbei, die ich sonst immer in aller Herzlichkeit begrüße. Etwas verdattert sieht sie mir nach. Wenn die Sache nun gut läuft, wird sie nach dem Gottesdienst zu mir kommen und sagen: »Tamara, was ist los? Du bist vorhin so an mir vorbeigefegt und hast mich gar nicht beachtet. Stimmt etwas nicht?« Dann würde ich mich wahrscheinlich entschuldigen, ihr erklären, dass ich an diesem Morgen total im Stress war, aber dass mein Verhalten mit ihrer Person rein gar nichts zu tun hatte. Wir würden uns kräftig in den Arm nehmen, womit der Fall erledigt wäre. Punkt. Konflikt beendet. Läuft es dagegen schlecht, zieht diese Schwester sich zurück, spricht nicht an, dass ich sie verletzt habe, sondern nimmt es mit nach Hause. Dort wird sie vielleicht die ganze Woche darüber grübeln und in mein Verhalten alles Mögliche hineininterpretieren. Dann wird aus dem »Tamara hat mich am Sonntag nicht begrüßt«, ein »Tamara hat etwas gegen mich, sie mag mich nicht mehr« oder ein »Tamara hält es nicht mehr für nötig, mich zu begrüßen, anscheinend hält sie sich für etwas Besseres«. Nichts von alledem stimmt aber tatsächlich, sondern ich war an diesem Morgen nur mit meinen Gedanken woanders. Wenn es ganz schlecht läuft, wird diese Situation mit einer oder mehreren anderen Personen »durchgehechelt« und es wird Stimmung gegen mich gemacht. An dem darauffolgenden Sonntag werde ich dann gleich drei Frauen in der Gemeinde begegnen, die sich mir gegenüber so merkwürdig benehmen ... Und das alles wegen solch einer Lappalie!

Direkt ansprechen heißt nun nicht, dass wir in dem Moment, da uns an dem Verhalten eines anderen etwas aufstößt oder wir uns in irgendeiner Weise von ihm verletzt fühlen, direkt losplatzen und herauspoltern. Manchmal tut uns ein kleiner, zeitlicher Abstand ganz gut, in dem sich die Emotionen etwas glätten können und wir uns selbst erst einmal klar werden, was uns denn da plötzlich so aus dem Ruder geworfen hat. Besteht aber auch nach solch einem zeitlichen Abstand unsererseits noch Klärungsbedarf, dann sollten wir in einem passenden Moment die Sache ansprechen.

Wenn Menschen miteinander in der Gemeinde nicht klarkommen und man begleitet sie in diesem Prozess, stellt man immer wieder fest, dass einem Konflikt, der nun leider total eskaliert ist, eine Anhäufung solch kleiner und belanglos scheinender Situationen zugrunde liegt. Wie viele »Uraltfehden« haben hier ihren Anfang. Da wurde jemand übergangen, da hat einer unbedacht eine blöde Bemerkung gemacht, da wurde jemand nicht ausreichend für seinen Einsatz gelobt und da hat ein Bruder oder eine Schwester ohne groß nachzudenken etwas kritisiert, in das jemand anders viel Arbeit und Mühe investiert hat. Kleinigkeiten. Unbedachte Äußerungen, die nicht direkt angesprochen wurden. Und dann kommt eins zum andern und im Laufe der Zeit wird aus dieser Kleinigkeit ein riesengroßer Konflikt. Jede Situation für sich genommen hätte sofort und recht einfach geklärt werden können. Weil die Leute das aber nicht getan haben, sondern sich erst einmal zurückgezogen haben, sind die Dinge in ihrer Anhäufung jetzt zu einem Pulverfass geworden, das sich kaum noch entschärfen lässt. In ihrem Inneren haben sie die vielen kleinen Verletzungen und Unstimmigkeiten so lange hin und her gewälzt und aufeinandergehäuft, dass an die ursprünglichen Situationen gar nicht mehr heranzukommen und der Konflikt auf der Sachebene kaum noch lösbar ist.

3. Miteinander statt übereinander reden

Ziehen wir uns zurück, statt die Kommunikation zu suchen, hat das häufig eine folgenschwere Konsequenz: das Reden mit Dritten über eine Missstimmigkeit, die wir mit einem Bruder oder einer Schwester hatten. Sprechen wir Konflikte direkt an, haben wir es eigentlich gar nicht nötig, noch eine weitere Person in diese Situation mit hineinzuziehen. Die Sache hat sich ja geklärt. Nur wenn wir das nicht tun, haben wir diese abartige und höchst ungeistliche Neigung in uns, das Geschehene noch mit jemand anderen zu besprechen, um Sympathisanten für unsere Sache zu finden. Dieses Reden übereinander statt miteinander ist der Tod jeder Gemeinschaft, und wir machen uns damit, um das ganz deutlich zu sagen, zum direkten Handlanger des Teufels. Wenn wir Glück haben, wird derjenige, den wir da zusätzlich ins Vertrauen ziehen, uns ermutigen, zu der betreffenden Person hinzugehen, und wird uns wegen unseres Klatsch- und Tratschverhaltens ermahnen und zurechtweisen. Oft geschieht das aber nicht, sondern der mit hineingezogene Dritte fühlt sich geehrt, so ins Vertrauen gezogen zu werden und bestärkt uns noch in unserem Denken, Reden und Verhalten. Dann schaukelt man sich so richtig gegenseitig hoch und wird immer unsachlicher und emotionaler.

Der Schreiber des Hebräerbriefes formuliert es so: »Seht zu (…), dass keine bittere Wurzel wächst und Schaden stiftet und durch sie alle vergiftet werden« (Hebräer 12,15b). Eine bittere Wurzel, die in der Gemeinde immer wieder wächst, entsteht durch Zwietracht, die wir säen, weil wir Konflikte nicht mit der betreffenden Person austragen, sondern mit unserer üblen Nachrede nicht nur unser eigenes geistliches Klima, sondern auch das der gesamten Gemeinde vergiften.

4. Dem anderen zugewandt

Des Weiteren machen die Aussagen, die wir in der Bibel finden, deutlich, dass es bei einem konstruktiven Konfliktverhalten im Wesentlichen auf unsere Grundhaltung unserem Bruder und unserer Schwester gegenüber ankommt. Wenn wir für uns die Entscheidung getroffen haben, dass ein Konflikt ausgefochten werden muss, weil er wirklich von Bedeutung ist, sollen wir uns »von der Liebe geleitet an die Wahrheit halten« (Epheser 4,15). Dass die Wahrheit ans Licht kommt, ist wichtig, aber in diesem ganzen Prozess soll Liebe die Basis sein. »In Güte zurechtweisen«, empfiehlt Paulus dem Timotheus und nennt das in Römer 12,10 »einander in brüderlicher Liebe zugetan sein.« Im gleichen Brief (Kapitel 15,7) schreibt er, dass wir uns untereinander annehmen sollen, wie Christus uns angenommen hat. Eine innere Grundhaltung der Annahme und Zuwendung dem anderen gegenüber und das Bemühen, ihn mit seinen Empfindungen, und seien sie mir noch so fremd, ernst zu nehmen, lässt eine Auseinandersetzung konstruktiv und produktiv sein. Wir suchen dann wirklich nach Lösungen, die auch zum Wohl des anderen sind, und bemühen uns, ihn nicht zu verletzen. Wie anders es ist, wenn wir den anderen ablehnen und von ihm abgewandt (eben nicht ihm zugewandt) sind, wissen wir alle nur zu gut. Dann ist es oft gerade unser Ziel (auch wenn wir das niemals zugeben würden), den anderen einmal so richtig zur Schnecke zu machen und ihn persönlich an seinem wundesten Punkt zu treffen. Deswegen ist Zeit, die wir innerhalb der Gemeinde in gute Beziehungen investieren, nie verlorene Zeit. Stimmen die Beziehungen, sind sie von gegenseitiger Achtung, Wertschätzung und Zuwendung geprägt, können Auseinandersetzungen in der Regel gut beigelegt werden. Ist hier hingegen Sand im Getriebe, ist mir der andere sowieso und von vorneherein schon zuwider, kann schon die kleinste Unstimmigkeit zu einer größeren Eskalation führen.

Auch hier ist das Stichwort wieder: Viel Kommunikation und Gemeinschaft. Das ist das genaue Gegenteil von dem, wozu wir natürlicherweise neigen. Normalerweise gehen wir dem anderen, der uns in seiner Wesensart so fremd ist, erst recht aus dem Weg, meiden ihn und reduzieren unseren Kontakt auf ein absolutes Minimum, z.B. das Treffen in einem Mitarbeiterkreis, in dem man zum Zusammensein mit dem anderen zwangsverpflichtet ist. Aber so funktioniert das nicht!

Wenn wir dagegen die Gemeinschaft suchen, werden wir den anderen immer besser kennenlernen und Blockaden werden abgebaut. Ich meine an dieser Stelle nicht unbedingt nur tiefschürfende und konfliktklärende Begegnungen und Gespräche. Manchmal sind diese wenig hilfreich, weil man sich darin häufig verzettelt, zusätzlich verletzt und den Karren noch tiefer in den Dreck setzt. Ganz banale Dinge wie gemeinsame Ausflüge oder Unternehmungen, Spielabende, gemeinsames Grillen, das gemeinschaftliche Anschauen eines Films oder sonstige vergnügliche und entspannende Aktivitäten lassen uns den anderen auf einer sehr lockeren, unverfänglichen Ebene kennen- und schätzen lernen. Befreit von dem Druck, miteinander etwas erarbeiten und zu Ergebnissen kommen zu müssen, tut es unwahrscheinlich gut, »einfach nur so« zusammen zu sein. Wenn wir diese spielerischen Zeiten nicht einplanen und ihnen vor lauter Arbeit in der Gemeinde keinen Raum geben, verkümmert unsere Gemeinschaft zu einer reinen Zweckgemeinschaft, die jener Leichtigkeit, Unbekümmertheit und Unbeschwertheit entbehrt, die wir so nötig brauchen, um uns nicht in Konflikte zu verbeißen.

Bei solch einem Spielabend in einer unserer früheren Gemeinden war ich doch äußerst verblüfft, wie einer unserer Ältesten, ein sonst äußerst sanftmütiger, ehrlicher und sensibler Mensch, mich gnadenlos abzockte, verbissen um seinen Sieg kämpfte und dabei jeden erbarmungslos über den Tisch zog. Mit glitzernden Augen und verschlagenem Grinsen häufelte er die Geldscheine vor sich auf und war auch nicht abgeneigt, sich, wenn er sich unbeobachtet wähnte, an den meinigen zu vergreifen. Äußerst interessant und sehr aufschlussreich ...

5. Unsere Wortwahl

Haben wir uns entschieden, eine brenzlige Situation direkt anzusprechen und sie nicht erst noch lange mit uns herumzuschleppen oder gar Dritte mit hineinzuziehen, ist die Art der Wortwahl, mit der wir zu Felde ziehen, ganz entscheidend. Hier stellen wir die Weichen dafür, ob der Konflikt zumindest eine Chance bekommt, in guter Weise ausgetragen zu werden, oder ob eine Eskalation mit vielen Verletzungen auf beiden Seiten schon vorprogrammiert ist. Das fängt damit an, dass wir unser Empfinden und unsere Wahrnehmung auch als solche zum Ausdruck bringen und nicht als unumstößliche Tatsache präsentieren. Einen Satz mit: »Ich empfinde in dieser Situation ...« oder »Meiner Wahrnehmung nach ...« zu beginnen, signalisiert Offenheit und Weite, die dem anderen zugesteht, diese Situation ganz anders einschätzen zu können. Das setzt voraus, dass ich meine Meinung und meine Beurteilung nicht als das Nonplusultra betrachte und meinen Blickwinkel, aus dem ich die Situation heraus beurteile, nicht als den einzig möglichen. Wir erleben und empfinden unterschiedlich, und das darf auch so sein! Bei der Wortwahl ist es also entscheidend, dass wir in sogenannten Ich-Botschaften sprechen und Du-Botschaften möglichst vermeiden. Ich-Botschaften sprechen nur von meiner eigenen Beurteilung der Situation, während Du-Botschaften schnell anklagend werden und die Tendenz haben, unter die Gürtellinie zu gehen. Dazu haben wir die Tendenz, bei Du-Botschaften verallgemeinernde Wörter wie »immer« oder »nie« ganz beiläufig mit einzustreuen und den Konflikt damit unnötig zu dramatisieren. Wenn wir in Du-Botschaften sprechen, neigen wir dazu, dem anderen schlechte und unlautere Absichten zu unterstellen. Das sollten wir aber niemals tun! Wir sollten in der Gemeinde immer erst einmal davon ausgehen, dass der andere genau wie ich auch Jesus nachfolgen will und seinen Willen tun möchte. Dass er es genauso ernst meint wie ich, das sollte unsere einzige Unterstellung sein!

Wenn wir zu Beginn eines Konflikts nicht einfach nur abblocken, sondern uns die Mühe machen, den anderen mit seiner Geschichte kennenzulernen; wenn wir versuchen zu verstehen, wie er zu seinen Einstellungen kommt und warum er so und nicht anders handelt, werden wir Brücken statt Mauern bauen.

Ich möchte das Gesagte noch einmal an einem Beispiel verdeutlichen. Nehmen wir einmal an, Sie ärgern sich darüber, dass in der Lobpreiszeit einzelne Lieder sehr häufig wiederholt werden. Sie persönlich fühlen sich dabei unwohl und finden das Ganze überflüssig. Sie beschließen, den Lobpreisleiter daraufhin anzusprechen. Das ist schon mal eine gute Entscheidung, weil Sie sonst die ganze Lobpreiszeit über blockiert wären – und das ist genau das, was der Teufel möchte. Nun können Sie sagen: »Du singst die Lobpreislieder immer zehnmal hintereinander durch. Muss das eigentlich sein? Diese Seelenmassage kann ich nicht leiden.« Wenn Sie dem Lobpreisleiter gegenüber Ihr Problem mit seiner Vorgehensweise so aggressiv formulieren, haben Sie eine gute und gelingende Kommunikation höchstwahrscheinlich im Keim erstickt. Sie übertreiben, greifen ihn direkt an und unterstellen ihm schlechte Absichten. Falls Sie mit dieser Vorgehensweise die Absicht hatten, dass er sein Verhalten überdenkt und vielleicht sogar ändert, haben Sie mit aller Wahrscheinlichkeit genau das Gegenteil erreicht. Nun würden die wenigsten von uns die Dinge so platt und undifferenziert vorbringen. Aber kommt es zu Streitgesprächen im persönlichen Rahmen oder in der gesamten Gemeinde, etwa in einer Gemeindestunde, finden wir ganz oft diese vorwurfsvollen Dubotschaften oder Ihrbotschaften, gespickt mit haarsträubenden Übertreibungen und Unterstellungen.

Es klingt ganz anders, wenn Sie sagen: »Meiner Wahrnehmung nach werden in unserem Gottesdienst die Lobpreislieder sehr oft wiederholt. Ich fände es besser, wenn wir sie nur einmal durchsingen würden. Ich persönlich würde mich dabei wohler fühlen. Aber ich würde gerne einmal die Gründe hören, warum ihr das tut.« Sie spüren es direkt: Hier fühlt sich der Angesprochene viel weniger angegriffen, Sie sprechen ausschließlich von Ihrer Wahrnehmung und lassen damit offen, dass er die Dinge ganz anders sehen kann. Sie vermeiden jede übertreibende und verallgemeinernde Wortwahl und erkundigen sich nach dem Grund für seine Vorgehensweise. Wenn wir solch eine effektivere Art der Kommunikation einüben, brauchen wir nichts unter den Teppich zu kehren und brauchen nichts in uns hineinzufressen, sondern können in guter Weise über Differenzen sprechen.

6. Unterschiede anerkennen

In einer unserer früheren Gemeinden hatten wir einen Bruder, der immer äußerst verstimmt, um nicht zu sagen empört war, wenn in unserem Gottesdienst geklatscht wurde. Ich glaube, einmal ging er sogar deswegen während einer Veranstaltung raus. Sein Verhalten hat mich unwahrscheinlich geärgert, ich fand es lächerlich, total übertrieben, traditionell und intolerant. Ich machte mir gar nicht die Mühe, sein Handeln und die Beweggründe dahinter zu verstehen, sondern fand dieses mir so unverständliche und fremde Verhalten einfach nur unmöglich. Irgendwann kam es zu einem Gespräch und in diesem erzählte er uns, dass in Russland, seiner Heimat, vor Gericht immer geklatscht wurde, wenn ein Christ wegen seines Glaubens zu einer Haftstrafe verurteilt wurde. Wenn bei uns im Gottesdienst geklatscht wurde, kamen in ihm diese Erinnerungen hoch, und er konnte nicht verstehen, wie solch ein Verhalten bei uns Platz haben konnte. Ausdruck der Freude, die Gott uns schenkt? Für ihn völlig unvorstellbar und absolut nicht nachvollziehbar. Damit hatte Klatschen für ihn rein gar nichts zu tun – er war an dieser Stelle total traumatisiert. Sie können sich sicher vorstellen, dass ich mich für mein vorschnelles Urteil ihm gegenüber in Grund und Boden geschämt habe. Gelöst war das Problem damit noch nicht, aber ich habe seine Einstellung und sein Verhalten erstmals überhaupt verstanden und konnte mich selbst ebenfalls erklären. Wie wichtig Nachfragen, Verstehenwollen und Kommunizieren ist, habe ich an dieser Stelle gelernt. Wie unterschiedlich der Erlebnishorizont ist, vor dessen Hintergrund wir reagieren und handeln, habe ich hier und später noch in vielen anderen Situationen begriffen.

Dabei entdeckte ich, dass unsere Verschiedenartigkeit und die daraus resultierenden Unstimmigkeiten ihre Wurzeln nicht nur in unterschiedlichen Erfahrungen haben, sondern dass sie auch und ganz wesentlich in einer unterschiedlichen Persönlichkeitsstruktur liegen. Gerade hier ist es wieder entscheidend zu erkennen, dass wir mit unserem Typus einen wichtigen Beitrag in der Gemeinschaft leisten, aber eben nicht den einzigen und erst recht nicht den besten oder richtigsten. Jemand, der aufgrund seiner Persönlichkeit beispielsweise sehr geordnet, sehr strukturiert und organisiert ans Werk geht und dabei vielleicht manchmal etwas zu Pedanterie und Starrheit neigt, arbeitet nicht besser oder schlechter als derjenige, der sehr spontan, unstrukturiert, offen und flexibel vorgeht, dabei aber den Hang hat, etwas chaotisch und planlos in seiner Vorgehensweise zu sein. Dieses

Beispiel zeigt, dass jeder Typ seine Stärken und seine Schwächen hat und auf Ergänzung angelegt ist. Erkennen wir diese Ergänzungsbedürftigkeit und meinen nicht, unsere Art sei die allein richtige und optimale, sind wir schon ein gutes Stück weiter. Trotzdem knallt es an dieser Stelle in unseren Gemeinden sehr häufig, nämlich dann, wenn diese unterschiedlichen Typen aufeinanderprallen und miteinander arbeiten müssen. Dann findet der Strukturierte den Unstrukturierten einfach nur grenzenlos chaotisch und unzuverlässig und der Spontane den Organisierten abartig zwanghaft und unflexibel. Wenn wir uns aber die Mühe machen, uns mit unserem eigenen Strickmuster und dem des anderen gründlicher auseinanderzusetzen, wenn wir die Stärken und Schwächen darin entdecken, hilft uns das, das Wesen des anderen zu verstehen, es nicht als Affront auf uns persönlich zu werten, sondern es als das zu sehen, was es eigentlich ist: eben einfach nur anders. Je wertfreier und sachlicher wir die Dinge hier einordnen können, desto besser. Inzwischen gibt es sehr viel gute und hilfreiche Bücher und Arbeitsmaterialien auf dem Markt, die einzelne Persönlichkeitstypen beschreiben und ihr Verhalten, ihre Arbeitsweise, ihre Stärken und Schwächen differenziert herausarbeiten. Diese Dinge auch in Form von Seminaren regelmäßig in die Gemeinde hineinzutransportieren, wäre für unsere Gemeindearbeit und für die Gemeinschaft von ganz großem Gewinn. Was sind mir bei solchen Veranstaltungen nicht schon für Kronleuchter aufgegangen und wie viel befreiendes Gelächter hat es gegeben, wenn ich mich selbst oder einen Bruder oder eine Schwester mit manchmal etwas merkwürdigen Denk- und Verhaltensweisen wiedererkannt habe und wusste: Das darf so sein – und nicht nur das, es ist auch gut so!

Ich habe nun einiges zum Thema »Konstruktives Konfliktverhalten« gesagt. Ich bin der Überzeugung, dass die meisten dieser Dinge sich mit Einsicht, ein wenig Disziplin und Übung relativ leicht umsetzen lassen. Dann sind wir schon ein bedeutendes Stück weiter auf dem Weg zu einer guten Streitkultur.

Wir merken aber alle immer wieder, dass es in manchen Konfliktsituationen mit dem Beherzigen einiger Tipps nicht getan ist. Irgendetwas scheint da im Verborgenen zu schwelen und eine sachliche und angemessene Konfliktlösung zu vereiteln. Das erlebe ich in der Gemeinde immer wieder: Da redet man sich die Köpfe heiß über irgendwelche Kinkerlitzchen, doktert an Symptomen herum und hat bei dem ganzen Unterfangen den Eindruck, hier geht es bei Einzelnen eigentlich um etwas ganz anderes, viel tiefer Liegendes. Wir brauchen viel Weisheit und Erkenntnis, um in diese Tiefe vorzudringen, damit wir das eigentliche Problem, die tiefere Ursache des Konflikts, erkennen können.

Tiefere Ursachen des Konflikts

1. Defizitäre Reaktionsmuster im Konflikt

Wir alle bringen in Konfliktsituationen alte Erfahrungen, unsere Persönlichkeitsstruktur und erlernte Reaktionsmuster mit ein. Diese Erfahrungen sind häufig mit Verletzungen behaftet, die Persönlichkeitsstruktur ist mit Defiziten durchsetzt und unsere Reaktionsmuster sind unreflektiert und für uns und andere wenig hilfreich. Fühlen wir uns bei einer Auseinandersetzung in die Enge getrieben, brechen die ungesunden Anteile unserer Person oft mit voller Kraft durch. Wir reagieren in der aktuellen Situation auf alte Verletzungen und greifen unbewusst auf alte Reaktionsmuster zurück, und seien sie auch noch so schädlich. Der aktuelle Konflikt gibt auf der Sachebene solch heftige Reaktion seitens unserer Person vielleicht gar nicht her, aber in uns sind, wenn wir diese Zusammenhänge nicht erkannt und daran gearbeitet haben, alte Saiten zum Schwingen gebracht worden, die mit ihrem Missklang kräftig stören und ein sachliches Abarbeiten des Konfliktes fast unmöglich machen.

Im Folgenden möchte ich Ihnen ein paar typische, weil häufig vorkommende Defizite aufzeigen, die Menschen in die Gemeinschaft mit einbringen und die ein sachliches, konstruktives Vorgehen im Umgang mit einem Konflikt oft verhindern, weil diese Defizite den Menschen in seiner Tiefe lenken und bestimmen. Diese Beispiele können natürlich nicht die Situationen in all ihren Facetten und Vielschichtigkeiten erfassen. Aber sie können ein Denkanstoß sein, manche Konfliktsituation in Ihrer Gemeinde besser beurteilen und verstehen zu können.

Der Rebell

Sie als Gruppenleiter kommen in eine Lage, in der Sie eine schnelle Entscheidung treffen müssen. Stellen Sie sich vor, Sie sind gerade bei einem Einkauf bei Ikea und entdecken das ultimative Schnäppchen, eine neue, absolut trendige Lampe für Ihren Gruppenraum. In Giftgrün. Nur eine ist davon noch da. Sie können jetzt keine Absprache mehr mit ihren Mitarbeitern treffen – Sie müssen jetzt einfach schnell entscheiden und handeln. Beherzt greifen Sie zu und präsentieren in der folgenden Mitarbeiterstunde den anderen freudig das gute Stück. Sie erklären, dass Sie sich gerne mit ihnen vorher abgesprochen hätten, dass aber die Situation das leider nicht zugelassen hat. Der Rebell unter Ihren Mitarbeitern regt sich nun maßlos auf, wie es denn sein kann, dass Sie über seinen Kopf hinweg einfach so eigenmächtige Entscheidungen fällen können, er fühle sich total übergangen. Sie versuchen, ihre Situation zu erklären, aber die Stimmung heizt sich immer weiter auf. Es geht gar nicht mehr um die Lampe, die man notfalls ja auch umtauschen könnte, sondern das Ganze ufert in eine Grundsatzdiskussion darüber aus, wie viel Mitspracherechte ein Mitarbeiter in Ihrer Gemeinde denn überhaupt noch hat. Sie wissen gar nicht, wie es, ausgehend von einer solchen Lappalie (schließlich geht es nur um eine Lampe, wenn auch eine in Giftgrün), zu einer derartigen Eskalation kommen konnte. Der Rebell, der Sie da so heftig angeht, hat ein Autoritätsproblem, von dem Sie, wenn Sie nicht genauer hinschauen, aber nichts wissen. Das kommt recht häufig vor. Der Rebell ist jemand, der es nie gelernt hat, sich Autoritäten in guter Weise unterzuordnen. Entweder, weil es in seinem Leben kaum welche gab (beispielsweise weil der Vater fehlte) oder aber weil er in seiner Kindheit von Autoritätspersonen, wie z.B. Eltern, Lehrern, Trainern usw. sehr verletzt, dominiert, herumkommandiert und gedemütigt wurde. Wird so eine Person nun mit einer Autoritätsperson konfrontiert, kommen diese ganzen alten Gefühle bei ihr wieder zum Schwingen. Als

Leiter in Ihrer Gemeinde, auf welcher Ebene auch immer, müssen Sie das unbedingt wissen, denn Sie stellen solch eine Autoritätsperson dar. Menschen, die an dieser Stelle schlechte Erfahrungen gemacht haben und verletzt worden sind, werden ihre negativen Gefühle, wenn sie denn nicht daran gearbeitet haben, immer auf Sie projizieren und an Ihnen in irgendeiner Form auslassen. Durchschauen Sie diesen Mechanismus nicht, werden Sie sich als Leiter mit diesen Menschen ständig wegen irgendwelcher Entscheidungen in den Haaren liegen, und sei die Sache, um die es geht, noch so banal. Aber um diese Banalität geht es dem Rebellen ja auch gar nicht ...

Der Übereifrige

Sie möchten in Ihrer Gemeinde gerne gabenorientiert arbeiten. Sie haben da aber einen »Kandidaten«, der ständig und überall mitmischt. Wo es etwas zu tun gibt, taucht der Übereifrige auf und ist immer der Erste, der »hier« schreit, wenn neue Mitarbeiter gesucht werden. Sie beobachten aber, dass vieles von dem, was er tut, gar nicht seinem Gabenspektrum entspricht und dementsprechend auch nicht die erforderliche Qualität hat. Sie beschließen, Ihn darauf anzusprechen, sehr vorsichtig, sehr sensibel, wohl wissend, dass es sich hier um einen ganz kritischen Moment handelt. Doch auf seine Reaktion sind Sie dennoch nicht gefasst. Der Übereifrige ist tief verletzt, wirft Ihnen Undankbarkeit vor und murmelt tief erschüttert, dass er »so etwas« von Ihnen ja nun wirklich nicht gedacht und erwartet hätte. Ihre Aussage, dass Sie ihm doch nur helfen wollen, seinen Platz im Reich Gottes mit seinen eigenen Gaben optimal zu füllen und dass Sie ihn vor Überlastung schützen wollen, verhallt vollständig. Genauso gut könnten Sie vor eine Wand reden. In der Folge zieht er sich aus der Mitarbeit völlig zurück und macht überall dicke Luft gegen Sie, bis er nach einem Jahr ganz aus der Gemeinde austritt. So sehr Sie sich auch Ihren Kopf zermartern, Sie wissen einfach nicht, was Sie in diesem Gespräch denn so grundlegend falsch gemacht haben. Auch hier sind eigentlich gar nicht Sie und der aktuelle Konflikt das Problem, sondern der Übereifrige hat ein ganz großes Problem mit Ablehnung, ein Gefühl, das er permanent in sich trägt. Er wurde als Kind und als Jugendlicher von Gleichaltrigen häufig gehänselt und zurückgewiesen. Auch seine Eltern waren nie richtig mit ihm einverstanden und nörgelten oder kritisierten, wo sie nur konnten. Mit dieser tiefen Lebenswunde kam der Übereifrige in die Gemeinde. »Wenn ich alles mache, mich überall einsetze, ganz viel in und für die Gemeinde tue – dann werden mich hier alle achten und mögen – keiner soll mich noch einmal ablehnen«, das ist die unbewusste Lebensdevise des Übereifrigen, mit der er in der Gemeinschaft lebt. Da hinein kommen Sie als Leiter oder Mitarbeiter nun mit Ihrer vorsichtigen Anfrage und können gar nicht verstehen, wie Sie damit so eine heftige Reaktion hervorrufen konnten. Sie haben bei dem Übereifrigen einen ganz tief sitzenden Schmerz, das Gefühl, abgelehnt zu sein, reaktiviert – das ist der Grund.

Der Unsichere

Im Gegensatz dazu haben Sie jemanden in Ihrer Gemeinde oder Gruppe, der sich überhaupt nicht dazu bewegen lässt, auch nur die kleinste Aufgabe zu übernehmen. Der Unsichere wimmelt Sie ständig ab mit der Begründung, zu viel zu tun zu haben – und überhaupt, die anderen könnten sowieso alles besser. Schließlich bekommen Sie ihn doch dazu, in der Gestaltung eines Gottesdienstes mitzuwirken. Er macht seine Sache wirklich gut, etwas nervös und unsicher zwar, aber alles in allem für »das erste Mal« richtig gut, fast schon professionell. Das wird ihm auch von allen Seiten bestätigt. Nur ein Bruder bemerkt, nachdem er ihn sehr gelobt und ermutigt hat, beiläufig, dass er an einer Stelle einen Bibelvers falsch zitiert habe, es handele sich bei dem Gelesenen um Vers 7 und nicht Vers 6. Eine Lappalie! Aber der Unsichere ist am Boden zerstört und hängt sich an dieser »Kritik« auf. Als Sie ihn das nächste Mal für einen Dienst ansprechen, hat er all das Positive, all das Lob längst vergessen und sagt: »Ich werde so etwas nie wieder machen. Es hat sich ja gezeigt, dass ich so etwas überhaupt nicht kann.« Wie er zu dieser Einschätzung kommt, ist Ihnen völlig schleierhaft, aber es ist nichts zu machen. Wenn Sie aber genauer hinsehen, entdecken Sie, dass der Unsichere ein ganz tief sitzendes Minderwertigkeitsgefühl hat, das mit einem starken Perfektionismus einhergeht. Auch das hat seine tiefer liegenden Wurzeln in seiner

Kindheit. Er konnte nie ein gesundes Selbstwertgefühl entwickeln und ein Ja zu sich finden. Sein Lebensmotto ist: »Ich tue nur etwas, was ich zu hundert Prozent gut machen kann. Wenn ich mir da nicht ganz sicher sein kann, dann tue ich lieber gar nichts. Alles, was unter diesem Anspruch liegt, taugt nichts. Wenn ich Fehler mache und andere mich deswegen kritisieren, ist das ganz schlimm. Fehler machen mich wertlos und minderwertig.« Der Unsichere hat eine sehr negative Selbstwahrnehmung und -einschätzung, und jede noch so kleine Kritik erschüttert seinen sowieso schon sehr angeknacksten Selbstwert.

Der Macher

Dann gibt es die Menschen, die sehr leistungsorientiert denken und leben, sich ganz stark über diese Leistung definieren und die Gemeinde als Background benutzen, um sich zu profilieren. Mit dem Macher werden Sie große Probleme bekommen, wenn Sie ihn bitten, einen Aufgabenbereich an jemand anderen abzugeben, etwa weil Sie beobachten, dass er überlastet ist oder weil Sie möchten, dass jemand anderer diese Aufgabe übernimmt. Der Macher wird erbittert um seinen »Job« kämpfen und ihn mit Zähnen und Klauen verteidigen. Warum? Weil es für ihn mehr als eine Aufgabe ist – für ihn hängt daran seine ganze Identität. Die Aussicht, nichts mehr oder deutlich weniger zu tun, verängstigt ihn zutiefst, weil sich sein Wertgefühl ausschließlich über seine Leistung definiert.

Aus dem gleichen Grund reagieren Macher auch sehr verletzt, wenn Sie sie nicht ausreichend für die Durchführung ihrer Aufgabe loben oder sogar an der einen oder anderen Stelle kritisieren. Für sie kommt solch eine Kritik an ihrer Arbeit einem Todesurteil gleich, denn sie haben sich völlig mit ihrer Arbeit identifiziert. »Meine Arbeit, meine Leistung, das bin ich«, nach diesem Motto lebt der Macher.

Der Schmeichler

Manipulation ist ein weiteres Verhaltensmuster, mit dem wir es in Konfliktsituationen immer wieder zu tun bekommen. Manipulation hat viele Gesichter. Typisch für Menschen, die sehr manipulativ sind, ist, dass sie in ihren Botschaften nie klar und eindeutig sind, nicht sagen, was sie wollen und was nicht, oder ihre Ziele nicht offenlegen. Wir spüren nur, dass irgendetwas nicht stimmt, fühlen uns benutzt und haben den unbestimmten Eindruck, dass uns hier jemand vor seinen Karren spannen will. Eine ganz typische Form der Manipulation, der gerade Sie, wenn Sie irgendeine leitende Position innehaben, häufig ausgesetzt sind, ist das Schmeicheln. Zu Jesus kam einmal ein reicher Mann, der von ihm wissen wollte, was er tun solle, um das ewige Leben zu gewinnen. Er beginnt seine Frage mit der Anrede »guter Meister«. Mit seiner Anrede versucht er die Antwort zu manipulieren und Jesus »Honig um den Bart zu schmieren«. Jesus weist das ganz deutlich und ziemlich harsch zurück. »Warum nennst du mich gut? Niemand ist gut außer Gott« (Lukas 18,18f). Er enttarnt dieses Kompliment als manipulativ. Echt gemeinte Komplimente sollen und dürfen wir gerne annehmen. Aber der Schmeichler will mit seinen Komplimenten eigentlich gar nicht uns etwas Gutes tun, sondern verfolgt zutiefst eigennützige Zwecke. Er möchte mit seinem Verhalten unsere Liebe und Zuwendung erkaufen und uns im Gegenzug in einem Konflikt als Sympathisanten haben.

Der Schulterklopfer

Eine weitere Form der Manipulation ist ein joviales Schulterklopfen nach dem Motto: Halt du dich mal schön an mich, tu das, was ich dir sage, dann wird es dir hier bestens ergehen. Wenn Sie als Pastor neu in eine Gemeinde kommen oder als Leiter eine neue Gruppe übernehmen, werden die Schulterklopfer garantiert auftauchen. Sofort. Meistens sind es sehr machthungrige Menschen, die sich entweder nun in ihrer Machtposition bedroht fühlen und Ihnen direkt von Anfang an klar signalisieren wollen, wer hier eigentlich das Sagen hat. Oder sie wollen Ihre vermeintliche Macht und Autorität anzapfen und für ihre Zwecke missbrauchen. Der Schulterklopfer will um Rat gefragt und in Ihre Entscheidungsprozesse involviert sein. Schließlich kennt er sich in dem Laden aus! Ummantelt ist das Ganze mit einem brüderlich-väterlichen Gehabe, bei dem es Ihnen aber, wenn denn Ihre Sinne etwas geschärft sind, eiskalt den Rücken herunterläuft. Denn unbenannt schwingt in dem scheinbar freundlichen Gehabe des Schulterklopfers die Drohung mit: Pass mal auf, wenn du dich fügst und mich anerkennst, dann hast du hier ausgesorgt. Dann hast du in mir den besten Verbündeten, den du dir nur wünschen kannst. Aber wag es nicht, mir in die Quere zu kommen und dich mit mir anzulegen, dann hast du einen Feind, dem du garantiert nicht gewachsen bist ...

Der Schweiger

Manipulation ist auch der beleidigte Rückzug in einem Konflikt. Gerade weil wir uns so schwertun und es nicht gelernt haben, Konflikte offen auszutragen, finden wir diese Art des Umgangs mit Konflikten in der Gemeinde häufig – das haben wir bereits in dem Kapitel über konstruktives Konfliktverhalten gesehen.

Sie haben in Ihrem Mitarbeiterkreis über ein Thema recht hitzig diskutiert. Dabei haben Sie gar nicht gemerkt, dass Sie jemand anderen mit einer Bemerkung ziemlich auf den Schlips getreten sind. Der Schweiger sagt aber nichts, sondern zieht sich einfach nur zurück. Er wird »komisch«, zeigt Ihnen die kalte Schulter und macht einen auf »Kräutchen-rühr-mich-nicht-an«. Dieser Mensch hat sich schon früh in seiner Kindheit angewöhnt, sein Umfeld durch Schweigen und Rückzug zu manipulieren, andere auf diesem Weg gefügig zu machen und zu erpressen. Lassen Sie sich auf dieses Spielchen ein und durchschauen Sie es nicht, wird dieser Mensch bei seinem ungesunden Verhalten bleiben und mit seiner Masche weiterhin Druck auf Einzelne und eine ganze Gemeinde ausüben!

Der Projektionskünstler

Als Leiter werden Sie in Konflikten häufig Zielscheibe von Projektionen und Schuldverschiebungen sein. Das Wort Projektion kommt aus dem Lateinischen und bedeutet so viel wie »etwas von sich weg und irgendwo hin werfen«. Wenn Geschwister in Ihrer Gemeinde miteinander Probleme haben, und Sie werden gebeten, in diese Situation helfend einzugreifen; wenn eine Gruppe oder die ganze Gemeinde in eine Krise oder Grenzsituation kommt, und Sie tun alles, um die Beteiligten da einigermaßen heil hindurchzubringen, kann es sein, dass der Wind plötzlich dreht und er Ihnen ganz unverhofft kräftig ins

Gesicht bläst. Die Projektionskünstler treten auf den Plan, packen den ganzen Konflikt und werfen ihn auf Sie. Menschen, die sich bis dato spinnefeind waren, rotten sich plötzlich gegen Sie zusammen und gehen gegen Sie als den erklärten Erzfeind vor. Was passiert hier? Nun, hier entsteht eine Gruppendynamik, die so alt wie die Menschheitsgeschichte ist. Das Volk Israel hatte schon eine Menge solcher Projektionskünstler in seinen Reihen. Sehen Sie sich den Exodus dieses Volkes an: Lief alles gut, folgte Befreiungsschlag auf Befreiungsschlag, dann war Mose der allseits beliebte und verehrte Held. Aber wehe, es ging etwas schief, dann war es mit der Loyalität des Volkes zu seinem Führer nicht mehr weit her, und mehr als einmal hätten die Leute Mose dabei fast umgebracht. Wie wir beim Volk Israel sehen können, wird aber eigentlich das Volk schuldig und nicht Mose. Das Volk hat einen Konflikt mit Gott, nicht Mose. Aber Mose wird zum Sündenbock, auf den die Menschen ihre Schuld abwälzen und den sie für ihr Versagen verantwortlich machen. Damit sind sie fein raus. »Du bist schuld an diesem Konflikt, du bist schuld, dass es mit dieser Gruppe, mit unserer Gemeinde den Bach runtergeht«, so lauten die Parolen der Projektionskünstler. Kommt Ihnen das bekannt vor?

Das sind nun einige ungesunde Verhaltens- und Reaktionsmuster, die Menschen mit in die Gemeinde und in Konfliktsituationen bringen. Gehen Sie wachen Auges damit um, werden Sie sicher noch mehr entdecken – auch bei sich selber. Jedes von mir beschriebene Verhalten kann natürlich noch ganz andere Ursachen haben. Die Beispiele von oben sind keine umfassende, tiefenpsychologische Abhandlung zu verschiedenen Persönlichkeitsstörungen, sind darüber hinaus rein fiktiv und sollen nur eine Richtung aufzeigen, eine Spur, der wir einmal nachgehen sollten. Je klarer unser Blick an dieser Stelle ist, umso weniger werden wir überrascht sein, dass sich manche Kontroversen an einer harmlosen Detailfrage entzünden und sich nicht auf der Sachebene lösen lassen.

Was tun wir nun mit diesem Wissen? Wie gehen wir damit um? Einerseits sollten wir diese Kenntnisse um tiefere Zusammenhänge und hintergründige Abläufe in den Arbeitskreisen und Gruppen, in denen wir mitarbeiten, aber auch in der Gesamtgemeinde so gut und oft es geht kommunizieren. Das kann – wie ich schon erwähnte – in Seminar- und Weiterbildungsangeboten geschehen, aber auch im persönlichen Gespräch. Ganz zart können wir einmal bei dem anderen anklopfen und uns behutsam vortasten, ob er bereit ist, sich über solch ungesunde Reaktionsmuster Gedanken zu machen. So manch einer wird dankbar sein für diese Denkanstöße.

Auch über unser persönliches Vorbild können wir diese Zusammenhänge in die Gemeinde »hineinleben«. Ich bin z.B. im Zusammenleben mit einem alkoholkranken Elternteil schon ganz früh darauf »getrimmt« worden, mich für alles und jedes und speziell für den Alkoholiker verantwortlich zu fühlen – auch für sein Trinken und sein Fehlverhalten. Ich fühlte mich schuldig, weil er trank. Diese Schuldgefühle, wenn Dinge schieflaufen und die Tendenz zur Überverantwortlichkeit, der Drang, alles irgendwie hinbiegen zu müssen, begleiten mich, bei aller Heilung, die ich an dieser Stelle schon erlebt habe, bis heute. Das ist mein defizitäres Reaktionsmuster. Kommt es nun zu einem Konflikt in der Gemeinde, kann es ganz schnell passieren, dass ich mich schuldig und verantwortlich fühle, obwohl ich mit der Sache an sich gar nichts zu tun habe. (Als Frau des Pastors werde ich gerne zur Seite genommen, um mir ein paar Sachen anzuhören, die wieder einmal unmöglich gelaufen sind und die ich bitteschön an meinen Mann weitergeben soll.) Es kann passieren, dass ich dann sehr heftig und emotional reagiere, weil ich nicht wieder in diese Ich-bin-an-allem-schuld-Falle tappen will. Für mich und andere ist es dann hilfreich, wenn ich mich erkläre. Das muss nun nicht in große tiefenpsychologische Ausführungen ausufern, es reicht ja, wenn ich, nachdem ich so überreagiert habe, dem anderen lachend erkläre: »Du, nimm mir meine heftige Reaktion bitte nicht übel. Wenn ich ehrlich bin, hat die herzlich wenig mit dir zu tun. Ich hab an der Stelle einen kleinen Schaden ...« Will der andere mehr wissen, kann man dann immer noch tiefer in ein Gespräch einsteigen. Durch unser Beispiel werden andere zunehmend bereit, sich mit ihren eigenen ungesunden Reaktionsmustern auseinanderzusetzen.

Wir werden aber auch erleben, dass durchaus nicht alle bereit sind, sich mit ihrem eigenen Gepräge, den starken, aber auch den schwachen Seiten, die oft so gemeinschaftsstörend und in Konflikten blockierend wirken, auseinanderzusetzen. Ja, oft sind jene Geschwister, die es eigentlich am nötigsten hätten, auch die, welche am wenigsten dazu bereit sind, ihr Denken, Reden und Handeln zu reflektieren und zu korrigieren. Veränderung beginnt ja immer mit der Bereitschaft zur Veränderung, und diese ist häufig gar nicht vorhanden. Vielen ist es viel zu anstrengend, sich mit den problematischen Wesenszügen der eigenen Person intensiv zu beschäftigen, und sie sehen auch gar nicht die Notwendigkeit dazu. Wenn das bei einem Menschen so ist, sind uns anderen die Hände gebunden. Reinhold Ruthe, der bekannte Psychotherapeut, brachte dieses Dilemma in einem Seminar über Konflikte im Miteinander auf den Punkt. Er sagte sinngemäß: »Zu mir kommen die Leute, weil sie in ihrem Leben Konflikte, Missstände und Probleme haben, mit denen sie nicht mehr fertig werden. Wenn sie zu mir kommen, bringen sie in der Regel die Bereitschaft mit, an sich zu arbeiten und sich zu verändern. Sie als Mitarbeiter, Pastoren und Leiter dagegen sehen Missstände und Ursachen für Konflikte, aber Sie finden bei den betreffenden Menschen nicht diesen Leidensdruck und den Wunsch nach Veränderung. Zu mir kommen die Menschen; Sie müssen zu ihnen gehen, um auf Fehlverhalten hinzuweisen, und sind dabei nicht unbedingt willkommen.« Wie wahr! Wir können Selbstreflexion und Veränderung nicht zwangsverordnen, sondern müssen damit leben, dass andere sich an dieser Stelle verweigern. Dann kann es passieren, dass sich ein Konflikt immer weiter ausbreitet, eskaliert und anfängt, uns und der Gemeinde schweren Schaden zuzufügen. Jetzt ist es ganz wichtig, dass wir die Dinge richtig einordnen können und zu einer »geistlichen« Sichtweise gelangen.

2. Konflikt und geistlicher Kampf

Paulus schreibt in seinem Brief an die Epheser in Kapitel 6,12: »Denn wir haben nicht gegen Menschen aus Fleisch und Blut zu kämpfen, sondern gegen die Fürsten und Gewalten, gegen die Beherrscher der finsteren Welt, gegen die bösen Geister des himmlischen Bereichs.« Paulus macht hier deutlich: Der Feind ist nicht der Feind! Das, was wir wahrnehmen an Kämpfen in unseren Gemeinden, die Angriffe und Eskalationen, die wir erleben, sind nur ein harmloses Schattenboxen. Der eigentliche und entscheidende Kampf findet hinter den Kulissen statt, mit dem Ziel, Beziehungen und Gemeinde zu zerstören. Ihn können wir nur gewinnen, wenn wir uns auf der geistlichen Ebene aufhalten und mit geistlichen Waffen kämpfen. Ansonsten werden wir sang- und klanglos untergehen, das garantiere ich Ihnen! Geistlicher Kampf – was ist das?

Ich persönlich hege Aversionen gegen ein übertriebenes Dämonisieren unserer Umwelt und unserer Probleme. Ein überzogen »geistliches« Verhalten in Konflikten kann auch eine Vermeidungstaktik und eine Form der Manipulation sein. Denn wer wagt es schon, sich gegen jemanden zur Wehr zu setzen, der geballte Frömmigkeit und Geisteswirken demonstriert? Wenn ein Konflikt ausgetragen werden muss und der andere möchte eine Abkürzung nehmen, indem »wir g'schwind alles unters Kreuz bringen« oder will gar den Geist der Aggression aus mir herausbeten – also bitte, da stellen sich mir die Nackenhaare erst richtig auf! Ein Konflikt gehört ausgetragen und nicht totgebetet, wenngleich unsere Gebete den Prozess natürlich begleiten sollten.

Und: Nicht jede Meinungsverschiedenheit, nicht jede Differenz ist gleich als schwerwiegender Angriff des Feindes zu werten. Unstimmigkeiten sind ganz normale Begleiterscheinungen menschlichen Miteinanders. Ich glaube, wir spüren aber sehr deutlich, wenn die Ebene der Normalität verlassen wird. Kreisen unsere Gedanken nur noch um diesen Konflikt, werden wir mürrisch und kraftlos, sind wir emotional verstrickt und können keine gesunde Distanz zu dem Problem mehr halten, schleichen sich Hass, Groll und Bitterkeit in unsere Gefühlswelt ein, sind wir als Einzelne oder sogar als ganze Gemeinde blockiert und handlungsunfähig – nun, ich glaube, dann können wir zu Recht davon sprechen, dass es sich hier um einen geistlichen Angriff handelt, bei dem der Feind einen Konflikt nutzt, um sich auszutoben und seine Attacken gegen uns persönlich und die Gemeinde zu fahren.

Wie können wir uns gegen diese Angriffe wehren?

Meiner Erfahrung nach viel unspektakulärer und schlichter, als wir häufig meinen. Unsere geistliche Kampfkraft zeichnet sich eher durch Beharrlichkeit, Zähigkeit und standhafte Treue im Alltag aus als durch wortgewaltige Ergüsse und exzessive Demonstrationen unserer Frömmigkeit. Zeiten der Stille, der Einkehr und Meditation, Beichte, Fasten, Anbetung, Unterordnung und Gehorsam sind geistliche Disziplinen mit Verheißung und bewährter Tradition, die unseren inneren Menschen stabil und widerstandsfähig machen und schon seit Jahrhunderten Menschen im geistlichen Kampf gestärkt haben. Spurgeon hat einmal gesagt: »Unsere Fasten- und Gebetszeiten im Heiligtum sind in der Tat große Tage. Nie steht des Himmels Tor weiter offen, sind unsere Herzen der Herrlichkeit näher als dann.«[5] Jesus gebraucht in einem anderen Zusammenhang das Bild von einem Haus, das auf Fels gebaut ist. Kommen Stürme und rütteln an diesem Haus, bringen sie es dennoch nicht zum Einstürzen, denn es hat ein festes Fundament. Sind die erwähnten geistlichen Disziplinen in unserem Leben verankert, haben wir ein ebensolches Fundament und werden durch Angriffe des Feindes nicht so schnell »weggepustet«.

Ist ein Konflikt im Anfangsstadium und handelt es sich nur um eine kleinere Meinungsverschiedenheit, sind wir vielleicht noch ganz gut in der Lage, geistliche Schritte zu gehen (wie in dem Kapitel über konstruktives Konfliktverhalten ja schon behandelt). Verschärft sich der Konflikt aber zunehmend, sind weitere geistliche Schritte notwendig, um nicht wieder in falsche Reaktionsweisen abzugleiten. Das umso mehr, als wir alle dazu neigen, in solchen Situationen völlig unreflektiert und »aus dem Bauch heraus« zu reagieren. Wie ein verwundetes Tier schlagen wir einfach nur noch um uns. Konfliktsituationen sind Momente, in denen der alte Adam in uns fröhlich seine Auferstehung feiert: Alte Denk- und Verhaltensmuster brechen sich wieder Bahn, wir sind verletzt und verletzen andere und versuchen mit aller Macht, unser Recht durchzusetzen. Verlassen wir aber die geistliche Ebene, verlieren wir auch im gleichen Zug den Anschluss an unsere geistliche Kraftquelle, Vollmacht und Kompetenz. Und das können wir gerade in solch einer schwierigen Situation überhaupt nicht gebrauchen!

---

5 Zitiert nach Richard Foster: *Nachfolge feiern*. Wuppertal: R. Brockhaus Verlag 1988, S. 53.

Anhand der Waffenrüstung in Epheser 6 möchte ich versuchen, weitere geistliche Schritte und Methoden der Konfliktbearbeitung bei eskalierenden Konflikten aufzuzeigen.

3. Geistliche Kampfstrategien im Konflikt

Paulus beginnt in Vers 13 mit der Aufforderung, die Rüstung Gottes anzulegen, damit »ihr am Tag des Unheils standhalten, alles vollbringen und den Kampf bestehen könnt«. Viele von uns neigen dazu, in guten und stabilen Zeiten, in denen in der Gemeinde alles glatt und rund läuft, ihre Rüstung zu vernachlässigen. Wir kommen ja auch so ganz gut klar – so meinen wir. Dann wird schon mal das eine oder andere Teil der Rüstung in die Ecke gestellt oder verstaubt in der hintersten Ecke eines Regals: Ohne dieses ganze Zeugs läuft es sich ja auch viel leichter. Wenn dann eine Krise über uns hereinbricht und der Teufel diese Situation nutzt, uns anzugreifen, stehen wir erst einmal wie vom Donner gerührt da und wissen gar nicht, wie uns geschieht. Wir sind ja auch nicht besonders gut vorbereitet. Dann beginnen wir fieberhaft, das ganze »Zeugs« zusammenzusuchen, rennen hektisch hin und her und versuchen uns krampfhaft zu erinnern, in welchen entlegenen Winkeln unseres Lebens wir denn die Einzelteile unserer Rüstung abgelegt haben. Bis wir so weit sind, konnte der Feind sein destruktives Werk schon ein gutes Stück vorantreiben und uns schon beträchtliche Hiebe versetzen. Damit das nicht geschieht, sollte uns das permanente Tragen und Instandhalten unserer Rüstung ein stetes Anliegen sein. Gute Zeiten sollten wir unbedingt dazu nutzen, unsere Beziehung zu Jesus zu stärken und zu stabilisieren und unsere Kenntnisse über das Wort Gottes zu vertiefen. Meinen wir doch nicht, diese Dinge sind wie von Wunderhand plötzlich da, wenn es hart auf hart kommt. In schweren Zeiten haben wir genau so viel Substanz, wie wir uns in guten Zeiten angeeignet haben! Sind wir nicht gewohnt, in der Rüstung zu laufen – wir werden »am Tag des Unheils« ziemlich unbeholfen darin umherstolpern.

Es folgt die Aufforderung (V. 14): »Seid standhaft.« Oder: »Stehet fest.« Wenn ihr merkt, der Feind nutzt einen Konflikt, um euch und die Gemeinde zu schwächen, gerade dann seid standhaft, seid stark, bleibt dran. Hier wird wieder deutlich: An keiner Stelle geht es um Rückzug oder klein beigeben! Im Gegenteil: Es geht um Angriff und um Verteidigung. Angriff da, wo wir erkennen, dass hier ungeistliche und zerstörerische Machenschaften am Werk sind, die es aufzudecken und zu vernichten gilt. Verteidigung da, wo wir selbst angegriffen und attackiert werden.

Gurt und Panzer: Wahrheit und Gerechtigkeit

Paulus fordert zunächst in Vers 14 auf, sich mit der Wahrheit zu gürten und den Panzer der Gerechtigkeit anzulegen. Dieses »mit der Wahrheit gürten« ist deswegen so wichtig, weil wir, wenn wir in starke Auseinandersetzungen geraten wie in einen Strudel, nicht mehr wissen, wo oben und wo unten ist. Der Feind versteht es bestens, die Wahrheit so lange zu vernebeln und zu verdrehen, bis wir irgendwann nicht mehr wissen, wo uns der Kopf steht. Die Bibel sagt, dass der Feind ein Lügner und Betrüger ist und uns mit diesen sehr zweifelhaften Fähigkeiten versucht, einzugarnen. Wenn wir uns nicht mit der Wahrheit schützen, werden wir diesen Lügen bald auf den Leim gehen und uns völlig darin verheddern. Mit »Wahrheit« ist dabei sicher zuerst an die Grundwahrheiten des Wortes Gottes gedacht. Eine dieser Wahrheiten heißt: Wir sind geliebte und wertvolle Kinder Gottes, denen er gerne alle Schuld vergibt und die er so von aller Anklage freispricht.

Ich weiß nicht, wie es Ihnen geht, aber bei mir geht ein Konflikt in der Gemeinde, wenn es sich denn nicht nur um irgendeine Lappalie handelt, wirklich ans »Eingemachte«. Je nach Intensität und Stärke der Attacken fühle ich mich dann existenziell in meiner Substanz angegriffen. Wenn Sie Gruppenleiter, Pastor oder Ältester sind, kennen Sie das vielleicht. Sie stehen ja als Autoritätsperson besonders unter Beschuss und werden auch von dem Feind aufgrund Ihrer Leitungsposition besonders ins Visier genommen. Dann wird Ihnen vorgeworfen, unsensibel, unfähig, diktatorisch, zu nachgiebig, mit zu wenig geistlicher Vollmacht oder mit zu viel geistlichem Druck usw. Ihren Dienst auszuüben. Die Vorwürfe kennen jede Spielart. Wenn wir nicht aufpassen, glauben wir diesen Lügen, und es machen sich in Krisensituationen ganz schnell existenzielle Selbstzweifel und Selbstanklagen breit. Gedanken wie »ich bin total unfähig« oder »alle sind gegen mich, an mir scheint ja überhaupt nichts Gutes zu sein« oder »vielleicht sollte ich meinen Dienst hier beenden, ich scheine hier am falschen Platz zu sein« oder »In diesem Konflikt habe ich dermaßen versagt, mich so ungeistlich verhalten, das kann ich ja nie wiedergutmachen« usw. gewinnen schnell Raum in uns und fangen an, ihre zersetzende Arbeit in unserem Inneren zu tun und mit ihrer Anklage weitere Löcher in unsere sowieso schon wunde Seele zu reißen. Wie viele Leiter gehen unter diesem enormen Druck in die Knie. Damit das nicht passiert, müssen wir uns immer wieder aufs Neue mit der Wahrheit gürten und den Panzer der Gerechtigkeit anlegen. Das geht nur, indem wir die Grundwahrheiten des Wortes Gottes täglich ergreifen und sie uns zusagen. Stur und beharrlich müssen wir sie ständig aufs Neue inhalieren. Etwa so: »Ich stehe hier als geliebter Sohn/geliebte Tochter Gottes. Diesen Status kann mir niemand nehmen. Von dieser Liebe lebe ich, und in dieser Liebe ruhe ich. In dieser Würde bin ich unantastbar. Die Entscheidungen über die Wege, die ich mit meiner Gruppe oder der Gemeinde gehe, habe ich in Verantwortung vor Gott getroffen. Dass Menschen damit manchmal nicht einverstanden sind, ist normal und damit kann und muss ich leben. Habe ich dennoch Fehler gemacht, will ich mich selbst nicht wegen meines Versagens anklagen, sondern Schuld vor Gott und Menschen bekennen. Ich habe die Zusage, dass Jesus mir diese Schuld vergibt. Er spricht mich gerecht, und umgeben von dieser Gerechtigkeit hat niemand mehr das Recht, mich anzuklagen.« Punkt. Erlauben Sie sich keine weitere Selbstzerfleischung, gestatten Sie sich kein weiteres Grübeln. Machen Sie sich solch einen Text. Ihren eigenen, der besonders die Wahrheiten enthält, die Ihnen ganz persönlich in Krisensituationen schnell aus den Händen gleiten. Hängen oder legen Sie ihn gut sichtbar hin, und lesen Sie ihn in Zeiten, in denen Sie besonders angegriffen werden. Jesus hat einmal gesagt: »Wenn ihr in meinem Wort bleibt, seid ihr wirklich meine Jünger. Dann werdet ihr die Wahrheit erkennen, und die Wahrheit wird euch befreien« (Johannes 8,31f). Darum geht es: die Wahrheit zu erkennen, zu ergreifen und so mehr und mehr in einen befreiten und stabilen Dienst zu kommen, der gegründet ist auf den Wahrheiten des Wortes Gottes und sich durch Angriffe nicht so schnell aus der Bahn werfen lässt.

Ich möchte an dieser Stelle ausdrücklich betonen, dass dies nicht bedeutet, wir würden keinerlei Selbstreflexion mehr vornehmen und zulassen. Das gibt es ja auch: Leiter, die selbstgerecht und ihrem eigenen Dienst gegenüber unkritisch dastehen. Jede Kritik wird als geistlicher Angriff abgetan, dem man widerstehen muss, und das Ganze wird noch kräftig »geistlich« untermauert. Das ist geistlich verbrämte Machtausübung und hat mit echter geistlicher Leiterschaft herzlich wenig zu tun. Wenn Sie beispielsweise als Leiter einen schlechten Führungsstil haben, mit Ihren Mitarbeitern nicht ausreichend kommunizieren und Sie nur unzureichend in Entscheidungsprozesse mit hineinnehmen und die Mitarbeiter deswegen gegen Sie rebellieren, ist es weder damit getan, dass Sie sich achselzuckend abwenden und sagen: »Na ja, da hat wohl einer ein Autoritätsproblem«, noch damit, dass Sie behaupten, die Mächte der Finsternis würden gerade eine Großoffensive gegen Sie starten. Wenn wir zulassen, dass der Geist Gottes uns in die Wahrheit führt, wird er viele Lügen, die andere in unser Herz hineinsäen, als solche aufdecken und uns davon befreien. Er wird aber auch aufdecken, wo wir selbst in unserem Denken, Fühlen und Verhalten Korrektur brauchen und andere mit ihren Vorwürfen Recht haben. Möglicherweise hat der Bruder, so ungeistlich seine ganze Art auch sein mag, tatsächlich einen wunden Punkt bei uns getroffen und eine Wahrheit über uns ausgesprochen. In solchen Situationen brauchen wir ganz dringend den Heiligen Geist, der messerscharf die Dinge »auseinanderseziert«, um uns die Frage »Wer hat hier das Problem?« korrekt beantworten zu können. Dann werden wir feststellen, dass der Konflikt auch Anteile hat, die auf unser Konto gehen. An diesen Dingen gilt es zu arbeiten und zu wachsen, damit sie immer weniger unsere Person dominieren.

Wir werden aber auch feststellen, dass es viele Dinge gibt, die nicht unser Problem sind, sondern ihre Ursache in Defiziten haben, die der andere mitbringt. Dass wir an dieser Stelle oft Opfer von Projektionen sind, hatte ich ja versucht deutlich zu machen. Die Frage »Wer hat hier das Problem?« kann uns helfen, Distanz zwischen dem anderen und uns zu schaffen und zu klären, welchen Schuh wir uns anziehen müssen und welchen nicht. Wenn wir entdecken, dass vieles eigentlich gar nichts mit uns zu tun hat und der andere gar nicht uns persönlich meint, sondern nur seine eigene Lebens- und Persönlichkeitsproblematik auf uns projiziert, kann uns das sehr helfen, wieder Luft zu schnappen und einen inneren Abstand von dem Problem zu gewinnen. Diese gesunde Distanz, verbunden mit der Fähigkeit, die Probleme dort zu lassen, wo sie hingehören und sich nicht alles selbst auf die Schulter zu packen und sich dafür verantwortlich zu fühlen, ist für den engagierten Mitarbeiter und vor allem für den Leiter ungeheuer wichtig. Wir fühlen uns sonst häufig für Dinge zuständig, für die wir es gar nicht sind.

Zur Veranschaulichung möchte ich Sie in eine Situation aus einer unserer früheren Gemeinden mit hineinnehmen. Wir erlebten in dieser Gemeinde einen starken geistlichen Aufbruch, der auch das Wiederentdecken geistlicher Gaben mit einschloss und an vielen Stellen das Gepräge eines charismatischen Frömmigkeitsstils trug. Das allein war schon Zündstoff genug für eine Gemeinde, die eher eine traditionelle Prägung besaß. Dieses für manch einen chaotische und unvorhersehbare »Treiben« im Gottesdienst oder bei Lobpreisabenden wurde (an manchen Stellen sicher auch zu Recht) von vielen äußerst kritisch beäugt, während die »andere Seite« sich eingeengt und ausgebremst fühlte. Dazu kam noch, dass sich etliche Leute von der Straße und aus der Szene bekehrten, die sich überhaupt nicht darum scherten, wie man sich denn als guter Baptist benimmt, sondern einfach nur für Jesus brannten und einen großen Hunger nach ihm und seinem Wort mitbrachten. Für die einen sehr erfrischend, für die anderen bei aller Liebe zu den Verlorenen einfach nur ein riesengroßer Stressfaktor. Ich erinnere mich an einen Gottesdienst, in dem Abendmahl gefeiert wurde. Wie bei uns üblich, stand ein Bruder vorne am Tisch, sprach die Einsetzungsworte, betete für Brot und Wein und bat dann zwei Geschwister »aus unserer Mitte«, ihm beim Austeilen des Abendmahls zu helfen. An dieser Stelle nun schritten normalerweise zwei Brüder, bekleidet mit Anzug und Krawatte, gemessenen Schrittes nach vorne, um mit ernster Miene und würdevoll gesenktem Haupt das Brot und später den Kelch in Empfang zu nehmen und in den Reihen zu verteilen. An jenem Sonntag aber war es anders. Freudig, weil sie nun endlich auch etwas zum Gemeinwohl beitragen konnten, sprangen zwei unserer frisch Bekehrten auf und eilten nach vorne: die Frau, angetan mit einem schwarzen Lederminirock und einem Oberteil, das ihre sterbliche Hülle nur äußerst spärlich verhüllte, der Mann mit einem Netzhemd, das großzügig seine muskulösen und reichlich tätowierten Oberarme freigab und angetan mit einer knappen Shorts, die ein äußerst wohlproportioniertes, knackiges Hinterteil erahnen ließ (ich muss das wissen, ich saß schließlich direkt hinter ihm). Mit vor Grausen weit aufgerissenen Augen beobachteten vor allem die älteren Geschwister, wie diese beiden fröhlichen Schrittes nach vorne eilten, dem vor Hilflosigkeit erstarrten Bruder »die Teile« aus der Hand rissen und sich begeistert dranmachten, Brot und Wein an den Mann und an die Frau zu bringen. Natürlich waren wir alle gewohnt, dass dieses Verteilen nach einer strengen und festgelegten Abfolge geschah – nicht so an diesem denkwürdigen Sonntag. Geschäftig und ziemlich planlos wieselten die beiden durch die Reihen, und bevor sie alles wieder vorne ablieferten, fragte der Mann, Kaugummi kauend und mit einem leicht drohenden Unterton, der jedes Widerwort im Keim erstickte, in die Runde: »Ham jetzt alle was?« Einige wenige nickten eingeschüchtert – die meisten waren noch nicht aus ihrer Erstarrung erwacht.

Dies war kein einmaliges Erlebnis, sondern deren gab es viele (am darauffolgenden Sonntag brachte jemand seinen Hund mit in den Gottesdienst). Lachen kann man darüber, wie so oft, nur hinterher – damals strapazierten diese Turbulenzen die Gemeinde bis aufs Äußerste. Wenn es eine Zeit gab, in der defizitäre Reaktionsmuster bei uns allen heftig durchbrachen, dann diese, und wenn es jemals Konflikte gab, die den Boden der Normalität verließen, dann damals in unserer Gemeinde. Wir alle machten viele Fehler und wurden aneinander schuldig. Die Luft in der Gemeinde war zum Schneiden dick, und ein normaler Umgang miteinander war fast nicht mehr möglich. Nun geschah Folgendes: In der charismatischen Bewegung wurde in dieser

Zeit der Einsatz von Fahnen und Bannern als Proklamation des Sieges Jesu in der Lobpreiszeit entdeckt. Sie können es sich denken: Es dauerte nicht lang und auch unsere »Spezies« nähte sich güldene und brokatene Banner, schleppte diese in den Gottesdienst und wedelte und schwenkte während der Lobpreiszeit, dass es eine Lust war anzusehen. Die Freude währte so lange, bis mein Blick auf das grimmige Gesicht unserer Urbaptisten fiel. Jetzt freilich schwante mir nichts Gutes mehr. Und richtig: In der darauffolgenden Woche kam es im Gemeinderat zu einer hitzigen Diskussion über die Anwendung von Fahnen und Bannern im Lobpreis. Nun stellen Sie sich vor, Sie sitzen mitten drin in diesem Schlagabtausch. Es gibt einiges Hin und Her und Ihr Vorredner, ein Mann, der neben Ihnen sitzt, tritt sehr vehement, emotional und weitschweifig gegen diese »Fahnenschwenkerei« auf. Darauf sagen Sie: »Ich finde das ganze Gerede über die Banner total überflüssig. Wir sollten, bevor wir solche unqualifizierten Bemerkungen machen, erst einmal nachschauen, was die Bibel dazu sagt. Außerdem stehen zur Besprechung noch ganz andere Dinge an, die viel wichtiger sind und über die wir uns Gedanken machen sollten. Zudem sollten wir uns mal kurz fassen!« Die Diskussion geht noch eine Zeit lang hin und her, wobei Sie merken, dass Ihr Bruder zur Linken demonstrativ die Arme vor der Brust verschränkt, ab und zu, wenn Sie einen Kommentar abgeben, die Augen gen Himmel verdreht, sich ansonsten aber für den Rest des Abends in Schweigen hüllt. Weil Sie spüren, dass bei ihm irgendwie Sand ins Getriebe gekommen ist, wenden Sie sich ihm am Ende des Abends zu und fragen: »Sag mal, was ist los, du hast dich ja gar nicht mehr an der Diskussion beteiligt. Stimmt etwas nicht?« Darauf lächelt Ihr lieber Bruder Sie süffisant an und artikuliert überdeutlich: »Ich sage jetzt gar nichts mehr, denn mein Gerede (dieses Wort zieht er besonders theatralisch in die Länge) ist ja total überflüssig, langatmig und unqualifiziert.« Damit greift er voll Pathos nach seiner Bibel und verlässt stante pede den Raum. Allerdings nicht, ohne Ihnen im Vorbeigehen noch zuzuzischen: »Aber eines sag ich dir: Wenn das dämliche Wedeln mit diesen Lappen nicht aufhört, ist das nicht mehr länger meine Gemeinde.« Hoppla, da ist wohl jemand etwas ganz derbe aufgestoßen, denken Sie.

Wahrscheinlich wird bei Ihnen, kaum dass Sie zu Hause sind, die Grübelei einsetzen und Sie werden sich fragen: »Was ist da nur schiefgelaufen?« Es wird nicht lange dauern und Ihnen fällt ein, dass dummerweise Sie ja derjenige waren, der die Worte »unqualifiziert« und »überflüssig« gebraucht hat. Und schon kann es passieren, dass Sie anfangen, sich selbst mit Vorwürfen für Ihre mangelnde Sensibilität und Ihren lieblosen Ton zu überschütten. Spätestens jetzt sollten Sie Jesus bitten, mit seiner Wahrheit in Ihre Gedanken und Gefühle zu kommen. Es mag Ihnen total albern vorkommen, wegen so einer Kleinigkeit zu Jesus zu gehen, aber sind es nicht oft die Kleinigkeiten, die sich wie ein Stachel in unserer Seele festhaken? Sind es nicht oft die Kleinigkeiten, die scheinbaren Belanglosigkeiten, die sich im Laufe der Zeit zu einer Lawine auswachsen? Wenn Sie nämlich sehr anfällig für Selbstzweifel und Selbstkritik sind, beginnt hier die Abwärtsspirale, die in höchst ungeistlicher Selbstanklage endet. »Wie konnte ich nur so blöd sein und mich so dämlich ausdrücken«, wird wahrscheinlich noch das Harmloseste und Freundlichste sein, was Sie sich dann vorwerfen. Wahrscheinlich wird es dann noch weitergehen, etwa in diese Richtung: »Ich bin schuld daran, dass der andere nichts mehr gesagt hat und jetzt womöglich so erbost ist, dass er aus der Gemeinde austritt.« Doch halt, sind Sie daran wirklich schuld? Sind Sie wirklich für die Reaktion und den Rückzug des anderen verantwortlich? Sich von Jesus in die Wahrheit führen zu lassen bedeutet, in dieser Sache genau hinzuschauen, wer denn hier welches Problem hat. Sie waren in Ihrer Wortwahl sehr plakativ und haben mit einer Handbewegung alles bis dahin Gesagte vom Tisch gewischt. Sie haben das, was dem anderen ein großes Anliegen war und worüber er sich viel Gedanken gemacht hat, als unqualifizierte Bemerkung abgetan. Das war verletzend. Deswegen ist es gut, sich bei Jesus und dem Betreffenden zu entschuldigen und sich vielleicht auch noch einmal zu erklären. Das ist Ihr Beitrag zur Konfliktlösung und Sie haben ihn geleistet, wenn Sie das Gespräch gesucht und sich entschuldigt haben. Ende der Vorstellung. Denn Sie sind nicht verantwortlich für das Schmollen des anderen, nicht für sein Dramatisieren und Aufbauschen der Situation und nicht für seinen Mechanismus, Sie nun mit Schweigen unter

Druck zu setzen und Sie damit in die Knie zwingen zu wollen. Dass der andere versucht, Sie zu erpressen nach dem Motto: »Wenn das hier nicht so läuft, wie ich es will, dann komme ich nicht mehr«, geht ebenfalls auf sein Konto. Das ist allein sein Problem und nicht Ihres.

Wenn wir uns mit der Wahrheit, die der Geist Gottes in uns wirkt, gürten, werden wir lernen, solche Situationen zu durchschauen, in Konflikten unsere eigenen Anteile zu sehen und zu bekennen, werden uns aber mit Standhaftigkeit gegen Schuldverschiebung und Projektionen zur Wehr setzen können. Angetan mit dem Panzer der Gerechtigkeit werden wir uns, nachdem wir unser eigenes schuldhaftes Verhalten bekannt und Vergebung empfangen haben, gegen Fremd- und Selbstanklage zu schützen wissen.

Das rechte Schuhwerk: Kampfesmut für den Frieden

In Vers 15 fordert Paulus dazu auf, als Schuhe »die Bereitschaft, für das Evangelium vom Frieden zu kämpfen« anzuziehen. Was ist dieses Evangelium vom Frieden? Kolosser 1,19 sagt uns, dass Christus durch sein Sterben am Kreuz Frieden gestiftet hat, um so durch sich selbst alles zu versöhnen. Wir leben nun als Versöhnte mit Gott und als Versöhnte untereinander. Das eine gehört untrennbar mit dem anderen zusammen. Johannes formuliert es im 1. Johannesbrief, Kapitel 4,20 sehr scharf: »Wenn jemand sagt: Ich liebe Gott!, aber seinen Bruder hasst, ist er ein Lügner. Denn wer seinen Bruder nicht liebt, den er sieht, kann Gott nicht lieben, den er nicht sieht.« Unsere Versöhnung mit Gott muss immer konkret werden in der Versöhnung mit dem Bruder oder der Schwester, sonst bleibt sie im Bereich des Abstrakten hängen und wird zur Farce. In Konfliktsituationen bedeutet das, dass wir zunächst alles dransetzen, um mit unserem Bruder oder der Schwester auch weiterhin in Frieden zu leben – egal, wie die Schuldverteilung aussieht, wie groß mein Anteil und wie groß der Anteil des anderen ist. In Matthäus 5,23f sagt Jesus: »Wenn du deine Opfergabe zum Altar bringst und dir dabei einfällt, dass dein Bruder etwas gegen dich hat, so lass deine Gabe dort vor dem Altar liegen; geh und versöhne dich zuerst mit deinem Bruder, dann komm und opfere deine Gabe.« Vielleicht habe ich selbst noch nicht einmal Probleme mit dem anderen, spüre aber an seinem Verhalten und Reden, dass er mir gegenüber Vorbehalte hat. Jesus fordert uns auf, auch in solch einem Fall den ersten Schritt zu tun und die Sache nicht einfach schleifen zu lassen.

Im theologischen Begriffslexikon wird Versöhnung wie folgt definiert: »Versöhnung bedeutet die Wiederherstellung eines guten Verhältnisses zwischen Feinden.« Täusche ich mich mit der Wahrnehmung, dass wir in unseren Gemeinden häufig sehr weit unter dem Niveau solch eines guten Verhältnisses bleiben? Bei mir jedenfalls ist das an manchen Stellen so. Vielleicht tragen wir keine offenen Gefechte mehr aus, aber leben mit manchen Geschwistern im kalten Krieg: Ich greif dich nicht an, du lässt mich in Ruhe und ansonsten gehen wir uns schön aus dem Weg. Versöhnung ist das nicht, sondern das Einfrieren einer Beziehung auf dem niedrigsten Level. Ohne unser Zutun wird sich da auch nichts ändern. Die Aufforderung, bereit zu sein, für das Evangelium des Friedens zu kämpfen, macht deutlich, dass Versöhnung in der Regel nicht von selbst geschieht, sondern erkämpft werden muss, weil der Feind größtes Interesse daran hat, uns an dieser Stelle in die Defensive zu drängen.

Also: Lasst uns »aus den Puschen kommen«, unser Schuhe anziehen und uns auf den Weg zum anderen hin machen.

Unser Schutzschild: der Glaube

In Vers 16 schreibt Paulus: »Vor allem greift zum Schild des Glaubens! Mit ihm könnt ihr alle feurigen Geschosse des Bösen auslöschen.« Feurige Geschosse oder Brandpfeile, wie sie damals im Krieg benutzt wurden, konnten, wenn sie nicht rechtzeitig abgewehrt wurden, verheerenden Schaden anrichten, beispielsweise binnen Minuten eine ganze Stadt in Flammen aufgehen lassen. Feurige Geschosse des Feindes im geistlichen Kampf einer heftigen Konfliktsituation dienen dazu, uns und eine ganze Gemeinde zu zerstören. Wir brauchen nur in unsere Gemeindelandschaft mit ihren vielen Trennungen, Zerwürfnissen und Gemeindeaustritten zu schauen, brauchen nur die wachsende Zahl der (hauptamtlichen) Mitarbeiter und Pastoren zu sehen, die in diesen ganzen Kämpfen auf der Strecke bleiben, um zu erkennen, dass der Feind an dieser Stelle leider zu oft sein Ziel erreicht. Ich persönlich brauche auch gar nicht so weit zu gucken, es reicht, wenn ich in mein eigenes Leben schaue: Wie oft bin ich von diesen Brandpfeilen getroffen worden und bin in die Knie gegangen, habe mich und die Gemeinde nicht geschützt, weil ich diesen Rat, den Schild des Glaubens zu ergreifen, nicht beherzigt habe. Was ist nun dieser Schild des Glaubens? Dieser Glaube ist das Vertrauen darauf, dass Jesus auch in heftigsten Konfliktsituationen die Oberhand behält, dass er der unumstrittene Sieger ist, der die Mächte der Finsternis bereits besiegt hat, und dass uns letztlich nichts schaden kann, weil auch schwere Zeiten und Krisen von Gott für unser Leben zu etwas Gutem umgeformt werden. Dieser Glaube ist das Festhalten an den Wahrheiten und Zusagen des Wortes Gottes und zwar unabhängig davon, ob wir auch nur ein Fitzelchen dieser Verheißungen erleben. In Hebräer 11,1 lesen wir: »Glaube aber ist: Feststehen in dem, was man erhofft, Überzeugtsein von Dingen, die man nicht sieht.« Das ist eine Herausforderung! Wenn wir in einer Konfliktsituation stecken und der »Gegner« ist einsichtig oder hört zumindest auf, uns zu attackieren, weil wir geistliche Schritte gegangen sind – dann ist es leicht, den Verheißungen Gottes zu vertrauen. Wenn wir erleben, wie unsere Gemeinde trotz feindlicher Attacken explosionsartig wächst, Menschen dazukommen und in der Seelsorge durchschlagende Heilung und Erneuerung erfahren – dann ist es leicht, am Sieg Jesu über die Mächte der Finsternis festzuhalten. Der Beweis liegt ja auf der Hand. Wenn wir aber nichts von alledem sehen, sondern Schlag auf Schlag folgt, unsere Gemeinde einem Trümmerhaufen gleicht und zahlenmäßig immer mehr schrumpft, dann lassen wir den Schild des Glaubens ganz schnell sinken, geben auf und werden überrannt. Wie können wir nun lernen, den Schild des Glaubens hochzureißen und auch über einen längeren Zeitraum hinweg dem Feind entgegenzuhalten? Was stärkt unseren Glauben? Paulus schreibt im Brief an die Römer, Kapitel 10, Vers 17: »So gründet der Glaube in der Botschaft [Luther übersetzt hier mit Predigt], die Botschaft im Wort Christi.« Unser Glaube wächst also in dem Maß, wie wir das Wort Gottes in uns aufnehmen und es dem Feind (der sein zersetzendes Werk ja mit Vorliebe in unserer Gedankenwelt tut) entgegenhalten. Lesen Sie dazu auch einmal Psalm 119, in dem die stärkende Kraft des Wortes Gottes unübertrefflich geschildert wird. Wenn wir das Wort Gottes so in Herz und Mund führen, es meditieren und unseren ängstlichen und mutlosen Gedanken entgegenhalten, verändert sich unsere Perspektive, wir schöpfen neuen Mut und beginnen, die Dinge anders zu bewerten. Paulus beschreibt diesen Prozess in 2. Korinther 4,16-18 so: »Darum werden wir nicht müde, wenn auch unserer äußerer Mensch aufgerieben wird, der innere wird Tag für Tag erneuert. Denn die kleine Last unserer gegenwärtigen Not schafft uns in maßlosem Übermaß ein ewiges Gewicht an Herrlichkeit, uns, die wir nicht auf das Sichtbare starren, sondern nach dem Unsichtbaren ausblicken; denn das Sichtbare ist vergänglich, das Unsichtbare ist ewig.« Indem wir das Wort Gottes in uns aufnehmen, lösen wir uns aus der verkrampften Fixierung auf den Konflikt und seine zerstörenden Auswirkungen, und das Erlebte wird wieder in die richtige Relation gesetzt. Damit dieser Prozess in uns in Gang kommt, damit gute, stärkende und Mut machende Gedanken in uns fließen und die Oberhand gewinnen können, müssen wir aktiv werden. Das meint Paulus, wenn er an dieser Stelle ausdrücklich auffordert, den Schild des Glaubens zu ergreifen. Stärkende Worte Gottes kommen normalerweise nicht einfach über uns, sondern wir müssen sie uns packen und aneignen, damit sie ihre Kraft in uns entfalten können. Umgekehrt entfalten negative Gedanken ebenfalls, wenn wir ihnen Raum geben, in uns ihre Kraft und Dynamik.

In der Psychologie gibt es eine ganze Richtung, die sich mit der Auswirkung positiver und negativer Gedanken auf den Menschen, sein Denken, Fühlen und Handeln beschäftigt. Der amerikanische Psychologe Martin Seligmann – manchen bekannt durch seine Forschung zum Thema »Erlernte Hilflosigkeit« Ende der Sechzigerjahre – bewies in zahlreichen Studien, dass erwartungsvoll und positiv denkende Menschen emotional und körperlich gesünder sind und wesentlich besser mit ihrem Leben (und er schließt da Konflikte und Krisenzeiten mit ein) zurechtkommen als die, welche sich auf das Negative fixieren und ihre Gedanken permanent mit diesen Negativbotschaften füllen. Letztere werden irgendwann hilflos und handlungsunfähig.

Aus diesen Erkenntnissen heraus hat er eine ganze Therapieform entwickelt, die Menschen helfen soll, diese negativen Gedankenabläufe zu erkennen und ihnen ein anderes, positives Denken entgegenzusetzen. Denn auch das war das Ergebnis seiner Forschung: An dieser Stelle sind wir sehr lernfähig und können unser Denken und in Folge auch unsere Emotionen und unser Verhalten tatsächlich verändern. Warum erzähle ich Ihnen das? In einer schwierigen Situation in der Gemeinde, etwa bei einem heftigen Konflikt, können wir uns entscheiden, ob wir uns den negativen Gedanken ausliefern wollen, die der Feind nutzt, uns zu schwächen, oder ob wir den Schild des Glaubens hochreißen und gute, kraftspendende Gedanken denken wollen.

Diese Gedanken werden eine direkte Auswirkung auf unser Gefühlsleben haben, auf unsere Standhaftigkeit und unsere Fähigkeit, mit dieser Situation fertig zu werden. Denken wir permanent Sachen wie: »Das ist ja schrecklich« oder »Wie soll das bloß weitergehen?« oder »Das ist nicht mehr zum Aushalten« oder »Wenn das so weitergeht, ist die Spaltung bald da«, dann werden wir diesen Gedanken glauben und immer mehr geschwächt. Entscheiden wir uns dagegen, den Schild des Glaubens hochzuhalten, werden uns diese positiven und erwartungsvollen Gedanken kräftigen. Die Erkenntnisse der Psychologie leisten uns an dieser Stelle gute Dienste. Allerdings kann man sich an manchen Stellen des Eindrucks nicht ganz erwehren, dass es sich bei diesem ganzen positiven Denken um ein Konzept handelt, bei dem wir aufgefordert werden, uns an unseren eigenen Haaren aus dem Sumpf zu ziehen. Sicher, es kommt ganz viel auf die Sichtweise des Betrachters an, ob er die Situation unter negativen oder positiven Vorzeichen bewertet. Aber wird eine Situation zu einer guten Situation, nur weil ich beschließe, sie jetzt dazu zu machen und sie fortan positiv zu sehen? Ist eine mickrige und zerstrittene Gemeinde plötzlich der goldene Griff, nur weil ich mir das jetzt so zurechtlege? Reden wir uns da nicht etwas schön? Brauchen wir nicht jemanden, der außerhalb unseres Sumpfes mit beiden Beinen auf der Erde steht, uns die Hand reicht und uns herauszieht? Brauchen wir nicht alle einen Fixpunkt außerhalb unseres Denkens, jemanden, der sagt, was wirklich die Wahrheit ist, auf die wir uns hundertprozentig verlassen können? Sehen Sie, diesen festen Halt gibt uns das Wort Gottes. Wenn wir auf dieses Wort unser Denken aufbauen, besteht nicht die Gefahr, einer Lüge aufzusitzen, die wir uns selbst erzählen, sondern dieses Wort ist unumstößliche Wahrheit. Die Verse der Bibel sind keine Autosuggestion, sondern enthalten wirkliche Kraft. Verändernde Kraft. In 1. Korinther 1,18 schreibt Paulus: »Denn das Wort vom Kreuz ist denen, die verloren gehen, Torheit; uns aber, die gerettet werden, ist es Gottes Kraft.« Nun geht es darum, sich diese Worte anzueignen. Wie können wir das tun?

Indem wir uns stärkende und ermutigende Wortes Gottes heraussuchen, Worte, die uns helfen, in einem Konflikt die rechte Perspektive zu behalten, und diese »durchkauen« und meditieren. Ich habe z.B. vor Kurzem wochenlang den Psalm 27 gelesen: »Der Herr ist mein Licht und mein Heil: Vor wem sollte ich mich fürchten? Der Herr ist die Kraft meines Lebens: Vor wem sollte mir bangen? Er beschirmt mich im Schutz seines Zeltes, er hebt mich auf einen Felsen empor. Nun kann ich mein Haupt erheben über die Feinde, die mich umringen« (V. 1,5b,6). Ohne groß darüber nachzudenken habe ich diese Verse so oft gelesen, dass mein Unterbewusstsein sie irgendwann gespeichert hat und sie jetzt in kritischen Situationen automatisch und ungefragt »herausgibt«. Ein anderer Vers steht in Kolosser 2,15: »Die Fürsten und Gewalten hat er entwaffnet und öffentlich zur Schau gestellt; durch Christus hat er über sie triumphiert.« Oder der sehr bekannte Vers aus Röm. 8,28: »Wir wissen, dass Gott bei denen, die ihn lieben, alles zum Guten führt, bei denen, die nach seinem ewigen Plan berufen sind.« Oder: »Denn alles, was von Gott stammt, besiegt die Welt. Und das ist der Sieg, der die Welt besiegt hat: unser Glaube« (1. Johannes 5,4).

Die Bibel ist voll von solchen stärkenden Gedanken. Wenn wir uns diese intensiv aneignen und sie diszipliniert einsetzen (was bedeutet, dass wir in Konfliktsituationen nicht der Sogwirkung kleingläubiger und hoffnungsloser Gedanken Raum geben, sondern unsere Gedanken gezielt auf das Wort Gottes ausrichten), werden wir standhaft bleiben können.

Der Kopfschutz: der Helm des Heils

»Nehmt in Empfang den Helm des Heils«, fährt Paulus fort (Übersetzung nach Ernst Gaugler). Sollten wir den Schild des Glaubens noch aktiv ergreifen, stehen wir an dieser Stelle der Zurüstung ganz still und sind einfach nur die Empfangenden. Unser Heil, die Erlösungstat Jesu, unsere Errettung durch Christus ist reines Geschenk. Dieses Heil bleibt aber nicht in einem theoretischen, abstrakt-geistlichen Bereich hängen, sondern erfährt seine Konkretisierung in unserem Leben. Gottes Heil, seine Kraft zu erretten und zu erlösen, will in all unsere Lebensbezüge, in unsere Ehen und Familien, in unsere Gemeinden, in Beruf und Nachbarschaft hineinströmen und dort erfahrbar und sichtbar werden. Es gibt aber Wegstrecken, wo wir so stark angegriffen werden, Zeiten, in denen scheinbar alles den Bach runtergeht, dass wir den Glauben, dass Gott Heil für unser Leben möchte, völlig aus dem Blick verlieren. Wir trauen uns vielleicht nicht, es auszusprechen, aber in unserem tiefsten Innern ist aus dem »Gott will mein Heil« ein »Gott will mich zerstören« geworden. Ein tiefes Misstrauen gegen Gott hat sich in unseren Herzen eingenistet. Zumindest mir sind solche Gedanken im Rahmen unseres Dienstes nicht fremd. Da haben wir uns voller Eifer in den Dienst für Gott gestellt und in manchen Phasen dieses Dienstes nichts als Schwierigkeiten und Konflikte geerntet. Gottes heilsame Gedanken für mein Leben scheinen mir in solchen Zeiten meilenweit entfernt. Auch durch solche Zeiten kommen wir nur hindurch, wenn wir stur und beharrlich am Wort Gottes festhalten. Etwa mit dem oben schon zitierten Bibelvers aus Röm. 8,28, dass »bei denen, die Gott lieben, alles zum Guten führt ...« Das heißt doch im Klartext: Egal, wie schwer die Zeiten sind, die wir in unserem Leben und Dienst in der Gemeinde durchleben – Gott kann und wird für uns und andere daraus etwas Gutes machen. Wie an einem großen Webstuhl sitzt Jesus an meinem und Ihrem Leben und verknüpft lose und scheinbar abgerissene Stränge miteinander zu einem wunderschönen, kunstvollen Bild. Die düsteren Farben und rissigen Fasern manch notvoller Lebensabschnitte gehören genauso dazu wie das leuchtende Kolorit edler Garne in stabilen Zeiten. Harte Zeiten, auch innerhalb der Gemeinde, reißen eben nicht einfach nur Löcher in unseren Lebensteppich, sondern können Qualitäten und Kompetenzen in uns ausprägen, die unser Leben später bereichern. Auch bei Ihnen!

Die Angriffswaffe: das Schwert des Geistes, das Wort Gottes

Als einzige Angriffswaffe führt Paulus das Schwert des Geistes auf, »welches das Wort Gottes ist«. Ziel im Umgang mit einem Schwert ist es, den Feind an der entscheidenden Stelle zu treffen. Wie wir den Feind mit dem Wort Gottes angreifen und kampfuntauglich machen können, sehen wir in dem Bericht über die Versuchung Jesu in der Wüste (Matthäus 4,1-11). Zielgenau hebelt er jede Versuchung, jeden Streich, den der Feind macht, mit einem Wort Gottes aus. Wenn sich dieser Kampf im zwischenmenschlichen Bereich, in Konflikten abspielt, ist es ja nun nicht unsere Absicht, den anderen zu verletzen oder niederzustrecken, sondern das, was hinter seinem Verhalten steckt, die ungeistlichen, fleischlichen und zersetzenden Machenschaften, zu treffen und auszuhebeln. Es geht darum, den entscheidenden Punkt zielgenau zu treffen. Sie können sich stundenlang mit jemandem in irgendwelchen Streitigkeiten verlieren und keinen Schritt weiterkommen, weil Sie nur in Vordergründigkeiten stecken bleiben. Wenn Sie nicht den eigentlichen Konfliktauslöser finden, nämlich alte Verletzungen, defizitäre Reaktionsmuster oder Schuld (und diese Dinge sind fast immer vorhanden, sonst ließe sich diese Auseinandersetzung ganz schnell und einfach auf der Sachebene lösen), werden Sie sich keinen Zentimeter vorwärtsbewegen. Dafür brauchen wir das geistgewirkte Wort Gottes im richtigen Moment und in die richtige Situation hinein.

Jesus hat das perfekt beherrscht (wen wundert's?). Er trifft eine Frau in Samarien an einem Brunnen und kommt mit ihr ins Gespräch. Wir lesen von dieser Begebenheit in Johannes 4. Es entspinnt sich eine Unterhaltung. Es geht hin und her über Durst, lebendiges Wasser und ewiges Leben. Und plötzlich, wie aus heiterem Himmel und scheinbar ohne Zusammenhang sagt Jesus: »Geh und hol deinen Mann.« Zack. Den entscheidenden Punkt getroffen und hinter der

Fassade das Eigentliche gesehen. Denn anscheinend waren Männer und eine nicht geklärte Beziehung zu ihnen das zentrale Lebensproblem dieser Frau.

Oder die Begebenheit, als Pharisäer eine Ehebrecherin zu Jesus schleifen (Joh. 8,1-11). Ich stelle mir vor, wie sie auf dem Weg zu Jesus hin schon heftig palavern und diskutieren, um sich auf einen theologischen Schlagabtausch zum Thema Ehebruch mit Jesus vorzubereiten. Aber Jesus reagiert noch nicht einmal auf die Frage, wie er denn zu dem Gesetz des Mose stünde (dies sah im Falle eines Ehebruchs, bei der eine Frau erwischt wurde, die Steinigung vor), geschweige denn, dass er sich in eine theologische Debatte verwickeln lässt. Er hält sich da komplett heraus und malt scheinbar völlig unbeteiligt im Sand. Erst als sie ihn gar nicht in Ruhe lassen, sagt er treffsicher den einen, entscheidenden Satz, der aufdeckt, worum es im Kern geht: »Wer von euch ohne Sünde ist, der werfe als Erster einen Stein auf sie« (Vers 7). Ich glaube, dieser Satz hat so gesessen, dass darauf tatsächlich keine Widerworte mehr kamen. Die Pharisäer brachten nichts zu ihrer Verteidigung hervor, sondern räumten unverrichteter Dinge nach und nach das Feld. Der Geist Gottes hatte ihnen für einen Moment einen Spiegel vorgehalten, in dem sie den wahren Zustand ihres Herzens, ihre Selbstgerechtigkeit, Scheinfrömmigkeit und die eigene Schuld ganz klar erkennen konnten. Jedes Zeigen auf andere war damit überflüssig.

Oder sehen Sie sich den reichen Jüngling an. Mit ihm und seiner Schmeichelei haben wir uns ja schon beschäftigt. Davon unbeeindruckt findet Jesus bei ihm genau den entscheidenden Punkt, an dem seine Hingabe scheitert: seinen Reichtum. Messerscharf gesehen und dabei hinter die vordergründige Fassade des Problems geschaut.

Sehen Sie, um in Konflikten wirklich konstruktiv weiterzukommen, brauchen wir ein Stück dieser prophetischen Schau, die Jesus in solchen Situationen hatte. Dann können wir den wesentlichen Blick hinter die Kulissen tun. Wir brauchen den Geist Gottes und das Wort Gottes, um in Konfliktsituationen defizitäre Reaktionsmuster, Fehlhaltungen und Schuld erkennen und auf eine gute Weise ansprechen zu können. Das braucht eine gute Beziehung zu Gott und dem

Nächsten, sehr viel Sensibilität, sehr viel Gebet, sehr viel Weisheit und sehr viel Liebe. Und es braucht unbedingt den ganz engen Kontakt zu Jesus, damit wir aus dem Hören auf ihn zum richtigen Zeitpunkt etwas sagen und nicht einfach nur drauflos plappern. Stimmt der Zeitpunkt nicht, ist es nicht Gottes Zeitpunkt für mich und für den anderen, um etwas aufzudecken, können wir hier ganz viel kaputt machen. Mir persönlich fehlt darüber hinaus noch eine ganze Menge Konfliktbereitschaft und geistlicher Durchblick, um dieses prophetische Reden in solch einer Klarheit und Schärfe praktizieren zu können, wie Jesus es tat. Und wahrscheinlich fehlt mir auch eine ganze Portion Liebe. Aber ein kleiner, zaghafter Versuch in die richtige Richtung könnte, um das Beispiel aus dem letzten Kapitel noch einmal zu nehmen, etwa so aussehen: »Du, es tut mir leid, dass ich mich so vernichtend über das Gesagte (Sie erinnern sich: Thema Fahnenschwenkerei) geäußert habe. Dir war es ein großes Anliegen, darüber zu reden, und du hattest dir sicher vorab schon eine Menge Gedanken zu diesem Thema gemacht. Auch wenn ich weiterhin der Überzeugung bin, dass wir unsere Argumentation in solchen Fragen in erster Linie auf dem Wort Gottes und nicht einfach nur auf unser persönliches Empfinden gründen sollten, war es falsch, alles, was du gesagt hast, einfach vom Tisch zu wischen. Mein Verhalten tut mir leid, und ich bitte dich hiermit um Entschuldigung. Deine Reaktion darauf fand ich aber nicht hilfreich. Es wäre besser gewesen, wenn du mich angesprochen und mir gesagt hättest, dass ich dich mit meinem Reden verletzt habe, als dich einfach nur beleidigt zurückzuziehen. Deine Drohung mit Austritt aus der Gemeinde, wenn wir uns nicht deiner Meinung anschließen, empfinde ich als Erpressung. Kann es sein, dass du deine Konflikte öfter auf diese Art zu lösen versuchst und andere mit Rückzug und Erpressung versuchst unter Druck zu setzen?«

So etwas zu sagen oder gesagt zu bekommen, klingt in unseren Ohren schon ganz schön heftig. Dennoch: Wenn Sie von Jesus her den Eindruck haben, Sie sollten in einer Situation solch klare und wahre Worte deutlich aussprechen, sollten Sie unbedingt den Mut dazu haben.

Ideal und wünschenswert wäre es, wenn Ihre »Botschaft« auf ein offenes Ohr und ein bereites Herz fiele. Das geschieht häufig, wenn wir wirklich den richtigen *Kairos*, Gottes Zeitpunkt, erwischt haben. Dann können Sie im Gespräch dem anderen helfen, Wege zu finden, aus diesen unguten Reaktionsmustern auszusteigen und neue Möglichkeiten der Konfliktbearbeitung zu entdecken. Da fängt dann echte Seelsorge und tiefgreifende Veränderung an. Aber wir haben keine Garantie, dass es so läuft. Selbst Jesus konnte und wollte keine Veränderung erzwingen. Bei der Frau am Brunnen war dieses bereite Herz vorhanden und sie erkannte in dem Reden Jesu den Messias. Aber der reiche Jüngling ging weg und ließ sich nicht auf die Korrektur von Jesus ein. Und auch die Pharisäer räumten in diesem Konflikt zwar erst einmal geschlagen das Feld, aber diese Situation trug nur weiter dazu bei, ihre Hassgefühle gegen Jesus zu schüren.

So kann auch ich Ihnen nicht versprechen, dass das Erkennen der tieferen Ursachen eines Konflikts, wie ungesunde Reaktionsmuster oder Angriffe des Feindes und das Anlegen der Waffenrüstung, um den geistlichen Kampf im Konflikt zu bestehen, zum Garant für die Harmonie in der Gemeinde werden. Dass es so nicht funktioniert, brauche ich Ihnen wahrscheinlich nicht zu sagen. Setzen Sie sich da bitte auch keine falschen Ideale in den Kopf! Wir können an unserer Streitkultur arbeiten, können unsere eigenen guten Beiträge leisten, Impulse geben, und werden trotzdem erleben, dass Konflikte unlösbar sind, Verletzungen so tief, dass sie zu unüberwindbaren Gräben werden, und phasenweise das Leiden mehr als die Freude aneinander dominiert. Mit diesem Istzustand, mit dieser Realität müssen wir klarkommen und Wege finden, damit umzugehen. Solche Situationen werden uns immer wieder im Gemeindeleben begegnen, und zwar solange es Gemeinde auf dieser Erde gibt. Zu behaupten, durch bestimmte therapeutische, methodische oder geistliche Prozesse könnten wir das Menschliche und Zerstörerische in unserem Zusammenleben gänzlich verhindern oder gar ausmerzen, wäre Augenwischerei und schlichtweg gelogen!

Möglicher Umgang mit Verletzungen

1. Weglaufen und die Dinge in sich hineinfressen

Wenn Menschen in der Gemeinde durch das Reden und Verhalten anderer schwer gekränkt und verletzt werden und es da gar nichts mehr zu kitten gibt, ist der Schmerz ein dreifacher.

Erstens tut es sowieso weh, wenn Beziehungen zerbrechen, wenn uns (vielleicht) ungerechte Anklagen treffen, wenn Menschen uns missverstehen, uns gezielt Schmerz zufügen und auch vor und mit anderen schlecht über uns reden. Zum anderen kommen viele in die Gemeinde oder leben in dieser Gemeinschaft mit der Erwartung und Vorstellung, hier einen Schutzraum, ein Stück heile Welt zu betreten. Wie oft habe ich schon den Ausspruch gehört: »Also, dass es so ein Verhalten in der Gemeinde gibt, das hätte ich nie im Leben gedacht.« Wenn solche Erwartungen da sind, ist der Fall auf den Boden der Realität umso härter.

David drückt seine Empfindungen in einer solchen Situation sehr treffend in Psalm 55 (Verse 13ff und 21f) aus: »Denn nicht mein Feind beschimpft mich, das würde ich ertragen; nicht ein Mann, der mich hasst, tritt frech gegen mich auf, vor ihm könnte ich mich verbergen. Nein, du bist es, ein Mensch aus meiner Umgebung, mein Freund, mein Vertrauter, mit dem ich, in Freundschaft verbunden, zum Haus Gottes gepilgert bin inmitten der Menge. Der Feind legt Hand an Gottes Freunde, er entweiht Gottes Bund. Glatt wie Butter sind seine Reden, doch in seinem Herzen sinnt er auf Streit; seine Worte sind linder als Öl und sind doch gezückte Schwerter.« Das tut weh!

Zu diesen Verletzungen durch Menschen kommt dann noch hinzu, dass wir uns von Gott im Stich gelassen und von ihm versetzt fühlen. Das gehört mit zu den dunkelsten Erfahrungen, die wir im Leben machen können, ist doch die Nähe zu Gott und das Wissen, uns auf ihn verlassen zu können, unser Lebenselixier. Als Elia in solch eine tiefe Lebenskrise gerät (1. Könige 19 berichtet davon), sagt er gleich mehrfach zu Gott: »Mit leidenschaftlichem Eifer bin ich für den Herrn, den Gott der Heere, eingetreten, weil die Israeliten deinen Bund verlassen, deine Altäre zerstört und deine Propheten mit dem Schwert getötet haben. Ich allein bin übrig geblieben, und nun trachten sie auch mir nach dem Leben« (Vers 10). Wenn Sie jemand sind, der sich mit aller Kraft, mit Leib und Seele für die Gemeinde eingesetzt hat und Ihnen dann im Rahmen irgendwelcher Konflikte das Messer in den Rücken gerammt wurde und man Sie in Grund und Boden gestampft hat, können Sie sehr gut nachempfinden, was Elia hier beschreibt: Sie haben alles getan für das Reich Gottes, Kraft und Zeit investiert, versucht, anderen zu helfen, dass sie zu Jesus finden und in der Nachfolge wachsen – und jetzt geht man Ihnen ans Leder. Sie sind tief verletzt. Schwer verwundet. Das sind Leibschmerzen, die uns fast umbringen.

Wenn wir uns in solch einer Situation befinden, gibt es verschiedene Möglichkeiten, damit umzugehen. Elia tat Folgendes: »Elia geriet in Angst, machte sich auf und ging weg, um sein Leben zu retten« (1. Könige 19,3). Flucht, Vermeidungstaktik und Fortlaufen aus der schmerzhaften Situation sind unsere ganz natürlichen und ersten Reaktionen. Nur weg hier. Keinen »von denen« jemals wieder sehen und hören müssen. In der heutigen Zeit wird an dieser Stelle meist ein Gemeindeaustritt oder -wechsel in die Wege geleitet und vollzogen. Das kann ein Weg sein, sollte aber unsere allerletzte Option darstellen. Ich schrieb anfangs schon, dass es mir nicht zusteht, an dieser Stelle ein Urteil über das Verhalten anderer zu fällen. Dennoch bin ich der Ansicht, dass Gemeindeaustritte heutzutage oft vorschnell und ohne genauere Prüfung vollzogen werden. Aus Ihrer Familie können Sie ja auch nicht weglaufen (wiewohl das heute auch immer mehr Menschen tun)! Bedenken Sie, dass Sie sich selbst, Ihre Anteile am Konflikt und Ihre unverarbeiteten Erlebnisse und Gefühle mitnehmen. Und auf diesem Schutthaufen lässt sich nur sehr schwer etwas Neues aufbauen.

Der andere Weg ist der, dass wir die ganze Sache in uns hineinfressen, Groll und Bitterkeit in uns aufhäufen und mit der Zeit immer unversöhnlicher werden. Wir sind dann zwar äußerlich noch mit von der Partie, aber innerlich haben wir uns mit einer Mauer umgeben und sind ganz weit weg. »Ein getäuschter Bruder ist verschlossener als eine Festung, Streitigkeiten sind wie der Sperrriegel einer Burg«, lesen wir in Sprüche 18,19. Wie wahr! Mit solch einem Rückzug schaden wir uns am meisten selbst. Vorübergehend dürfen wir uns natürlich zurückziehen, das kann geradezu therapeutische Wirkung haben. Aber wenn diese Durchgangsstation zur Heilung zu einem Dauerzustand der Verbitterung wird, in dem wir stecken bleiben, entwickeln sich nicht verarbeitete und nicht geklärte Verletzungen in uns wie ein Krebsgeschwür, welches immer neue Ableger hervorbringt, bis es schließlich den ganzen Körper durchsetzt hat, unseren eigenen und den der Gemeinde noch dazu. Unversöhnlichkeiten, Groll und Bitterkeit sind Ursache vieler psychischer und psychosomatischer Beschwerden bei uns persönlich und verantwortlich dafür, dass darüber hinaus der ganze Leib Christi krank wird. Zudem graben Sie sich durch lang gehegten Groll und unbewältigte Verletzungen als Mitarbeiter und erst recht als Leiter selbst das Wasser ab, was da heißt, sie büßen geistliche Frische und Vollmacht ein. Solche Zeiten sind Wüstenzeiten, genau wie Elia sie erlebt. In ihnen gibt es keine geistlichen Highlights, keine geistliche Vollmacht, nur ein Dahinschleppen durch die Wüste und irgendwann dann den Zusammenbruch. Um den Leidensdruck zu schmälern, suchen wir uns in solch einer Situation vielleicht noch Gleichgesinnte, tauschen uns mit ihnen in aller Ausführlichkeit über neuerliches, unmögliches Verhalten unseres Gegners aus und lecken miteinander unsere Wunden. Nicht selten ist dabei das Fundament für Parteiungen gelegt, die sich gegenseitig haarsträubende Grabenkämpfe liefern. Wirklich geholfen ist uns damit aber nicht.

Beide Möglichkeiten, das Weglaufen und der Rückzug, sind ganz menschliche und ganz verständliche Wege, wenn wir denn überhaupt keinen Ausweg mehr sehen. Wohlgemerkt, es geht hier ja um Situationen, die so verfahren sind, dass ein Gespräch nicht mehr möglich ist und die Verletzungen nahezu unheilbar scheinen. Es können auch Situationen sein, in denen Sie selbst sehr wohl bereit sind, auf den anderen zuzugehen und einen Weg des Miteinanders zu finden; Situationen, in denen Sie durchaus versuchen, geistlich mit den Dingen umzugehen, Ihr Gegner aber ständig neu unter Ihre Gürtellinie zielt und Ihnen definitiv schaden und Ihren Dienst zerstören will. Dass es so etwas auch in der Gemeinde gibt, muss hier ganz deutlich gesagt werden.

Nachdem Gott den in einer tiefen Depression steckenden, lebensmüden Elia erst einmal mit Essen und Schlaf versorgt hat, sagt er irgendwann zu ihm: »Steh auf!« Nicht direkt, sondern nach einer Zeit der Stärkung: Essen, Trinken, Schlafen, Ausruhen. Ganz banale und doch so wichtige Dinge. In schwierigen Zeiten vernachlässigen wir uns häufig selber: Wir machen die Nacht zum Tag, essen viel zu viel Süßes, bewegen uns kaum und überstrapazieren die Seele mit stundenlangem Fernsehen, was für unsere Genesung äußerst kontraproduktiv ist. In Zeiten, in denen wir wund und dünnhäutig sind, sollten wir aber besonders darauf achten, dass wir unseren Leib stärken, uns bei Kräften halten und uns Raum und Zeit lassen für unsere Rehabilitierung und Regeneration. Hören Sie in sich hinein, was Sie brauchen und was Ihnen jetzt guttut, und haben Sie keine Scheu, sich diese Dinge zu »nehmen«. Ein gutes Essen, morgens einmal richtig lang ausschlafen, ein ausgiebiger Saunabesuch, der Besuch eines Konzerts, eine Tageswanderung, ein Treffen mit guten Freunden, ein paar Tage ans Meer fahren – es gibt so viele Möglichkeiten, uns eine kleine Auszeit zu nehmen und unseren Leib und unsere Seele aufzubauen. Nehmen Sie sich diese Zeit für sich! Diese Momente des Rückzugs auf die ureigensten Bedürfnisse sind auch deswegen wichtig, weil hier unter anderem Ihr ganzer Schmerz, alle Trauer, alle Wut und alle Verletztheit hochkommt und nicht länger verdrängt werden kann.

Gehen Sie hier keine frommen Abkürzungen, und machen Sie keine geistlichen Klimmzüge, sonst wird sich das später rächen. Alles hat seine Zeit, und auch Ihnen wird Jesus irgendwann sein liebevolles, aber herausforderndes »Steh auf« zuraunen.

Dann allerdings müssen Sie sich entscheiden: Bleibe ich liegen, lecke meine Wunden und wälze mich weiter in Selbstmitleid oder stehe ich auf und mache mich auf den Weg? Am Anfang dieses Weges steht die Entscheidung, »geistlich sauber« bleiben zu wollen bzw. zu werden oder aber weiterhin in den regressiven und selbstzerstörerischen Verhaltensmustern zu verharren. Glauben Sie mir: Das ist keine leichte Entscheidung! Auch nicht, wenn Sie schon tausend Jahre Christ sind und bei Ihnen als Mitarbeiter, Ältester oder Pastor ein gewisses geistliches Potenzial vorhanden ist. Elia verfügte auch darüber, wahrscheinlich noch in weitaus größerem Umfang als wir. Aber unser alter Mensch ist so zäh wie Leder und gerade, wenn es eng wird, merken wir doch alle, wie erbärmlich wenig von unserer vermeintlichen Geistlichkeit noch übrig ist.

Die Entscheidung, aufzustehen und sich auf den Weg zu machen, bedeutet, dass Sie Jesus in diese Sache mit hineinnehmen und so manche Verhaltensmuster, so manch ungute Haltung aufgeben, wie z.B. Rachegedanken, Bitterkeit, negatives Reden oder die Haltung »ich armes Opfer«, die Sie sich wahrscheinlich im Laufe dieser ganzen Kämpfe und Angriffe verständlicherweise »zugelegt« haben. All diese Verhaltensweisen haben Ihnen bis dahin vielleicht auch einiges an Genugtuung beschert.

Diese Entscheidung bedeutet, Selbstverantwortung zu übernehmen und sich nicht mehr von dem anderen und seinem Verhalten abhängig zu machen. Sie sind verantwortlich für sich und für Ihre Reaktion auf Verletzungen, die andere Ihnen zugefügt haben. Den anderen und sein Verhalten werden Sie niemals verändern können. Es ist ein riesengroßes Geschenk, wenn er Fehler einsieht und sich verändert, aber es kann auch sein, dass er das niemals tut – das liegt nämlich ganz in seiner Verantwortung.

Unsere eigene Verantwortung zu sehen, mag am Anfang ein unangenehmer Gedanke sein, der uns überfordert und uns gegen den Strich geht, weil wir uns ja mit all den Anklagen, mit all unserer Bitterkeit im Recht fühlen, wir diese Gefühle in uns kultiviert haben und sie ja auch nicht einfach wegwünschen können. Trotzdem können Sie sich nicht hinter dem Fehlverhalten des anderen verstecken und Ihre Schuld damit erklären, dass der andere Sie so verletzt hat. Auf Dauer wird Jesus Ihnen das nicht durchgehen lassen!

Die geistlichen Voraussetzungen für ein Handeln, das Jesus entspricht, haben Sie allemal, weil Christus Sie freigekauft hat, herausgelöst aus der Macht der Sünde und ihren zwanghaften und zerstörerischen Kettenreaktionen. Paulus schreibt an die Römer: »Ihr wurdet aus der Macht der Sünde befreit und seid zu Sklaven der Gerechtigkeit geworden. Jetzt, da ihr aus der Macht der Sünde befreit und zu Sklaven Gottes geworden seid, habt ihr einen Gewinn, der zu eurer

Heiligung führt und das ewige Leben bringt« (Röm. 6,18 u. 22). Und etwas weiter schreibt er dann: »Denn das Gesetz des Geistes und des Lebens in Christus Jesus hat dich frei gemacht vom Gesetz der Sünde und des Todes. Wir sind also nicht dem Fleisch verpflichtet, Brüder, sodass wir nach dem Fleisch leben müssten« (Röm. 8,2 u. 12). Die Sünde hat keinerlei Macht- und Rechtsanspruch mehr an Sie, lassen Sie sich da nicht etwas anderes einreden!

Hinter dem Gedanken der Eigenverantwortung und Freiheit, die uns – und das ist ganz wichtig – nur die Anbindung, die »Versklavung« an Christus ermöglicht, steckt eine riesengroße Chance, die Jesus uns anbietet: die Möglichkeit, so zu handeln, wie wir es wollen und wie wir es von Jesus her als richtig erkannt haben, und nicht so, wie andere Menschen oder schwierige Umstände es uns aufzwingen. Wir sind durch Verletzungen nicht zwangsläufig und dauerhaft an den anderen gekettet und den Rest unseres Lebens verpflichtet, in einem Wechselspiel von Reaktion und Gegenreaktion zu verharren. Sie und ich sind keine hilflosen Opfer, sondern können durch Jesus und in Jesus frei entscheiden, wie wir leben, uns verhalten und reagieren wollen. Und allein für dieses Handeln, für diese Reaktionen tragen wir die Verantwortung. Sehen Sie, das ist eigentliche geistliche Reife: Ein Stück Freiheit zu erlangen von den Widrigkeiten des Lebens, die uns begegnen, und von Menschen, die uns verletzen. Frei und souverän zu agieren und einen Weg zu wählen, der uns guttut und im Sinne unseres Herrn ist. Ehrlich: Diesen Gedanken finde ich große Klasse! Und ehrlich: von der Umsetzung bin auch ich noch weit entfernt!

Nun mag an dieser Stelle bei Ihnen der Eindruck entstehen, ich betone Eigenverantwortung und den Willen zum rechten Handeln sehr stark. Je nachdem in welcher geistlichen und seelischen Verfassung Sie sich derzeit befinden, mag Ihnen das ungeheuer anstrengend erscheinen und wie ein weiterer geistlicher Klimmzug, zu dem Ihnen nun wirklich die Kraft fehlt. Wenn das bei Ihnen so ist, möchte ich Ihnen gerne Folgendes sagen: Trotz allem, was die Bibel über unsere Heiligung, über unseren Willen zum Gehorsam, über unsere Verantwortung sagt, werden diese Dinge niemals als Voraussetzung genannt, damit sich Gott über uns erbarmt und sich uns zuwendet. Die Erlösungstat Jesu reicht über Ihr Vermögen oder Unvermögen, sich in der konkreten Situation christusgemäß zu verhalten, weit hinaus, seine Vergebung und Freisetzung von Schuld gilt für jede Sekunde Ihres Lebens und für jede Situation, die Sie nicht unter die Füße kriegen. Im Philipperbrief schreibt Paulus: »Denn Gott ist es, der in euch das Wollen und das Vollbringen bewirkt, noch über euren guten Willen hinaus« (Kap. 2,13). Sie leben von dem »Es ist vollbracht«, das Jesus in Ihr Leben gesprochen hat, und nicht von Ihrem guten Willen und Ihren Siegen. Der Sieg Jesu hat auch in Ihrem Leben, ungeachtet dessen, was Sie »schaffen« und was nicht, die Macht der Sünde gebrochen!

Haben Sie aber eine Entscheidung über Ihr Verhalten getroffen, dann sehen Sie zu, dass Sie so schnell wie möglich zu Jesus kommen und bei ihm alles ausspucken, was Sie verletzt und vergiftet. Wenn Ihnen die Anwesenheit eines Menschen dabei hilft, suchen Sie sich möglichst außerhalb Ihrer Gemeinde einen Bruder oder eine Schwester, der oder die Ihnen helfen kann, Gefühlsballast abzuladen. Aber achten Sie darauf, dass es wirklich Menschen mit geistlicher Kompetenz sind – sonst gleitet das Ganze doch wieder auf die Ebene der üblen Nachrede ab. Die meisten seelischen Verletzungen verschwinden nicht, wenn man sie einmal ausgesprochen hat. Oft muss man sie sich immer wieder von der Seele reden. Wenn es Ihnen schwerfällt, Ihrem Schmerz Ausdruck zu verleihen, dann nehmen Sie sich die Psalmen zu Hilfe, in denen Menschen die ganze Wucht ihrer Verletzungen vor Gott ausbreiten. Und dabei sind sie in ihrer Wortwahl alles andere als zimperlich. Was wünscht David in dem anfänglich zitierten Psalm 55 seinen Freunden, die zu Verrätern geworden sind? Nichts Geringeres als dass sie »der Tod überfallen soll«, sie »lebendig ins Totenreich hinabfahren sollen« und »von Gott in die tiefste Grube gestürzt werden«. Unsere Wut und unsere Trauer haben bei Gott Raum und sind dort gut aufgehoben!

Auch Elia packt in der Begegnung mit Gott seine Bitterkeit noch einmal aus: »Mit Leidenschaft bin ich für den Gott der Heere eingetreten (...) und nun trachten sie auch mir nach dem Leben« (V. 14). Elia erfährt dann etwas, was auch ich schon oft erlebt habe, wenn ich vor Wut heulend und von Bitterkeit ganz zerfressen bei Jesus auf dem

Schoß gesessen und mit meinen Fäusten gegen seine Brust getrommelt habe: Gott offenbart sich in einer ganz sanften und zarten Weise (1. Könige 19,11-13). Bei Jesus konnte ich meinen ganzen Schmerz herausschreien und -weinen. Er hat nicht mit mir geschimpft, mich nicht zurechtgewiesen, sondern mich in seine Arme genommen und mich wie eine Mutter ihr Kind sanft hin- und hergewiegt und getröstet. Und irgendwann viel, viel später hat er dann angefangen, zu mir zu reden. Das tut Gott dann auch bei Elia: »Der Herr antwortete ihm: Geh deinen Weg durch die Wüste zurück und begib dich nach Damaskus. Bist du dort angekommen, salbe Hasael zum König von Aram! Jehu, den Sohn Nimschis, sollst du zum König von Israel salben, und Elischa, den Sohn Schafats aus Abel-Mehola, salbe zum Propheten an deiner Stelle« (1. Könige 19,15f).

Es ist ja schon allerhand, dass Elia für diese eine Begegnung mit Gott über einen Monat zum Berg Horeb wandern musste und nun die Anweisung bekommt, den gleichen Weg wieder zurückzulaufen. Aber wahrscheinlich brauchte er diese Zeit und diesen Abstand für den inneren Heilungsprozess. Wir wollen immer, dass alles hoppla hopp geht und Gott uns im Turbogang innerlich heil macht. Natürlich kann er das tun. Gott braucht diese Zeit nicht, aber wir brauchen sie. Die Geschichte von Elia lehrt uns, dass Krisenzeiten und intensive Gottesbegegnungen, die uns tiefgreifend verändern sollen, Zeit brauchen. Viel Zeit. Und diese Zeit sollten wir uns, wenn es irgend geht, nehmen, damit wir Abstand von der Situation bekommen, um wieder klar denken zu können. Übereilte und schnelle Entscheidungen, die wir aus unserer Verletztheit heraus treffen, sind hier fehl am Platz. So manch einer hat solch überstürzte Schritte hinterher bitter bereut. Was Jesus in solch einer Auszeit zu Ihnen sagen wird, weiß ich nicht. Sicher sehr viel Liebevolles, aber auch Kritisches. Dem Elia jedenfalls lässt Gott seine überstürzte Flucht nicht durchgehen, sondern er soll »sein Ding« zu Ende bringen, geordnete Verhältnisse hinterlassen, und darf dann seinen Dienst beenden (eine Tatsache, die bei der Eliageschichte häufig übersehen bzw. überlesen wird).

Gott weiß, wie viel er uns zumuten kann und wann unsere Grenzen erreicht sind. Das gilt auch für Konflikte innerhalb der Gemeinde.

Aber sehen Sie, es ist ein riesiger Unterschied, ob Sie in einer solchen Gemeinschaft einfach alles hinter sich lassen nach dem Motto »Nach mir die Sintflut«, oder ob Sie das, was Sie bis jetzt gemacht haben und die Beziehungen, in denen Sie bis jetzt gelebt haben, in guter Weise beenden und geklärte und saubere Verhältnisse hinterlassen. Dann sind Sie gegebenenfalls auch wirklich frei für einen Neuanfang.

2. Vergebung einüben

Oft gibt Gott aber kein grünes Licht für einen Gemeindewechsel oder einen Neuanfang, sondern traut Ihnen zu, in Ihrem Umfeld und in Ihrer Gemeinde zu bleiben. Wie können Sie dann mit der Situation umgehen und welche Wege sind hilfreich, damit der Schaden, der uns und dem anderen zugefügt wurde, sich nicht bis ins Unendliche auswächst und am Ende tatsächlich nur noch ein einziger Trümmerhaufen übrig bleibt?

Ein Weg ist unser Bemühen, in einem beständigen Prozess der Vergebung zu leben. Jesus macht in Matthäus 18,22 deutlich, dass unsere Vergebung grenzenlos sein soll. Das begründet er mit dem Gleichnis von dem Mann, dem hohe Schulden erlassen wurden, der aber nicht bereit war, seinem Kollegen nun seinerseits Schuldenerlass zu gewähren (Matthäus 18,23-35).

Von meinen Kindern kenne ich dieses Verhalten sehr gut. Ganz häufig nehmen sie sich irgendwelche Sachen von uns (besonders weit oben auf der Favoritenliste stehen Tesafilm, Kulis und Scheren) und bringen sie dann nicht wieder zurück. Hin und wieder mache ich einen Streifzug durch ihre Zimmer und erobere meinen Besitz, den sie in ihren Bau geschleift haben und der nun in irgendwelchen finsteren Ecken vergraben liegt, zurück. Immer wieder sage ich ihnen, dass sie bitteschön die Sachen an ihren Bestimmungsort zurückbringen sollen. Dann wird diese mütterliche Anordnung zirka einen Tag lang befolgt, worauf der alte Schlendrian wieder einkehrt. Meine Kinder leben davon, dass ich ihnen ihr Fehlverhalten immer wieder nachsehe und vergebe (wiewohl dieses einnehmende Verhalten ab einem bestimmten Punkt natürlich auch Konsequenzen nach sich zieht). Aber Sie sollten die Bande mal untereinander erleben! Knallhart und ohne

Rücksicht auf Verluste wird derjenige zur Rechenschaft gezogen, der auch nur den kleinsten Bleistiftstummel, das winzigste Blättchen aus dem Gemach der Geschwister zu entwenden wagte und es dann nicht exakt an denselben Platz zurückgelegt hat. Zeter und Mordio!

So sind wir: Auf der einen Seite leben wir von der Barmherzigkeit Gottes, und auf der anderen Seite verweigern wir unserem Nächsten eben diese Barmherzigkeit. Wenn Sie der Meinung sind, der andere würde Ihre Vergebung nicht verdienen und der Ihnen zugefügte Schaden sei unverzeihlich, dann frage ich Sie, ob Sie die Vergebung durch Jesus, von der Sie tagtäglich leben, in irgendeiner Weise verdient haben und ob der Schaden, den Sie Jesus mit Ihrer Schuld zugefügt haben, solch eine Lappalie war, dass es da nichts zu verzeihen gäbe. Ich glaube, eine Antwort erübrigt sich.

An dieser Stelle wenden viele ein: »Aber ich kann nicht vergeben. Ich habe das mehrfach probiert, aber mir kommt die Galle hoch, wenn ich diesen blöden Kerl nur schon sehe. Dabei braucht der Typ noch nicht einmal den Mund aufzumachen.« Auch wenn ich Sie nicht kenne, stelle ich die Behauptung auf: Das stimmt so nicht. Sie können vergeben. Was Sie nicht können, da stimme ich Ihnen dann zu, ist Vergebung fühlen. Aber das sind zwei grundverschiedene Dinge! Unser Gefühl in uns ist nicht das Maß aller Dinge, sondern unser Wunsch, Christus zu gehorchen, auch wenn wir diese Entscheidung zunächst einmal nur mit dem Kopf und unserem Willen treffen, dabei unser Gefühl hinterherhinkt und partout nicht mitziehen will.

Ich selbst bin ein sehr gefühlsorientierter Mensch. Für mich war und ist es ein bedeutender Lernprozess, meine Gefühle und Empfindungen immer wieder zu bündeln und sie meinem Denken und meiner Erkenntnis von »Wahr« und »Falsch«, welche Jesus mich lehrt, unterzuordnen. Genau das ist gemeint, wenn Paulus an die Korinther schreibt: »Wir nehmen alles Denken gefangen, sodass es Christus gehorcht« (2. Kor. 10,5b). Tue ich das nicht, fährt mein Gefühl garantiert mit mir Schlitten, was meistens mit einer Bruchlandung endet.

Diese Entscheidung »Ich will vergeben« zu treffen, ist insbesondere für Sie als Mitarbeiter, aber auch für jeden anderen Christen überlebenswichtig. Paulus schreibt in seinem 2. Brief an die Korinther (2,10): »Denn auch ich habe, wenn hier etwas zu verzeihen war, im Angesicht Christi um euretwillen verziehen, damit wir nicht vom Satan überlistet werden; wir kennen seine Absicht nur zu gut.« Und Johannes drückt es in 1. Johannes 2,11 noch drastischer aus: »Wer aber seinen Bruder hasst, ist in der Finsternis. Er geht in der Finsternis und weiß nicht, wohin er geht; denn die Finsternis hat seine Augen blind gemacht.« Wir werden als Christen zutiefst unglaubwürdig, wenn wir die Frage, ob wir dem anderen vergeben wollen, anders als mit Ja beantworten.

Zu vergeben ist in erster Linie ein Entschluss, ein Gehorsamsschritt und eine Entscheidung, deren Durchsetzung viel Beharrlichkeit und Disziplin fordert. Wir hätten es gerne so, dass wir wegen »dieser Sache« für uns beten lassen und dann ist alle Bitterkeit, alle Wut und aller Hass wie weggeblasen und ein warmes Gefühl von Liebe und Annahme gegenüber unserem Feind macht sich in unserer Bauchregion breit. Diese Erwartung mag sehr geistlich erscheinen und kann es durchaus auch sein, entspringt meines Erachtens oft aber mehr unserer Faulheit und der Tatsache, dass wir Kinder unserer Zeit sind, die es mit Arbeit, Mühe, Beharrlichkeit und Disziplin eh nicht so haben. Ich sage nicht, dass Gott solche Wunder nicht tut. Aber auch dann, wenn Sie solch ein Wunder erleben, werden Sie Ihre Beharrlichkeit und Ihre Disziplin brauchen, um diesen Akt der Freisetzung in den Alltag hinüberzuretten und ihn stabil und fest zu machen. Fehlt Ihnen diese Disziplin, wird auch solch ein Wunder keine langfristige Veränderung bringen. Vielleicht hilft Ihnen zum Verständnis ein Beispiel: Wenn Gott Sie durch ein Wunder von Lungenkrebs heilt und Sie ändern Ihre Lebensgewohnheiten nicht, sondern rauchen weiterhin vier Schachteln Zigaretten am Tag, dann könnte es sein, dass dieses Heilungsgeschehen nicht allzu lang anhält. Gott kann man an dieser Stelle dann sicher keinen Vorwurf machen, sondern Sie selbst haben sich, weil Sie sich nicht von alten Verhaltensweisen abgewandt haben, einen Strich durch die Rechnung gemacht. Das Gleiche gilt auch für Veränderungs- und Heilungsprozesse, die Gott an unserem inneren Menschen vornimmt. Im Jakobusbrief lesen wir:

»Wer sich aber in das vollkommene Gesetz der Freiheit vertieft und *an ihm festhält*, wer es nicht nur hört, um es wieder zu vergessen, sondern danach *handelt*, der wird durch sein *Tun* selig sein« (Jak.1,25). Das Wort »selig« bezeichnet hier nicht den Zustand des Errettetseins, sondern meint so viel wie glückselig sein, meint, dass jemand zu beglückwünschen ist, dass er, so er sich an diese Regel hält, gut leben kann. Durch unser Tun können wir niemals etwas beisteuern zu der Erlösungstat Jesu. Unsere Errettung und Befreiung von der Macht der Sünde ist allein und einzig in ihm verankert. Hier geht es dagegen um unsere Lebensqualität: Ob wir uns als Christen nur so dahinschleppen oder zu diesem »glückseligen« Leben durchdringen. Hier geht es darum, die geschenkte Freiheit festzuhalten und in konkretes Tun umzusetzen. Etwas festzuhalten kostet schon etwas Kraft und Anstrengung. Wir haben diese Sache noch nicht »in trockenen Tüchern«, sodass wir uns nicht mehr drum kümmern müssten, sondern müssen mitunter noch ganz schön zäh darum ringen. In Galater 5,1 spricht Paulus davon, dass uns Christus zur Freiheit befreit hat. »Bleibt daher fest und lasst euch nicht von Neuem das Joch der Knechtschaft auflegen.« Auch hier wieder die Zusage großer Freiheit, die wir in Christus erlangt haben, verbunden mit dem Hinweis auf die Gefahr, diese Freiheit wieder zu verlieren. Denn der Feind wird alles in seiner Macht Stehende tun, um sein Land wieder zurückzuerobern. Auch unsere Gefühle nutzt er dazu. Diese lassen sich im Gegensatz zu unserem Willen und Verstand ganz schlecht steuern und scheinen so gar nicht willens zu sein, uns zu gehorchen. Aber sie werden es irgendwann tun, wenn wir uns nicht ins Boxhorn jagen lassen und bei dem kleinsten Widerstand zurückweichen. Wenn wir dauernd jammern, dass dieses ganze Zeug mit der Vergebung sowieso nicht klappt und bei allen anderen, nur aber bei uns nicht funktioniert, geben wir viel zu schnell auf! Dranbleiben, kämpfen, dem Feind das Land, was Christus ihm abgenommen hat, keinen Millimeter wieder lassen – darum geht es hier.

Wie sieht nun dieses Festhalten und Dranbleiben konkret aus?

Immer wieder, wenn der Schmerz über das, was der andere Ihnen angetan hat, zuschlägt, können Sie damit zu Jesus gehen und bei ihm alles ausspucken. Hier liegt der entscheidende Unterschied zum Verdrängen und zu einem ungesunden: »Ich darf das jetzt nicht denken und fühlen. Als Christ muss ich ja vergeben.« Ihre Gefühle, Ihr Schmerz werden nicht einfach abgewürgt und unterdrückt, sondern sie haben einen Raum, wo sie sein dürfen: und der ist bei Jesus, bei dem, der alle unsere Schmerzen kennt und getragen hat. In diese Zeit gehört auch, dass Sie sich Ihrem Schmerz stellen und genauer hinsehen, warum er Sie denn mit solcher Heftigkeit überrollt. Häufig sind sehr starke, schmerzvolle Gefühle Hinweise auf Leid, das wir schon einmal in ähnlicher Weise erlebt und durchlitten haben, etwa als Kind. Wurde dieser Schmerz nicht verarbeitet, bricht er bei einer Wiederholungssituation mit ganzer Wucht wieder hervor. (Wir haben uns bereits in dem Kapitel über defizitäre Reaktionsmuster damit auseinandergesetzt.) Verdrängen Sie Ihre Gefühle nicht einfach, weil Sie ja so fromm sind, sondern setzen Sie sich damit auseinander. Wenn Sie das nicht allein schaffen, suchen Sie sich Hilfe.

Aber: Geben Sie dieser Zeit, in der Sie die Dinge vor Jesus ausbreiten, einen festgesteckten Rahmen und eine Begrenzung. Setzen Sie irgendwann einen Punkt, an dem das Klagen ein Ende hat, damit es nicht ausufert und in Ihnen eine Dominanz entwickelt, die ihm nicht zusteht. »Gönnen« Sie sich nach dieser Zeit keine weiteren negativen Selbstgespräche, in denen Sie alles wieder und wieder durchkauen, kein Wälzen in Selbstmitleid und keine Ich-armes-Opfer-Meditation. Auch das fordert unsere Disziplin, denn negative Gedanken entwickeln in uns mitunter eine ungeheure Sogwirkung.

Treffen Sie dann die Entscheidung, dem anderen zu vergeben. Strengen Sie sich nicht an, diese Entscheidung aus sich heraus zu treffen, sondern fällen Sie sie, weil Sie sicher sind, dass Gott es so will. Und bitten Sie ihn, Ihnen die Kraft zum Durchhalten dieser Entscheidung zu schenken. Vielleicht hilft Ihnen dabei die bildliche Vorstellung (mir helfen solche Vorstellungen immer sehr), dass Sie durch Ihren Groll und Ihre Unversöhnlichkeit bis dahin ganz eng mit Fesseln an den anderen gekettet waren. Das ist eine geistliche Realität. Stellen Sie sich nun vor, wie durch Ihre Bereitschaft, dem anderen zu vergeben, diese Fesseln sich lösen, abfallen und sie beide frei sind, unbehindert ihres Weges zu ziehen. Ich kenne jemand, der schreibt Dinge, die ihn verletzt haben, auf, faltet ein nettes, kleines Schiffchen aus dem Papier und lässt es auf einem Fluss in der Nähe davonschippern. Diese Zeichenhandlung hilft ihm, den Schmerz loszulassen und den Akt der Vergebung zu besiegeln. Suchen Sie nach solchen Bildern, mentalen Vorgängen oder Handlungen mit Symbolcharakter, zu denen Sie ganz persönlich Zugang haben, um diesen Schritt der Vergebung zu untermauern. Wir sind an dieser Stelle oft viel zu verkopft und erfindungsarm. Die Bibel zeigt uns dagegen (wir sehen das besonders bei den Propheten), dass wir für das Verstehen von tiefen, geistlichen Zusammenhängen Bilder und Zeichenhandlungen brauchen und der Mensch, auch der geistliche Mensch in uns, nicht nur über die kognitive Ebene erreicht wird.

Wie gesagt kann der Entschluss zu vergeben ein reiner Gehorsamsschritt sein, bei dem Ihr Gefühl Purzelbäume schlägt. Lassen Sie sich davon nicht beirren! Dass unsere Gefühle gelegentlich Achterbahn fahren, ist normal. Betrachten Sie es also auch als normal, und nehmen Sie es nicht so wichtig. Und dann wenden Sie sich frohgemut einer anderen Tätigkeit zu. Lassen Sie sich nicht dazu verleiten, diese Sache wieder und wieder durchzudenken und zu erkunden, ob Sie denn nun schon etwas Positives fühlen. Das ist so, als ob Sie sich auf die Lippe gebissen haben und mit der Hand immer wieder nachspüren, ob diese Stelle noch wehtut. Natürlich schmerzt sie noch! Und das wird auch noch eine ganze Zeit so bleiben, weil Heilung nun mal Zeit braucht. Im körperlichen Bereich akzeptieren wir das fraglos; wenn unsere Seele verwundet ist, meinen wir, es müsste nach einem Gebet, nach einem Schritt in die richtige Richtung alles wieder im grünen Bereich sein.

Diesen ganzen Prozess, vom »Ausspucken« bis zu der Entscheidung zu vergeben, müssen Sie bei Konflikten wahrscheinlich immer wieder durchlaufen. Auch das ist kein Zeichen dafür, dass der »ganze Kram« nicht funktioniert oder dass es geistlich bei Ihnen klemmt, sondern es ist eher völlig normal. Schwache Muskeln müssen trainiert werden! Dazu kommt, dass Sie dieser Person, mit der Sie da im Konflikt stehen, in der Gemeinde immer wieder über den Weg laufen und die Wunde dadurch immer wieder droht, erneut aufzureißen. Schön, wenn es auch unter diesen erschwerten Umständen gelingt, an unserem Entschluss zu vergeben, festzuhalten.

3. Sich schützen

Die andere Hilfe im Umgang mit Menschen, die uns immer wieder verletzen, heißt: sich schützen. Gerade weil wir uns in der Gemeinde relativ häufig über den Weg laufen und vielleicht sogar in Mitarbeiterkreisen, Gemeinderat, Leitungs- oder Ältestenkreis miteinander arbeiten und leben müssen, ist es wichtig, dass nicht jeder neue Konflikt, jeder neue Angriff uns in der Tiefe erschüttern kann.

Schützen kann ich mich zum einen, indem ich immer wieder die Waffenrüstung anziehe, die vor allem meinen Kopf und mein Herz, die empfindlichsten Stellen meines Körpers, schützt. Deswegen ist die Zeit, die ich mit Jesus verbringe, die Zeit, die ich mir nehme, um die Wahrheiten des Wortes Gottes zu inhalieren, so wichtig für mich. Es geht doch dabei wahrlich nicht um eine Pflichterfüllung, sondern um meine Lebenstauglichkeit! In Zeiten intensiver Begegnung mit Jesus, im Lobpreis, im Gebet, beim Bibellesen rüsten wir uns neu und reparieren beschädigte Stellen an unserem Schutzpanzer. Das zu unterlassen – und wir neigen ja alle dazu, gerade in Zeiten der Hektik hier Zeit einsparen zu wollen –, kann tödlich für uns sein. Wenn wir mit Jesus zusammen sind, verankert er die Wahrheiten Gottes wieder neu in unserem Herzen und zurrt sie fest, damit sie uns bei einem neuerlichen Angriff nicht sofort wieder flöten gehen. Er flüstert uns jedes Mal neu zu, dass wir Geliebte sind, unendlich wertvoll, von ihm gesandt in den Dienst, begabt und befähigt durch ihn. So rückt er unsere Rüstung wieder zurecht, bevor er uns mit einem aufmunternden Klaps auf die Schulter wieder auf das Schlachtfeld entlässt.

Zum anderen besteht der Schutz darin, uns eine gesunde Dickfelligkeit anzueignen. Gerade weil ich Gottes geliebtes Kind bin, kann ich manches schlicht an mir abprallen lassen. Nicht alles, was der andere von sich gibt, meint wirklich mich. Ich brauch mir nicht alles »reinzuziehen«, was er sagt, sondern vieles davon entspringt seiner eigenen verzerrten und manchmal regelrecht kranken und angeschlagenen Wahrnehmung. So wichtig es ist, dass wir uns gemeinschaftsfördernd verhalten und die Gemeinschaft von uns aus suchen, so wichtig kann es sein, dass wir uns in einzelnen Fällen zurückziehen und uns von manchen Menschen ganz deutlich abgrenzen. Dem Timotheus empfiehlt Paulus, sich von Menschen mit ungeistlichen und zerstörerischen Verhaltensmustern abzuwenden (2. Timotheus 3,2b). Es kann nötig sein, dass wir den Kontakt mit solchen Geschwistern auf ein Minimum reduzieren und nur in sehr schmalen Ausschnitten und ausschließlich auf der Sach- und Informationsebene miteinander kommunizieren. Sind weitere Gespräche oder Begegnungen nötig, etwa, weil es zu einem neuerlichen Konflikt gekommen ist, sollten wir diese Gespräche zu unserem eigenen Schutz ausschließlich in Gegenwart Dritter führen, damit es nicht zu Entgleisungen und späteren Verdrehungen und Verleumdungen kommt.

In Jesaja 50,7-9 heißt es: »Doch Gott der Herr wird mir helfen; darum werde ich nicht in Schande enden. Deshalb mache ich mein Gesicht hart wie einen Kiesel; ich weiß, dass ich nicht in Schande gerate. Er, der mich freispricht, ist nahe. Wer wagt es, mit mir zu streiten? Lasst uns zusammen vortreten! Wer ist mein Gegner im Rechtsstreit? Er trete zu mir heran. Seht her, Gott der Herr, wird mir helfen. Wer kann mich für schuldig erklären?« Und zu Hesekiel sagt Gott: »Ich aber mache dein Gesicht ebenso hart wie ihr Gesicht und deine Stirn ebenso hart wie ihre Stirn. Wie einen Diamant und härter als Kieselstein mache ich deine Stirn. Fürchte sie nicht, erschrick nicht vor ihrem Blick; denn sie sind ein widerspenstiges Volk« (Hesekiel 3,8f). An manchen Stellen unseres Lebens, auch unseres Lebens und Dienstes in der Gemeinde, müssen wir von Gott mit dieser Härte ausgestattet werden, damit wir geistlich und emotional überleben.

Ich möchte hier noch einmal betonen, dass es nicht darum geht, jede konstruktive Kritik abzublocken. Für diese sollten wir jederzeit ein aufnahmebereites und weiches Herz haben. Es geht um die Angriffe, die wirklich unter die Gürtellinie gehen und das Ziel haben, uns zur Strecke zu bringen oder uns aus unserem Dienst herauszukatapultieren. Angriffe, bei denen der Feind ganz eindeutig bei jemand anders den Fuß in die Tür bekommen hat und denjenigen jetzt benutzt, um uns systematisch kleinzukriegen. Angriffe, die aus purer Anklage bestehen, die unberechtigt ist und nur das Ziel hat, uns in schwere Selbstzweifel zu stürzen und auf diese Weise zu lähmen. Diesen Angriffen haben wir nur und ausschließlich etwas entgegenzusetzen, wenn wir in dem Wissen gegründet sind, dass Gott an unserer Seite steht, für uns kämpft und nicht zulassen wird, dass Schande und Scham in unserem Leben dominieren. Paulus drückt es in Römer 8,33 so aus: »Wer kann die Auserwählten Gottes anklagen? Gott ist der, der gerecht macht. Wer kann sie verurteilen? Christus Jesus, der gestorben ist, mehr noch: der auferweckt worden ist, sitzt zur Rechten Gottes und tritt für uns ein.«

Wenn Sie einen Auftrag für einen oder »den« Gemeindedienst haben, dann halten Sie auch in Krisenzeiten daran fest. Ich weiß aus meinem Leben und dem Leben meines Mannes, dass die Angriffe so heftig werden können, dass man bereit wird, diese Sendung an den Nagel zu hängen. Tun Sie es nicht! Gott wird rechtzeitig eingreifen – auch das haben wir erlebt.

4. *Home, sweet home*

Bis jetzt haben wir uns ausführlich damit beschäftigt, welche gesellschaftlichen Strömungen von außen die Gemeinde und ihre Arbeit beeinflussen und welche internen, zwischenmenschlichen Prozesse und Konflikte ablaufen, die, wenn sie denn nicht in guter Weise durchlebt und aufgearbeitet werden, das Miteinander und Arbeiten in der Gemeinde empfindlich stören. Schauen wir uns nun an, was es darüber hinaus für Stolpersteine für Mitarbeiter in der Gemeinde gibt, die unseren Lauf bis zum Ziel erheblich beeinträchtigen können.

Im Spannungsfeld zwischen Familie und Gemeinde

Es mag Sie einigermaßen verwundern, dass in einem Buch über Gemeindearbeit ein ganzes Kapitel dem Thema Ehe und Familie gewidmet ist. Das hängt damit zusammen, dass der Dienst in der Gemeinde bei vielen ein großes Maß an Zeit, Kraft und Energie fordert, die wir andererseits aber ebenso dringend für unsere Ehen und Familien brauchen, so wir denn in diese Beziehungen hineingestellt sind. Dadurch entstehen bei vielen von uns mannigfache Spannungen, die in uns schnell das Gefühl hinterlassen, total überfordert zu sein. Der Versuch, Gemeindearbeit, Ehe und Familie unter einen Hut zu bekommen, der Wunsch, möglichst allen in gleichen Anteilen gerecht zu werden, endet häufig mit immer wiederkehrender Frustration und Überlastung aller Beteiligten.

Ich bin der Überzeugung, dass Leben und Gestalten von Ehe und Familie heute wesentlich anspruchsvoller und herausfordernder ist als in früheren Zeiten. Zum einen ist derzeit diese Kernzelle durch gesellschaftliche Strömungen starken Angriffen ausgesetzt, denen es permanent entgegenzusteuern gilt. Das braucht viele Freiräume zum Nachdenken und Zeit, mit dem Ehepartner und den Kindern zu kommunizieren und sich auseinanderzusetzen. Früher gab es einen Konsens in der Gesellschaft, wie man denn als halbwegs anständiger Mensch seine Kinder erzog, was erlaubt war, was verboten, was sich gehörte und was nicht. Da wir damals noch ein von christlichen Grundwerten geprägtes Land waren, deckte sich das gesellschaftliche Verständnis einer »guten Erziehung« weitestgehend mit dem gläubiger Eltern. So wahnsinnig viele Gedanken musste man sich da nicht machen. Und unter Christen war man sich allemal einig, was ging und was nicht. Bei uns sieht das heute ganz anders aus: Die Gesellschaft gibt uns nur noch wenige verbindliche Werte mehr vor, und auch unter Christen ist die Spannbreite in Sachen Erziehungsfragen riesengroß. Das schafft eine große Freiheit und Weite einerseits, weil wir uns nicht mehr aufoktroyierten Vorgaben von außen beugen müssen, aber auch eine tiefe Verunsicherung andererseits und die Notwendigkeit, sich ständig neu mit einer Vielzahl von Fragen auseinanderzusetzen.

Zum anderen war das Familienleben früher lange nicht so komplex, wie es heute ist. Die Kinder gingen zur Schule (meist zu Fuß – dieses zeitraubende Bringen und Holen von Mama oder Papa war kein Thema) und waren nachmittags zu Hause, halfen im Haus und auf dem Feld mit oder spielten auf der Straße mit Nachbarskindern. Eine Überfrachtung des kindlichen Terminkalenders, wie wir sie heute oft vorfinden, gab es aus Mangel an Gelegenheit nicht. Heute gibt es zu dem normalen Programm von Kindergarten und Schule, von Verein und Musikunterricht viele Zusatztermine, zu denen die lieben Eltern aufgefordert sind, sich mit ihrer Anwesenheit oder noch besser mit Hilfeleistungen jeder Art einzubringen. Man glaubt es kaum, aber das scheint auch immer noch steigerungsfähig zu sein. Manchmal stehe ich kurz davor, einen Schreikrampf zu bekommen und wie vormals Rumpelstilzchen durch meine Küche zu hüpfen, weil eines meiner Kinder wieder solch einen sagenhaften Zettel mitbringt, auf dem mein Mann und ich mit zuckersüßen Worten gebeten werden, Applaus spendend am Rande eines Fußballfeldes zu stehen und unsere Kinder mit unseren Jubelschreien zu beglücken, am besten bewaffnet mit einem klitzekleinen Törtchen, für dessen Herstellung ich doch sicher noch Zeit erübrigen könnte. Das könnten wir doch wirklich mal für unsere Kinder tun! Dass sich in meiner Küche bereits die Zettel von diversen anderen Veranstaltungen mit klitzekleinen Törtchen stapeln, weiß der Schreiber nicht. Aber ich weiß ganz sicher, dass meine Wut über diese ständigen Wünsche nach unserer Präsenz immer größer wird und irgendwann einmal die gesammelten Werke in der Mülltonne landen! Aber da ich als guter Christ ja den Anspruch habe, mich in die Gesellschaft einzubringen und nicht im Salzfass hocken zu bleiben, werde ich wahrscheinlich morgen wieder einen Zettel unterschreiben, um dann am Wochenende Jubelrufe ausstoßend am Rande irgendeines Fußballfeldes zu stehen (um dann für ein Stück meines Kuchens einen horrenden Preis zu zahlen!!!), einem Bastelnachmittag beizuwohnen, einen Elternstammtisch zu besuchen oder eine halbe Schulklasse zu einer Theatervorführung zu karren.

Diese enormen Anforderungen in und um Familie herum münden in einen Interessenskonflikt, der nicht selten zur Zerreißprobe führt: Auf der einen Seite zieht die Gemeindearbeit mit all ihren Aufgaben, Verantwortungen und Verpflichtungen, die, wie wir gesehen haben, ja auch immer größer werden, und auf der anderen Seite zerren unser Partner und die Kinder mit all ihren Bedürfnissen. Paulus drückt das Dilemma etwas provokant so aus: »Der Unverheiratete sorgt sich um die Sache des Herrn; er will dem Herrn gefallen. Der Verheiratete sorgt sich um die Dinge der Welt; er will seiner Frau gefallen. So ist er geteilt. Das sage ich euch (…) damit ihr in rechter Weise und ungestört immer dem Herrn dienen könnt« (1. Korinther 7,32-35). Damit verbindet er die Empfehlung, ledig zu bleiben. Dem Herrn ungestört in der Gemeinde zu dienen ist tatsächlich ganz schön schwierig, wenn auch noch eine Familie da ist, die permanent ihre Bedürfnisse anmeldet. Geteilt – ja, das ist der richtige Ausdruck.

Auch das Selbstverständnis und die Selbstwahrnehmung der Frau haben sich in den letzten Jahrzehnten stark geändert. Die Ansprüche, die sie an den Partner und an die Ehe stellt, sind erheblich gestiegen. Zeit für gemeinsame Aktivitäten, viel Raum für tiefsinnige Kommunikation und ein für sie befriedigendes Sexualleben sind in diesen Vorstellungen ebenso enthalten wie der Wunsch nach filmreifer Romantik und knisternder Erotik. Durch diese mitunter recht überhöhten und der Realität oftmals nicht angeglichenen Erwartungen gerät so manch ein Mann, so manche Ehe schwer in Stress.

Auch über diese engste Beziehung hinaus erwarten Frauen heute mehr für sich ganz persönlich. Frauen heute, auch die christlichen, stellen ihre Bedürfnisse, Wünsche und Erwartungen nicht mehr mit der gleichen Selbstverständlichkeit hintenan (sprich hinter Mann, Kinder und Gemeinde), wie die Frauen vor fünfzig oder hundert Jahren es taten. Viele der älteren Frauen, die ich kenne, haben Zeit ihres Lebens immer viel gegeben, aber wenig für sich gefordert; und haben ihre eigenen Bedürfnisse kaum wahrgenommen, geschweige denn sich für deren Befriedigung eingesetzt. Sie gingen ganz in ihrem Dienst für andere auf und fanden darin Erfüllung. Ob es diesen Frauen mit ihrem Leben besser oder schlechter ging als uns heute, ob sie glücklicher oder unglücklicher waren, ob ihr Verhalten geistgewirkt oder nur Produkt einer traditionellen Rollenverteilung war, wage ich nicht zu beurteilen. Das wird man verallgemeinernd auch gar nicht sagen können – man würde dabei plakativ und den Einzelnen, ihrem Leben und der Motivation, aus der heraus sie gehandelt haben, nicht gerecht werden. Fest steht aber sicher, dass die Männerwelt und die Gemeinden von der aufopferungsvollen Haltung solch dienstbarer Geister kräftig profitierten. Früher – und das habe ich von einer älteren Schwester wirklich und wahrhaftig so erzählt bekommen – hatte die Frau abends, wenn der Mann heimkam, das Essen schon auf dem Tisch, hielt ihm saubere Kleidung zum Umziehen hin (oder die Arbeitsklamotten, je nachdem); und schon war er wieder weg, Richtung Gemeinde, sei es zu einem Arbeitseinsatz auf dem Gemeindebau oder zu einer Ältestensitzung. Der Frauen Leben und ihr Dienst bestanden darin, dem Mann sowohl für seine weltliche Arbeit wie auch für den gemeindlichen Dienst den Rücken freizuhalten und ihm so einen optimalen Einsatz zu ermöglichen. Auf die Frage, wo sie denn bei solch einer Lebensführung geblieben sei, folgte ein gleichmütiges Schulterzucken, gepaart mit der lapidaren Feststellung: »Das war früher halt so.«

Heute sieht das in vielen Ehen anders aus. Der Einfachheit halber gehe ich an dieser Stelle noch einmal von der traditionellen Rollenverteilung aus (mir ist klar, dass es auch ganz andere Lebenskonzepte gibt), die man aber in der Gemeinde auch derzeit noch häufig vorfindet. D.h. die Frau ist tagsüber mit den Kindern zu Hause, hat allenfalls vielleicht noch einen kleinen Nebenjob, und der Mann ist »auf der Arbeit«, sei es nun im ganz »normalen« Beruf oder im Gemeindedienst. Neben dem, was der Mann den ganzen Tag in seinem Beruf leistet, stellt nun auch noch die Frau zusätzlich vielerlei Ansprüche an den Mann, beispielsweise sich in die Erziehung der Kinder, in die komplexe Gestaltung des Familienlebens und im Haushalt mit einzubringen. Diesen ganzen Berg allein zu bewältigen, dazu sind die wenigsten von uns noch bereit. Mit gutem Recht – so denken wir. Dass der Mann nach einem anstrengenden Arbeitstag nach Hause kommt und es sich dann nur noch gut gehen lässt, sich vor den Fernseher knallt oder seinen Hobbys frönt, ohne dass die Frau nach einem ebenfalls anstrengenden Arbeitstag als Familienfrau das gleiche Recht auf Freizeit und Entspannung hätte, ist für viele von uns heute absolut nicht mehr einzusehen.

Ist der Partner nun zusätzlich ein engagierter Gemeindemitarbeiter oder hat hier gar einen Vollzeitjob und »verdrückt« sich permanent in die Gemeinde, kann es sein, dass die Frau diese Gemeindearbeit und damit die Gemeinde selbst als Feind betrachtet, der das bisschen freie Zeit, die sie so gern allein oder mit dem Partner verbringen würde, das bisschen Entspannung, auch noch boykottiert. Wie viele verletzte und zutiefst verbitterte Frauen habe ich an dieser Stelle schon kennengelernt.

Das aufopferungsvolle, dienende Weib, das gerne den Mann ziehen lässt und ihm für den Dienst in der Gemeinde den Rücken freihält und es als seine Berufung sieht, Haus, Hof und Kindererziehung allein zu managen, scheint rar geworden zu sein.

Wenn der Partner streikt – meine Geschichte

Ich will Ihnen an dieser Stelle von mir ganz persönlich und von meiner Geschichte erzählen. Ich tue das bewusst ungefiltert und ungeschönt, ganz so, wie ich die Dinge gedacht, erlebt und gefühlt habe.

Ich tue das, weil ich der Überzeugung bin, dass Ihnen, wenn Sie denn in einer ähnlichen Situation sind, damit mehr geholfen ist, als wenn ich hier eine theoretische Abhandlung liefere von dem, was alles sein sollte, und wie Sie sich in dieser oder jener Situation richtig zu verhalten hätten. Dieses Kapitel schreibe ich nicht um irgendwelcher Richtigkeiten willen, sondern um der Wahrheit und Ehrlichkeit Genüge zu tun.

Als mein Mann und ich vor knapp zwanzig Jahren in den Gemeindedienst einstiegen, taten wir das mit viel Enthusiasmus und Begeisterung. Das war unsere Sendung: Wir beide hatten keinen größeren Wunsch als am Reich Gottes zu bauen, und zwar nicht auf der Außenbaustelle, etwa in der Mission, sondern im Innendienst, in der Gemeinde. Mit dem gleichen Feuereifer starteten wir in die Familiengründung und schenkten innerhalb recht kurzer Zeit vier Kindern das Leben. Mein Mann war rund um die Uhr in Sachen Gemeinde unterwegs, ich versorgte zu Hause vier Kleinkinder und machte nebenbei Gemeindearbeit. Im Nachhinein denke ich, ich habe mich benommen, als hätte ich einen Sprint und nicht einen Marathonlauf vor mir. Aber hätte jemand mich an dieser Stelle ermahnt – ich glaube, ich hätte nicht gehört. Ich hatte ja sooo viel Power. Ein völlig überzogener Idealismus, Leistungsdenken und Perfektionismus hatten mich voll im Griff, nur merkte ich das damals noch nicht. Ich spielte die Rolle der perfekten Mutter und der aufopferungsvollen Pastorenfrau unglaublich gut. Aber mehr und mehr konnte ich mit meinem eigenen Tempo nicht mehr mithalten. Wenig Schlaf in den Nächten, weil immer ein Säugling da war, der noch nicht durchschlief, anstrengende Tage mit kleinen Kindern und dazu der Druck, den ich mir selber machte, auch noch in der Gemeinde mit Hand anlegen zu müssen, forderten ihren Tribut. Hinzu kam, dass mein Mann meiner Wahrnehmung nach viel zu wenig für mich und die Kinder da war, dagegen immer in Sachen Gemeinde durch die Gegend tourte. Die Gemeinde schien immer wichtiger zu sein als meine Belange oder die der Familie – so war mein Empfinden. Und nicht immer glaubte ich, dass dieses Verhalten tatsächlich geistlicher Natur war. Oft dachte ich, dass es typisch Mann sei, sich zu Hause davonzustehlen und den leidigen Kleinkram wie

Hausaufgabenbetreuung, schreiende Kleinkinder und stinkende Windeln der Frau zu überlassen und dorthin zu flüchten, wo es weniger anstrengend ist. »Weltliche« Männer treffen sich beim Sport, in der Kneipe oder beim Kegeln, die Frommen dagegen desertieren in die Gemeinde. Wie praktisch!

Es machte mich wütend, dass mein Mann im Gemeindedienst die Lorbeeren absahnte, während ich ihm im Hintergrund und in mühevoller Kleinarbeit den Rücken freihielt und mein Schattendasein fristete. Seine sonntägliche Predigt wurde (und wird) immer gern gehört, man bescheinigte ihm Kompetenz, geistliche Autorität und Vollmacht und lobte ihn für seinen witzigen und lebendigen Predigtstil. Dass ich an diesem Sonntag seit sechs Uhr auf den Beinen war, gestillt, gewickelt, gewaschen und bekleidet hatte, was das Zeug hielt, bemüht, kleine und große Eskalationen zu verhindern, um meinen Mann in seiner Andacht und Besinnlichkeit nicht zu stören – das war selbstverständlich, fiel niemandem auf und war nicht der Erwähnung wert. Dass ich an manchen Tagen auf dem Zahnfleisch kroch, sah man mir nicht an, ich wusste es geschickt zu verbergen.

Leben im Schatten eines anderen, nur dafür da, es ihm zu ermöglichen, sich und seine Gaben zu entfalten und selbst dabei zu verkümmern – so hatte ich mir mein Leben nicht vorgestellt. Aber ich meinte, diese Gedanken nicht haben zu dürfen und dachte, es sei geistlich, immer den unteren und niederen Weg zu gehen und sich selbst dabei aufzugeben. Als ungeistlich empfand ich es, Ansprüche auf das eigene Wohlbefinden, die eigene Entwicklung und Entfaltung geltend zu machen. Das klang so nach dem Wunsch zur Selbstverwirklichung und damit, so hatte man mir häufig genug in frommen Kreisen klargemacht, sei ich als Frau auf einer gänzlich falschen Schiene. Also schluckte ich und giftete nur hin und wieder ziemlich genervt meinen Mann wegen seiner häufigen Abwesenheit an. Manchmal kam ich mir vor wie eine Alleinerziehende und fühlte mich mehr und mehr vernachlässigt und zurückgesetzt, aber traute mich nicht, dagegen aufzubegehren. Und fast unmerklich und ganz langsam fingen Bitterkeit und Hass auf meinen Mann, auf dieses Monster Gemeinde und auf Gott an, sich in mir breitzumachen. Gemeinde, das war eine Größe in unserem Leben, die daran schuld war, dass mein Mann nie da war. Gemeinde, das war eine Größe in unserem Leben, die daran schuld war, dass ich mich mittlerweile permanent überfordert und überlastet fühlte. Und – das war das Schlimmste – Gemeinde war eine Größe in unserem Leben, gegen die ich einfach nicht ankam. Denn sie war ja unsere Sendung, war Gottes Wille für unser Leben und der gottgewollte Lebensinhalt meines Mannes. Was für ein Recht also hatte ich, welche Argumente hatte ich auf meiner Seite, um gegen diesen Riesen Gemeinde aufzubegehren? Gegen Gemeinde, gegen Gottes Reich und damit gegen Gott selber durfte ich doch nicht sein! Also drückte ich diese Gefühle weg nach dem Motto: Was nicht sein kann, das nicht sein darf. Und so machte ich die Faust in der Tasche und spielte weiter die Rolle der aufopferungsvollen Ehefrau, Mutter und Pastorenfrau. Aber der Zwiespalt in mir wuchs: Natürlich liebte ich Gott, sollte und wollte es, aber ich hasste ihn auch, weil er letztlich dafür zuständig war, dass meine Person und meine Bedürfnisse immer hinten anstanden und alle und alles anscheinend immer wichtiger war als das, was ich so dringend brauchte. Ich wunderte mich damals manchmal, dass ich während einer Lobpreiszeit oft wie zugeschnürt dasaß und das Gefühl hatte, gleich zu platzen. Was dann aufbrechen würde, war gewisslich nichts Gutes – das wusste ich.

Hinzu kam, dass auch für meinen Mann der Gemeindedienst zunehmend konfliktträchtiger und belastender wurde. Gemeinde, so erkannten wir recht schnell, war nicht die heile, kraftvolle Welt hingegebener Christen, sondern ein Ort, an dem wir es mit Konflikten, fadem und pedantischem Traditionalismus, viel Rechthaberei und kleingeistigem Gezänk zu tun hatten. Gemeinde, das war eine Größe, die zig Probleme in unser Leben hineinbrachte, von denen wir vorher nur vom Hörensagen wussten und an deren Existenz wir eigentlich nicht wirklich geglaubt hatten. Gemeinde brauchte alle unsere physischen, psychischen, emotionalen und geistlichen Reserven auf – und dafür begann ich sie zu hassen und zu verabscheuen. In dieser Zeit verglich ich die Gemeinde oft mit einem Alkoholiker: Sich in seinem Dunstkreis aufzuhalten und zu leben bedeutet, selber krank zu werden. Langsam wuchs in mir die bittere Erkenntnis, dass es Menschen, die sich mit Haut und Haaren der Gemeinde verschrieben haben, ähnlich gehen kann.

Schließlich überlegte mein Mann, die Gemeinde zu wechseln und umzuziehen. Die betreffende Gemeinde sagte mir gar nicht zu. Ich war an der Grenze meiner Belastbarkeit angelangt: Sicher, mein Mann würde einen klar abgesteckten Lebensraum und fest umrissene Aufgabenstellungen vorfinden und wäre Kraft seines Amtes sofort in bestimmten Diensten und sozialen Beziehungen fest verankert. Ich dagegen würde wieder monatelang damit beschäftigt sein, die zerbrochenen Einzelteile meines eigenen Lebens und des Lebens der Kinder zusammenzuklauben, um daraus etwas Neues und einigermaßen Lebbares zu basteln. Woher ich die Kraft für solch einen neuerlichen Gewaltakt nehmen sollte, war mir gänzlich schleierhaft.

An dieser Stelle begann die Faust in meiner Tasche sich zu regen, wand sich nun gegen mich selbst und schlug voll zu. Plötzlich wurde ich von einem Tag auf den anderen von einer kollabierenden Psyche ausgehebelt. (Zumindest traf es mich damals so unvorbereitet. Heute weiß ich natürlich, dass der Weg zu diesem Zusammenbruch schon lange vorher begonnen hatte und auch nicht ausschließlich etwas mit Gemeinde zu tun hatte.) Panikattacken und eine Erschöpfungsdepression waren die Quittung für permanente Überforderung und meine Unfähigkeit, mich von den Ansprüchen in mir und an mich abzugrenzen und auch einmal Nein zu sagen. Groll, Hass und Wut, die ich mir nie erlaubt und eingestanden hatte, das Verharren in einer selbstzerstörerischen Opferhaltung und die Unfähigkeit, meine eigenen Bedürfnisse wahrzunehmen und mich ohne schlechtes Gewissen für ihre Befriedigung und Erfüllung vehement einzusetzen, taten ihr Übriges. Ich war randvoll mit Anklagen und Vorwürfen. Ich klinkte mich zwangsläufig für ein halbes Jahr völlig aus der Gemeinde aus und fing an, diesen ganzen Wust in mir mit therapeutischer Hilfe aufzuarbeiten. Diese Aufarbeitung und das Einleiten eines Veränderungsprozesses von Gedanken, Gefühlen und Verhaltensweisen waren ein langer, beschwerlicher, schmerzvoller Weg, an dessen Ende ich noch nicht angelangt bin. Aber es hat sich absolut gelohnt, diesen Weg einzuschlagen. Heute habe ich wieder ein ganzes Ja zu Gemeinde und zu unserem Dienst und kann über vieles nur noch lachen. Das habe ich dem zarten und liebevollen Handeln Jesu in meinem Leben und seinem unglaublich sanften Umgang mit verletzten Menschen zu verdanken. Neben professioneller Begleitung, die er mir zur Seite stellte, hat auch unsere jetzige Orts- und Dienstgemeinde einen nicht unerheblichen Anteil an meiner Heilung. Denn nachdem sich mein Zustand stabilisiert hatte, wagten wir dann doch noch einen Gemeindewechsel. Hier ist eine Gemeinde, die wirklich zu mir passt. Hier sind Menschen, die mich verstehen und annehmen, wie ich bin. Hier ist Gemeinde, wie ich sie brauche: bunt, lebendig, unfertig und voller Menschen, die mit mir versuchen, Jesus nachzufolgen und dabei manch kräftige Bauchlandung machen. Bei aller Begrenztheit gesund und stabil. Hier kann das, was zerbrochen ist, heilen. Danke, Jesus!

Hilfe, wir haben eine Krise!

Eine weitere Antwort auf die Frage, warum denn in diesem Buch der Lebensbereich »Ehe und Familie« thematisiert wird, ist: Es gibt kaum einen anderen Beruf, in dem Arbeit und Familienleben so eng miteinander verwoben sind wie in dem des Pastors oder vollzeitlichen Gemeindemitarbeiters. Folglich sind Krisen in Ehe und Familie auch immer Krisen im Beruf. Aber auch in Pastorenehen und -familien kriselt es mal mehr und mal minder, und es wäre gelogen und Augenwischerei, wenn wir so täten, als ob das nicht stimmte. Damit umzugehen ist recht schwierig. Sie können montagmorgens wieder in Ihrer Firma am Computer sitzen oder in einer Werkstatt Autos reparieren und diese Arbeit gut machen, auch wenn Sie sich am Wochenende heftig mit ihrem Partner oder den Kindern gestritten haben und diese ganze Sache noch nicht ausgestanden ist. Für einen Pastor ist das nicht so leicht. Denn er hat mehr als andere den Anspruch und die Verantwortung, dass die Dinge, die er tut und verkündigt, Deckung finden in seinem Leben und in seinen Beziehungen. Natürlich sollte das bei uns allen so sein, aber ich glaube, ich könnte leichter eine Woche lang in einem

Geschäft Schuhe verkaufen und gleichzeitig zu Hause eine Ehekrise erleben, als täglich Menschen seelsorgerlich zu begleiten, zu predigen, Lobpreisabende zu veranstalten und Gebets- und Bibelstunden zu halten, wenn daheim der Haussegen schief hängt. Hier klafft etwas auseinander, von dem wir spüren, dass es zusammengehört, weil es uns sonst in große innere Spannung führt, die uns zu zerreißen droht.

Wie können wir mit solch einer Situation umgehen? Die eine Möglichkeit ist, die Fassade ordentlich auf Hochglanz zu polieren und ein perfektes Schauspiel hinzulegen. Aus Angst, dass etwas »rauskommt«, tun wir dann so, als wäre alles in Ordnung. Wenn wir uns so verhalten, dann deswegen, weil uns in dieser prekären Situation nicht danach zumute ist, langwierige Erklärungen abzugeben und weil wir nicht wissen, ob jeder mit der Tatsache umgehen kann, dass bei Pastors etwas nicht stimmt. Ich habe es einmal versucht, in einer solchen Situation perfekt geschminkt und gestylt in der Gemeinde zu erscheinen, mein strahlendstes Lächeln aufzusetzen und um mich herum eine Aura von Glück und Zufriedenheit zu verbreiten. Es ist bei dem einen Mal geblieben, denn ich habe ziemlich schnell gemerkt: Ich kann das nicht! Ich gehöre zu den Menschen, denen man schon aus drei Kilometern Entfernung ansieht, dass irgendetwas nicht stimmt; zumindest können das die, die mich ein wenig kennen. Wenn ich genauer hinschaue, stelle ich aber auch fest: Ich will auch gar nicht so tun, als ob alles in Ordnung wäre!

Die andere Möglichkeit ist die, zu sagen: Ich geh da heute nicht hin. Das kann ich als Frau des Pastors tun. Wenn sich jemand bei meinem Mann nach mir erkundigt, kann er irgendetwas nuscheln wie »Der geht es heute nicht so gut«. Wäre noch nicht mal gelogen. Dass meine Unpässlichkeit mit ihm zusammenhängt, braucht er ja nicht gleich jedem auf die Nase zu binden. Mein Mann selber muss aber auf die Kanzel, er kann nicht einfach wegbleiben, bis alles wieder im grünen Bereich ist. Also ist das auch keine Lösung, zumindest nicht auf Dauer. (In ganz kritischen Situationen kann es allerdings durchaus notwendig und hilfreich sein, sich bei der Gemeinde bzw. der Gemeindeleitung eine Auszeit zu erbitten, damit man die Situation zu Hause erst einmal unter die Füße kriegt).

Wie dem auch sei – wenn wir nicht Versteck spielen wollen, kommen wir nicht drum herum, etwas von unserer Situation an die Öffentlichkeit dringen zu lassen. Aber genau das ist es, was uns oftmals so schwerfällt. Warum? Sicher ist ein Grund die nicht völlig aus der Luft gegriffene Vermutung, dass so manch einer mit so einer »Neuigkeit« nicht richtig umgehen kann. Klatsch und Tratsch können in solch einer Situation so richtig in Fahrt kommen und wie beim Stille-Post-Spiel könnte am Ende so manche Merkwürdigkeit und Fehlmeldung entstehen.

Aber die größere Hürde ist meines Erachtens schlicht und ergreifend die Angst davor, unser Gesicht zu verlieren. Die Angst, dass unser Lack Kratzer bekommt und wir mickrig und klein dastehen, wenn von unserer strahlenden Fassade nicht mehr als ein Trümmerhaufen übrig ist, treibt uns dazu, mit viel Mühe und Aufwand an dieser frommen Attrappe zu basteln. Unsere Angst wird von jenen Stimmen aus der Gemeinde genährt, die der Ansicht sind, ein Pastor oder Leiter müsse Vorbild sein und bei ihm dürfe doch »so etwas« nicht vorkommen. Unsere eigene falsche Überzeugung, ein kompetenter, geisterfüllter Dienst sei mit Schwäche und dem Offenbaren von Schuld nicht zu vereinbaren, schürt unsere Ängste zusätzlich. Über kurz oder lang wird uns solch eine gespaltene Lebensführung aber zerreißen, und nicht selten endet das Ganze mit einem riesigen Knall, der allen Betroffenen viel Schaden zufügt.

Außerdem: Wie wollen wir in unseren Gemeinden Ehrlichkeit und Authentizität im Umgang miteinander fördern, wenn wir selbst uns an dieser Stelle verweigern und wir, wenn es hart auf hart kommt, doch wieder nur auf den altbewährten Schutzmechanismus einer frommen Fassadenpinselei zurückgreifen? Wie wollen wir ermutigen, Schuld voreinander zu bekennen, über Versagen zu sprechen und auch unsere Schwäche in die Gemeinschaft mit einzubringen, wenn wir selbst uns an dieser Stelle vorrangig von unseren Ängsten bestimmen lassen und nicht danach trachten, sie zu überwinden?

Geben wir uns stattdessen einen Ruck und wagen, Schritte in Richtung Wahrhaftigkeit und Offenheit zu gehen, werden wir entdecken, dass diese Richtungsänderung für uns und die Gemeinde nur von Gewinn ist. Für uns selbst, weil viel Energie freigesetzt wird, die wir vorher zum Aufrechterhalten unserer Schauseite benötigten, und wir darüber hinaus gesünder leben, wenn wir mit uns eins sind. Für die Gemeinde, weil so mancher durch dieses Vorbild endlich zu dem stehen kann, was ihn vielleicht schon lange Zeit quälend umtreibt, was er aber nie zuzugeben wagte aus Angst, sich damit eine Blöße zu geben.

Ehe und Familie – ein riesengroßes Geschenk, durch das wir Rückhalt und Unterstützung für unseren Dienst und unsere Mitarbeit in der Gemeinde finden. Ein dicker Stolperstein, wenn hier Sand ins Getriebe gekommen ist, wenn wir über Kontroversen oder Konflikte nicht reden, und in diesem Austausch nicht zu Lebenskonzepten finden, die uns helfen, im Spannungsfeld zwischen Gemeinde und Familie gut leben zu können. Möge Ihnen an dieser Stelle die Suche nach einem ausgewogenen und gesunden Lebensstil gelingen!

5. Und wer bin ich?

Wenn das Wasser bis zum Hals steht

Wenn wir über Gemeinde nachdenken und darüber, was ihr von innen oder von außen zusetzt, werden wir sehr schnell merken, dass es immer auch um uns selber geht. Vielleicht haben Sie dieses Aha-Erlebnis schon gehabt, als wir uns beispielsweise mit dem Wesen und der Qualität der Liebe untereinander oder mit den defizitären Reaktionsmustern beschäftigt haben und Sie an der einen oder anderen Stelle bemerken konnten, dass es nicht nur die anderen sind, die hier vielleicht ein Problem haben, sondern möglicherweise Sie selbst. Mir geht das so. Da kommt es zu einem Konflikt und ich ziehe mich ungeachtet dessen, was ich über eine gute Streitkultur weiß und gelernt habe, zurück und spiele die beleidigte Leberwurst. Oder aber ich gehe zu einer Frontalattacke über, gespickt mit haarsträubenden Übertreibungen und Unterstellungen, die den anderen so richtig schön in Grund und Boden stampfen. Ha, der wird sich so schnell nicht mehr an mir vergreifen! Mit einem Ohr höre ich, wie Jesus sich neben mir deutlich vernehmbar räuspert – ich glaube, in diesem Moment würde er mir am liebsten einen kräftigen Tritt vors Schienbein verpassen. Verdient hätte ich es ja.

Es ist also nicht unbedingt nur die Gemeinde, die uns in unserer Mitarbeiterschaft und in unserem Dienst das Leben schwer macht, sondern wir sind es auch immer selbst. »Ich habe nur einen wahren Feind auf Erden, und das bin ich selbst«, hat einst der Dichter Christian Morgenstern gesagt. Diese Erkenntnis besagt, dass viele unserer Lebensprobleme hausgemacht sind, und verlangt danach, einmal genauer nachzuschauen, welche Fehlhaltungen und Verkrüppelungen im Denken und Fühlen bei uns dazu führen, dass wir in unserem Dienst stolpern, fallen und manchmal sogar völlig bewegungsunfähig liegen bleiben. Über den Umgang mit Konflikten hinaus gibt es noch einige andere typische und immer wiederkehrende Dinge, die uns von innen her zusetzen.

Ich habe Ihnen ja einen ungefilterten Einblick zugemutet in die Gedanken und Empfindungen, die ich in meiner Krise der Gemeinde gegenüber hatte. Wie Sie beim Lesen sicher gemerkt haben, waren viele dieser Gefühle und Wahrnehmungen verzerrt und brauchten Korrektur. Denn bei allen Anteilen, die Gemeinde an diesem Zustand hatte, lagen doch, so sehe ich das heute, die weitaus größeren Anteile, die zu diesem Zusammenbruch geführt haben, bei mir. Wir bringen alle unsere Prägungen und Fehlhaltungen mit in die Mitarbeiterschaft und in den Dienst. Diese Fehlhaltungen in uns sind die größten Stolpersteine, über die wir in unserem Gemeindedienst fallen, und haben schon manch einen Mitarbeiter, manch einen Leiter und Pastor aus seinem Dienst herauskatapultiert.

Deswegen will dieses Buch auch vorwiegend persönlich zu Gemeindemitarbeitern sprechen, und nicht vor allem zur Gemeinde als Ganzheit. Natürlich kann eine Gemeindesituation schwierig bis unerträglich sein und Gemeindeglieder können uns heftig zusetzen. Trotzdem glaube ich, dass wir normalerweise damit zurechtkommen können, wenn denn der Boden in uns gesund und stabil ist. Damals, in der Krise, war ich der Überzeugung, dass der Glaube, dass die Arbeit im Reich Gottes krank macht. Das hätte ich Ihnen schriftlich gegeben. Denn ich war und bin ja nicht die Einzige, die im Gemeindedienst so abgestürzt ist. Die Zahl der engagierten Mitarbeiter, der Leiter, Ältesten und vor allem der hauptamtlichen Gemeindedienstler, denen das Wasser bis zum Halse steht, die ihren Dienst und ihre Mitarbeit wegen Depressionen, Burn-out oder anderer Erschöpfungszustände und gravierender psychosomatischer Symptome einschränken oder sogar aufgeben müssen, steigt meiner Wahrnehmung nach ständig.

Als ich meine damalige Hausärztin wegen der Depressionen konsultierte, fragte sie mich nach unserer Lebenssituation und dem Beruf meines Mannes. Auf meine Antwort hin sagte sie nur: »Dann ist ja alles klar.« Ich muss sie wohl etwas verständnislos angesehen haben, denn Sie fügte hinzu: »Wissen Sie, ich habe aus dieser Berufssparte einige Kandidaten hier sitzen.« Wie sie das so mit leicht gerunzelter Stirn sagte, schwang in ihren Worten und ihrem Gesichtsausdruck die Vermutung mit, dass man in diesem Verein anscheinend nur krank werden kann und dass Gemeinde ein einziges, riesengroßes Tollhaus sein muss. Hätte sie diesen Gedanken laut ausgesprochen, ich hätte ihr in meiner damaligen Verfassung höchstwahrscheinlich zu dieser bahnbrechenden Erkenntnis mit Handschlag gratuliert. Toll, dachte ich, die geistliche Elite trifft sich beim Psychiater! Welch ein grandioses Zeugnis für die befreiende und heil machende Kraft des Evangeliums!

Macht also der Gemeindedienst tatsächlich krank? Macht der Glaube krank? Manche beantworten diese Frage für sich, wenn auch nicht bewusst und direkt, so doch in ihrem tiefsten Innern mit Ja. Um sich zu schützen, gleiten sie in eine distanzierte Berufsfrömmigkeit ab, in der sie nichts mehr so richtig an sich heranlassen. Der Hass auf Gott, der einem ja schließlich die ganze Suppe eingebrockt hat, wird zwar nicht thematisiert, aber lebt nichtsdestotrotz unterschwellig in ihrer Seele und hat geistliche Kälte und Stumpfheit zur Folge. Manch einer steigt an dieser Stelle dann verbittert aus seiner Mitarbeit, seinem Dienst aus und kehrt Gott und Gemeinde den Rücken.

Das Aufarbeiten meiner eigenen Situation hat bei mir hingegen nach und nach zu der Erkenntnis geführt, dass nicht der Gemeindedienst, nicht der Glaube an sich krank macht, sondern falsch verstandene Frömmigkeit, Fehlhaltungen und ungute oder sogar kranke Denk- und Verhaltensmuster, die dazu führen, dass der Gemeindedienst für manch einen zunehmend zu einer Last wird, unter der er schließlich zusammenbricht.

Auf hauptberufliche Mitarbeiter trifft das am ehesten zu, weil sie ja permanent in dieser »Mühle« sind. Aber auch alle anderen engagierten Mitarbeiter, die neben ihrem Beruf sehr stark in der Gemeinde engagiert sind, stehen in der Gefahr, überlastet zu sein, mit ihrem Platz in der Gemeinde nicht mehr klarzukommen und irgendwann alles hinzuschmeißen. Problematisch bei diesen Fehlhaltungen ist, dass sie oft mit einem geistlichen Etikett versehen sind und uns, je nachdem in welchen Kreisen wir uns aufhalten, gern und wiederholt eingetrichtert werden. Deswegen tun wir uns mitunter sehr schwer damit, sie zu korrigieren. Ja, es mag uns sogar recht ketzerisch anmuten, wenn hier hinter manche »fromme« Einstellung ein Fragezeichen gesetzt wird.

So manches muss sich erst als geistlicher Etikettenschwindel enttarnen, damit wir uns davon distanzieren und lösen. Der Heilige Geist, kompetentester Berater in Sachen Wahrheitsfindung, bietet uns in diesem Prozess seinen unendlich wertvollen Dienst an.

Wenn ich nun im Folgenden einige dieser »frommen« Fehlhaltungen skizziere, geschieht das in dem Wissen, hier nicht die Abgründe der menschlichen Psyche in all ihrer Vielschichtigkeit beleuchten zu können. Hier geht es um die wesentlichen Schieflagen, welche ich bei mir selbst und bei anderen entdeckt und kennengelernt habe und um Gedankenanstöße, die helfen sollen, sich mit manch fest zementierten »geistlichen« Einstellungen näher auseinanderzusetzen. Dabei wird manch defizitäres Reaktionsmuster, das ich anfangs skizzenhaft beleuchtet habe, noch einmal auftauchen und eingehender behandelt werden.

Meine Berufung, das bin ich

Was ist unsere, was ist Ihre Berufung? Viele können diese Frage gar nicht beantworten, aber es zu tun ist wichtig, damit wir in unserem Leben nicht einfach nur vor uns hindümpeln oder andererseits hochgradig gestresst von einer Aufgabe zur nächsten hasten. Andere wiederum scheinen genau zu wissen, worin ihre Berufung besteht. Dann lauten die Antworten in etwa so: »Meine Berufung liegt in der Kinderarbeit«, oder »Ich bin Kastellan aus Berufung«, oder »Meine Berufung ist es, der Gemeinde als Ältester zu dienen«, oder »Meine Lebensberufung ist es, Pastor zu sein«. Allen diesen Antworten liegt das Denken zugrunde, dass unsere Berufung in dem Erfüllen einer Aufgabe liegt. Dieses Denken hat einen ganz stark leistungsorientierten Ansatz. Und das zieht ein Problem nach sich: Denn wenn wir unsere Berufung ausschließlich in der Ausführung von Arbeiten und in vollbrachter Leistung sehen, fangen wir an, unsere Identität in eben dieser Arbeit zu suchen und zunächst auch erst einmal zu finden. Solange wir diese Leistung bringen können und allseits gelobt und anerkannt werden, läuft alles ganz gut, aber wenn uns aus irgendwelchen

Gründen unser »Amt« genommen wird, bricht das ganze Kartenhaus zusammen. Wenn wir diesen leistungsorientierten Ansatz haben, geraten wir in große Unfreiheit und Abhängigkeit, weil wir unsere Aufgabe, unseren Dienst in der Gemeinde brauchen und gebrauchen, um unsere Identität und unseren Selbstwert zu stützen. Wie besessen klammern wir uns dann daran fest, weil wir uns vor der gähnenden Leere fürchten, die zurückbleibt, wenn wir nur auf uns und unsere bloße Existenz geworfen sind. So manch ein engagierter Mitarbeiter ist gar nicht mehr in der Lage, »nur« Gemeindeglied ohne Ämter und Aufgaben zu sein, weil dieser Zustand in ihm die Frage aufwirft: »Wer bin ich überhaupt, was bleibt von mir als Christ übrig, was sehen andere in mir, wenn ich all dieser Dienste entkleidet bin?«

Ja, wer bin ich? Was ist meine Lebensberufung? Interessanterweise wird im Neuen Testament die Beantwortung dieser Frage nur selten mit dem Hinweis auf ein Amt und damit verbundene Leistung verknüpft. So spricht Paulus z.B. in Römer 1,1 davon, dass er als Apostel berufen ist, das Evangelium zu verkünden. Ansonsten wird das Wort von der Berufung nicht mit einer Arbeit, sondern mit einem Zustand, einem Lebensstil verbunden. Unsere Berufung, das ist der Stand, in dem wir leben, und nicht eine Arbeit, die wir tun! So sind wir z.B. zu einem Leben in Frieden berufen (1. Korinther 7,15), zur Freiheit (Galater 5,13), aus der Finsternis ins Licht (1. Petrus 2,9); berufen, den Segen zu erben (1. Petrus 3,9) oder zu Gottes ewiger Herrlichkeit (1. Petrus 5,10). Zusammengefasst finden wir diese Berufung in 1. Korinther 1,9 wie folgt ausgedrückt: »Treu ist Gott, durch den ihr berufen worden seid zur Gemeinschaft mit seinem Sohn Jesus Christus, unserem Herrn.« Das ist Ihre, das ist meine Berufung: Ein Leben in Gemeinschaft mit Jesus zu führen! In diesen Stand sind wir berufen, und in diesem Stand dürfen wir leben.

Hierin steckt eine ungeheure Freiheit. Denn unsere Berufung steht und fällt nicht mit der Ausführung unseres Dienstes in der Gemeinde, mit unserer Leistung und unserer Arbeit, sondern sie ist völlig unabhängig von unserem Tun und unserem Leistungsvermögen. Diese Berufung – Gemeinschaft mit Christus zu haben – können Sie auch dann noch leben, wenn Sie ans Krankenbett gefesselt sind und nicht mehr den kleinsten Finger krumm machen können für den Bau des Reiches Gottes. In dieser Berufung stehen und leben Sie, ob Sie nun den Gartenzaun reparieren oder eine Predigt halten, ob Sie mit Ihren Kindern spielen oder ein seelsorgerliches Gespräch führen, ob Sie tagsüber Ihrer »normalen« Arbeit in der Fabrik nachgehen oder abends als Leiter einer Gruppe fungieren. Die höchst ungesunde Abspaltung in unsere Berufung einerseits (das, was wir eigentlich als Christen leben wollen) und unser restliches Leben andererseits (das, was uns ständig bei unserer »Berufung« stört, behindert und in die Quere kommt) hört an dieser Stelle auf. Das normale Leben, der oft so durchschnittliche Alltag darf nicht im Widerspruch zu unserem »geistlichen« Dienst stehen, kann es auch gar nicht, sondern unser ganzes Leben mit all seinen Facetten ist Dienst, ist Berufung in die Nachfolge.

Diese Berufung ist völlig unabhängig von unserer Leistung, denn sie ist ausschließlich Geschenk. Dieser Stand, in dem Sie und ich leben, ist absolut krisensicher und krisentauglich, denn nichts und niemand kann ihn uns wegnehmen. Paulus formuliert es in Römer 14,8 so: »Leben wir, so leben wir dem Herrn, sterben wir, so sterben wir dem Herrn. Ob wir leben oder ob wir sterben, wir gehören dem Herrn.« Selbst der Tod als Zuspitzung allen Unvermögens, etwas zu leisten, spielt für unsere Identität keine Rolle. Denn unsere Identität liegt in Jesus, in der Gemeinschaft mit ihm. Und diese Gemeinschaft ist unantastbar. Das ist ein stabiles Fundament, auf dem Sie Ihren Dienst aufbauen können.

Ich möchte so gerne wer sein – Wie viel Anerkennung braucht der Mensch?

Viel, sehr viel. Lob, Anerkennung, Bestätigung und Ermutigung sind lebenswichtig. Wir wissen, dass Kinder schweren seelischen Schaden nehmen, wenn ihnen diese Dinge vorenthalten werden. Und umgekehrt merken wir, dass Menschen, wenn wir sie ermutigen und loben, regelrecht aufblühen und beschwingten Schrittes zurück an ihre Arbeit gehen. Der Wunsch danach, dass unsere Arbeit gesehen und anerkannt wird, unsere Leistung honoriert und geachtet wird, steckt in uns allen, ist normal, gesund und Triebkraft, gute Leistung zu erbringen. Andererseits wird in der Bibel gerade im Neuen Testament immer wieder davor gewarnt, Arbeit nur zu tun, um von anderen gesehen zu werden. Wir sollen die Ehre, die Gott gebührt, nicht für uns selbst einheimsen, wir sollen nicht stolz werden und uns vor der Überheblichkeit hüten, wenn wir uns in der Anerkennung, die andere uns darbringen, sonnen. Diese zwei Pole, unser Bedürfnis nach Anerkennung einerseits und die Warnung der Bibel andererseits, führen bei vielen Christen zu einem Zwiespalt, der – wenn er nicht geklärt und aufgelöst wird – im Denken, Fühlen und Handeln manch absonderliche Blüte treibt und unseren Dienst in Schieflage zu bringen droht.

Viele von uns setzen viel Zeit, Kraft, Engagement und Begabung in die Gemeindearbeit ein, sie erzielen vielleicht sogar überdurchschnittliche Leistungen und sehnen sich zutiefst danach, dafür entsprechend gelobt und anerkannt zu werden. Wie kleine Kinder, die auf dem Spielplatz ständig rufen: »Mama, Papa, guckt mal, was ich kann«, sehnen wir uns danach, dass jemand unsere Arbeit wahrnimmt und anerkennt. Das ist bei Erwachsenen nicht anders als bei Kindern und völlig normal. Wir brauchen dieses Lob, diese Bestätigung so sehr!

Weil wir aber hübsch demütig sein wollen, knüppeln wir dieses Bedürfnis nach Anerkennung in uns nieder, und genau das Gleiche tun wir mit der Enttäuschung, die uns übermannt, wenn wir überhaupt keine positive Reaktion auf unsere Arbeit bekommen. Oder aber wir sagen, wenn wir denn gelobt werden: »Ach, das war doch gar nichts« oder: »Das hätte jeder andere auch gekonnt« oder »Na ja, war nicht schlecht, aber dieses oder jenes ist noch verbesserungswürdig«. Was für ein geballter Schwachsinn!

Wir sagen das, weil wir nicht hochmütig oder stolz sein wollen und weil wir gelernt haben, dass alle Ehre allein Gott gehört. Ich hatte an dieser Stelle lange Zeit massive Schwierigkeiten. Ich dachte, Gott wolle von mir, dass ich immer schön im Hintergrund bleibe, gut getarnt hinter dem Rücken meines Mannes still und demütig mein Werk verrichte und dass meine Sehnsucht, darin auch gesehen und anerkannt zu werden, schlichtweg Sünde sei. Diese Einstellung wurde reichlich gestützt von einschlägiger Literatur und Seminaren, die mir immer wieder vor Augen führten, dass der Wunsch nach Anerkennung Sünde sei, da alle Ehre allein dem Herrn gehöre. Irgendwann mochte ich diesem Herrn aber nicht mehr dienen. Was war das bloß für ein Herr, der alles Lob für sich beanspruchte, alle von mir erbrachte Leistung auf seine Rechnung schrieb und seinen Diener dann mit einem lapidaren »Bild dir bloß nichts ein« wegschickt?

Vielleicht kennen Sie diese Gefühle ja auch. Sie tun irgendeine Arbeit im Hintergrund, putzen das Gemeindehaus, hüten die Kleinsten während des Gottesdienstes, besuchen Kranke und Alte – und niemand sieht das und nimmt Ihren Dienst wahr. Eigentlich ist es aber das, was Sie sich sehnlichst wünschen. Aber diese Gefühle und Sehnsüchte gestehen Sie sich nicht zu, sondern drücken sie weg oder knüppeln sie nieder, weil Sie denken, so dürfe man doch als Christ nicht denken und fühlen. Innerlich werden Sie immer bitterer und denken irgendwann: »Warum tue ich das hier überhaupt? Es sieht ja doch niemand.«

Oder aber Sie geben diesem Bedürfnis nach Lob und Anerkennung nach. Aber nicht offen, geradeheraus und ehrlich, denn das »dürfen« Sie ja als guter Christ nicht, sondern versteckt und hintenherum. Fishing for compliments. Mit Leidensmiene schlurfen Sie dann durchs Gemeindehaus und schleifen gebeugten Hauptes den Putzeimer hinter sich her, damit jeder Sie sieht und die Last Ihrer Arbeit wahrnimmt. Oder Sie geben dezente Hinweise, wie wunderbar die Arbeit in der Jugend klappt, in der Hoffnung, dass irgendjemand äußert, dass Sie ja nun auch ein wahrhaft begnadeter und exzellenter Leiter sind. Ganz schön krumm und schief, finden Sie nicht auch? Aber je mehr wir unser Bedürfnis nach Anerkennung und Lob wegdrücken, je weniger wir uns diesen Wunsch eingestehen, desto schiefer wird das Ganze.

Meine Einstellung änderte sich in dem Maß, wie sich meine Beziehung zu Gott und zu Jesus änderte. Das geschah, weil ich den Heiligen Geist bat, mich in die Wahrheit zu führen über mich, meine Stellung zu Gott, wie er mich sieht und wie er selber ist. Diese Veränderung geschah langsam, aber stetig – und häppchenweise verstand ich immer mehr. Ich verstand, dass ich mein Bedürfnis nach Anerkennung nicht wegzudrücken brauchte, sondern zu diesem Wunsch ganz offen und ehrlich stehen darf. Wenn er in die richtigen Kanäle geleitet wird, an die richtige Adresse gerichtet ist, nämlich Gott, ist dieser Wunsch nach Bestätigung gut, gesund und kein bisschen verwerflich. Ich erkannte Gott immer mehr als meinen geliebten Vater, der mich und meine Leistung sehr wohl sieht. Der mein »Guck mal, Papa, was ich kann« hört, hinguckt und mich lobt für meine in seinen Augen sicherlich oft sehr stümperhaften Versuche, etwas wirklich Gutes zustande zu bringen. Der am Rand steht und Beifall klatscht und mich ermutigt, es noch einmal zu versuchen, wenn etwas schiefgegangen ist. Zu dem ich immer kommen kann, wenn in mir mal wieder ein Vakuum entstanden ist und ich dringend wieder ein Lob und eine Ermutigung brauche. Dieses »zu Gott kommen« und mich ermutigen lassen geschah häufig auch durch Menschen, die ich mir ganz gezielt suchte, damit sie an dieser Stelle das Sprachrohr Gottes sein konnten. Hier wurden das Lob und die Bestätigung für mich fühl- und hörbar! Wenn Sie in solch einem »Entmutigungsloch« hocken, dann scheuen Sie sich nicht, einen anderen Christen, sei es Ihr Partner, Ihr Freund oder Ihre Freundin, anzusprechen mit der Bitte, Ihnen etwas richtig Gutes und Ermutigendes zu sagen oder zu schreiben. Solch eine Bitte zu äußern mag Ihnen recht ungewohnt vorkommen, aber es ist ein Akt der Demut zuzugeben, dass wir manchmal die Hilfe anderer dringend benötigen, um die Stimme Gottes in unserem Leben zu hören.

Gott, das spürte ich bald, freut sich total an meinen Begabungen, Fähigkeiten und meinem Einsatz. Und so darf auch ich mich daran freuen. Zum Stolz verkehrt sich diese Freude erst, wenn ich sie von Gott löse, wenn ich all meine Begabungen und Fähigkeiten nicht mehr als Geschenke sehe, die ich voll Dank entgegennehmen darf, sondern anfange, sie mir selbst und dem eigenen Verdienst zuzuschreiben.

Ich erkannte, dass all mein Einsatz nicht umsonst ist, sondern schon jetzt von ihm gelobt und anerkannt wird und später einmal großen Lohn nach sich zieht. Es lohnt sich, auf den Lohn zu warten! Der Bibel ist dieser Lohngedanke nicht fremd. Im Gegenteil. Paulus schreibt in 1. Korinther 15,58: »Daher, liebe Brüder, seid standhaft und unerschütterlich, nehmt immer eifriger am Werk des Herrn teil, und denkt daran, dass im Herrn eure Mühe nicht vergeblich ist.« Warum ist sie nicht vergeblich? Die Antwort finden wir u.a. in 1. Korinther 4,5: »Wartet, bis der Herr kommt, der das im Dunkeln Verborgene ans Licht bringen und die Absichten der Herzen aufdecken wird. Dann wird jeder sein Lob von Gott erhalten.«

Mag sein, dass Ihr Dienst hier und jetzt noch von niemandem bemerkt wird. Er ist noch im Dunkel verborgen; aber er hat sich nicht in Nichts aufgelöst, sondern Gott bewahrt ihn in Gedanken gut auf. Und irgendwann, wenn Sie vor dem Thron Gottes stehen, werden Sie dafür vor versammelter Mannschaft ein riesengroßes, dickes Lob bekommen.

In einer solch engen Liebesbeziehung zu Gott löst sich die Abhängigkeit von Menschen immer mehr. Wenn die Bibel uns davor warnt, unsere Anerkennung und unseren Ruhm bei Menschen zu suchen, wenn sie uns ermahnt, unseren Dienst nicht um des Lobes oder der Anerkennung willen zu tun – dann bedeutet das nicht, dass Gott uns klein halten oder uns mal ordentlich zurechtstutzen will.

Nein, eigentlich handelt es sich hier um einen ganz großen Befreiungsschlag. Die Sehnsucht nach Anerkennung und Lob wegzudrängen oder von Menschen erfüllt bekommen zu wollen, bedeutet Unfreiheit und Abhängigkeit. Wenn Sie Ihren Gemeindedienst mit dem unterschwelligen Wunsch tun, dass andere Sie dafür achten, bewundern und loben, geben Sie anderen ungeheure Macht über Ihr Leben, Sie legen Ihre Freiheit in die Hände der Gemeinde. Ist die Gemeinde zufrieden mit Ihrem Dienst, bestätigt und lobt sie ihn, dann sind auch Sie glücklich und zufrieden. Kritisiert die Gemeinde hingegen Ihre Arbeit, werden Stimmen laut, die mit Ihnen unzufrieden sind – rums, schon liegen Sie auf der Nase. Ein äußerst wackeliger Boden, auf dem Sie da stehen. Denn, das garantiere ich Ihnen: Menschen sind äußerst wankelmütig! Schreit Ihre Gemeinde heute noch »Hurra« und werden Sie allseits umjubelt, können Sie morgen in den Augen der lieben Geschwister schon der Verursacher allen Übels sein, unfähig, inkompetent und »nicht das, was wir erwartet haben«.

Sich davon abhängig zu machen, gleicht einem Todesurteil. Weil Gott aber möchte, dass wir in unserem Dienst souverän und stark werden, warnt er uns vor dieser Gefahr und mahnt uns, unsere Sehnsucht nach Anerkennung allein bei ihm festzumachen. Gottes Anerkennung und Wertschätzung Ihrer Person ändert sich nicht von heute auf morgen, sondern bleibt fest und beständig. Sich daran festzumachen bedeutet Leben. Sich bei ihm jeden Tag aufs Neue Ermutigung, Lob und Zuspruch abzuholen bedeutet, den Dienst in der Gemeinde souverän und vollmächtig tun zu können. Darüber hinaus gilt seine Anerkennung, sein Lob nicht allein Ihrer Leistung, sondern Ihrer ganzen Person, mit allem, was Sie sind. Besser geht's gar nicht. Also, machen Sie, dass Sie zu ihm kommen!

Der Fluch des Vergleichens – Welche Ideale beherrschen Sie?

Ideale, Visionen, die wir für unseren Gemeindedienst haben, können ein großer Antrieb für unsere Arbeit sein, können uns aber auch genauso gut lähmen und unzufrieden machen, weil wir permanent hinter unseren Zielen zurückbleiben. Welche Ideale für Ihren Gemeindedienst beherrschen Sie? Und woher kommen sie? Sind es Ziele und Perspektiven, die Jesus Ihnen vor Augen gemalt hat, oder haben Ihre eigenen Vorstellungen, Ihr eigenes »Du solltest eigentlich« oder »Eigentlich müsste ich« hier kräftig mitgemischt? Oftmals beziehen unsere Ideale ihre Dynamik aus dem Vergleich mit anderen, ihrem Dienst und ihrer Gemeinde.

Wir sind auf einer Konferenz, wo es nur so wimmelt von begnadeten Rednern, die tiefgründig das Wort Gottes auslegen und dabei mit jeder Menge humorvoller und witziger Storys ihre Rede aufpeppen können. Die Gemeinden, von denen sie sprechen, sind samt und sonders ein Tummelplatz willfähriger und begabter Mitarbeiter, die vor Elan, Kompetenz und Kreativität nur so strotzen. Mitarbeitermangel? Ach, woher denn. Alles nur eine Frage der Motivation. Gäste im Gottesdienst? Aber sicher! Zu Hunderten, nein, was red ich denn, zu

Tausenden strömen sie herbei. Wie das denn sein kann? Das sei doch sonnenklar! All die schon erwähnten wundervollen Mitarbeiter würden über eine Unzahl nachbarschaftlicher Kontakte verfügen, mit eben diesen Nachbarn über den Gartenzaun hinweg von Jesus reden und zu Bibelgesprächskreisen in ihren Häusern einladen. Großartige Gespräche und nicht minder großartige Bekehrungen hätten sich da schon ergeben. Wirklich wundervoll, denken Sie und werden innerlich immer kleiner. Nicht nur, dass sich Ihre Heimatgemeinde neben diesen Riesen zahlenmäßig äußerst kümmerlich ausnimmt, nein, sie trägt auch noch den Makel, dass die Mitglieder – das erkennen Sie jetzt ganz deutlich – lahme Schnecken sind, die sich kaum motivieren lassen, ihren Einsatz über den Gottesdienstbesuch hinaus zu steigern. Es fehlt die Kreativität, es fehlt die Begeisterung, es fehlen die finanziellen Mittel, es fehlt die Vision – und der Pastor, dessen Aufgabe es doch sein sollte, »das Ganze« anzuleiern, fehlt schon mal ganz (wenn Sie selber derjenige welche sind, fragen Sie sich an dieser Stelle wahrscheinlich, ob Sie sich nicht sowieso besser zum Karnickelzüchter eignen). Es fehlt eigentlich alles – und nichts, von dem Sie bisher dachten, es sei eigentlich ganz respektabel, scheint so zu sein, wie es sein sollte. Es ist einfach eine Katastrophe! Sie verlassen die Konferenz angespornt und ermutigt einerseits, weil Sie gesehen haben, was alles möglich ist, und unzufrieden und entmutigt andererseits, weil Sie schon jetzt wissen, dass der Laden daheim etwas anders läuft.

Vergleichen ist Gift. Es führt entweder zu Hochmut und Stolz, wenn wir uns mit jemanden vergleichen, der unserer Meinung nach nicht so kompetent und begabt ist wie wir oder, was weit häufiger vorkommt, zu Entmutigung, Minderwertigkeitsgefühlen und Eifersucht, weil wir uns mit jemandem vergleichen, der lauter tolle Dinge zustande bringt, zu denen wir anscheinend nicht in der Lage sind. In jedem Fall bewirkt Vergleichen nichts Gutes, weil wir dabei aus dem Blick verlieren, dass jeder eine andere Persönlichkeit hat, über ein anderes Gabenspektrum verfügt und eine andere Aufgabenstellung von Jesus bekommen hat. Und auch jede Gemeinde hat ihr ganz persönliches, individuelles Gesicht. Anstatt neidvoll nach links und nach rechts zu schielen, sollten wir uns vielmehr auf das konzentrieren, was Jesus uns ganz persönlich anvertraut hat. Und das mag bei dem einen scheinbar etwas Großes sein und bei dem anderen etwas Kleines. Dass unsere Maßstäbe an dieser Stelle nicht unbedingt immer die richtigen sind, wissen wir. Jesus hat da ja so manches auf den Kopf gestellt! Das Gleichnis von den anvertrauten Pfunden, welches er uns in Matthäus 25,14-30 erzählt, macht deutlich, dass es nicht auf die Größe der anvertrauten Begabung oder Aufgabe ankommt, sondern darauf, wie wir mit dem, was uns anvertraut wurde, umgehen. Ob wir das Optimale daraus machen oder ob wir es verbuddeln, weil wir es geringschätzen und dabei noch Gott für dieses Handeln verantwortlich machen.

Ihnen ist eine ganz spezifische Aufgabe anvertraut, die auch nur Sie mit Ihrer Persönlichkeit, Ihren Begabungen und Ihrem Know-how ausführen können. Vermasseln Sie sich diesen Auftrag doch nicht damit, dass Sie dauernd Vergleiche mit anderen anstellen, die vermeintlich alles besser können und in ihrem Gemeindedienst viel mehr Erfolg haben.

In der nachösterlichen Begegnung des Petrus mit Jesus bekommt dieser Petrus die Aufgabe von Jesus, sich um die Herde zu kümmern. Typischerweise reicht Petrus diese Platzanweisung für sich nicht, sondern er schiebt direkt noch eine Frage hinterher: »Was ist denn mit dem da?« Dabei zeigt er auf Johannes, der unauffällig hinter den beiden her schlendert, wahrscheinlich in der Hoffnung, auch noch den einen oder anderen Satz allein mit Jesus wechseln zu können. Jesus kontert mit dem ihm eigenen Humor: »Wenn ich will, dass er bis zu meinem Kommen bleibt, was geht dich das an? Du aber folge mir nach« (Johannes 21,22). Sprich: Selbst wenn ich mit Johannes die tollsten Sachen oder gar nichts vorhabe – das kann dir doch völlig schnuppe sein. Kümmere du dich um dich und deine Sendung! In Galater 6,4 formuliert Paulus es so: »Jeder prüfe sein eigenes Tun. Dann wird er sich nur im Blick auf sich selbst rühmen können, nicht aber im Vergleich mit anderen.« Wenn Sie sich mit anderen vergleichen, werden Sie sich wahrscheinlich nie rühmen können. Weil Ihre eigene Leistung sich daneben äußerst kümmerlich ausnimmt. Wohl aber, wenn Sie »bei sich selbst« bleiben und einfach nur treu den Dienst ausführen, den Gott Ihnen ans Herz legt, mit den Begabungen, die er Ihnen geschenkt hat.

Wenn Sie immer auf die tollen Gemeinden innerhalb und außerhalb unseres Landes schielen, auf ihre Möglichkeiten und das, was Gott ihren Mitarbeitern an Potenzial geschenkt hat, werden Sie immer griesgrämiger und unzufriedener. Wenn Sie immer nur auf den anderen Mitarbeiter schauen, der anscheinend viel belastbarer, wortgewandter, talentierter, kreativer, lebhafter, geistlicher und was nicht sonst noch alles ist, werden Sie und Ihr ganz spezifischer Auftrag vor lauter Gejammer wahrscheinlich völlig auf der Strecke bleiben. Genau da will der Teufel Sie haben, genau so will er Ihren Dienst boykottieren. Wenn Sie dagegen fragen: »Herr, was willst du denn für mich und für meine Gemeinde, wo liegen unsere Begabungsschwerpunkte, welchen Sonderauftrag haben wir, habe ich?«, werden Sie freigesetzt, Ihren Dienst entspannt und zufrieden zu tun. Mag sein, dass das, was Sie tun, nicht wahnsinnig spektakulär ist, dass nirgendwo in den christlichen Medien davon berichtet wird und Sie so manchen scheinbaren Misserfolg zu verbuchen haben. Sei's drum. Warten wir mal das letzte Urteil ab ...

Die hohe Kunst des Neinsagens

Wenn wir den Kopf so voller Fremdideale haben, neigen wir dazu, uns permanent zu überfordern. Denn wir richten uns nicht nach dem von Jesus uns zugemessenen Maß, sondern nach dem, was wir meinen, im Spiegel der hohen Eigen- und Fremderwartungen leisten zu müssen. Damit hängen wir die Latte ziemlich hoch. Zu hoch. Denn Gemeindearbeit ist ein Fass ohne Boden. Es gibt immer etwas Wichtiges zu tun und es ist nie genug. Selbst wenn Sie jeden Tag nach der Arbeit bis in den späten Abend hinein und auch am Wochenende Ihre Zeit für die Gemeinde opfern, wird es nicht reichen. Selbst wenn Sie als Hauptamtlicher eine Achtzig-Stunden-Woche haben, wird das nicht reichen. Es wird nie reichen. Sie können sich bis zur völligen Erschöpfung verausgaben – glauben Sie mir, Sie werden die Stimmen nicht zum

Schweigen bringen, die da rufen: »Mehr, mehr, mehr.« Wenn Sie ein sensibler Mensch sind, werden Sie an dieser Situation sehr leiden. Denn Ihnen fehlt das dicke Fell, das Ihnen einen gesunden Schutz gibt gegen all die Wünsche, Erwartungen, Appelle und Nöte, die an Sie herangetragen werden.

Sie wissen ja, dass Sie dem einen oder anderen Jugendlichen aus der Jugendgruppe mehr nachgehen müssten – aber Sie schaffen es einfach nicht. Sie wissen ja, dass ein Besuch pro Woche bei der alten, kranken Schwester viel zu wenig ist. Wieder hat sie geweint, weil sie so einsam ist – aber sie ist eben nicht die einzige Kranke und Alte und darüber hinaus gibt es noch so viel anderes zu tun. Sie wissen ja, dass die Kinderwochenstunde sehr viel kreativer gestaltet werden könnte – aber Ihnen fehlt einfach die Zeit, um sich um die Beschaffung von so viel Material zu kümmern, und in letzter Zeit wollen Ihnen auch einfach keine neuen Ideen mehr kommen. Sie wissen ja, dass es etliche Situationen in der Gemeinde gibt, die nach seelsorgerlicher Begleitung schreien. Was ließe sich nicht alles verhindern, wenn man hier mehr investieren würde. Vielleicht wäre die Ehe von Gerd und Karin nicht auseinandergegangen, wenn Sie hier von Anfang an mehr investiert hätten. Aber wann? Wo hätten Sie die Zeit dafür hernehmen sollen?

Sie merken, wie die Spirale sich nach unten dreht. Wenn wir hier nicht rechtzeitig aussteigen, fangen wir an, unsere eigenen Bedürfnisse nach Entspannung und Erholung immer mehr zu vernachlässigen, Zeiten für uns selbst, für Partner und Kinder drastisch zu kürzen, um mehr Zeit in der Gemeinde verbringen zu können. Der Weg in den Burn-out hat begonnen. Wohl dem, der eine Gemeinde hat, die die ersten Signale dieser Selbstzerstörung wahrnimmt und sich einschaltet. Oft legt die Gemeinde aber noch eins obendrauf. Ganz häufig geschieht das, indem Vergleiche gezogen werden und Unverständnis darüber geäußert wird, warum Sie denn nicht auch so oder so ihren Dienst verrichten. Das klingt ungefähr so (mit nörgelndem Unterton): »Dein Vorgänger hat aber immer die Geschwister über siebzig zum Geburtstag besucht.« Oder: »Florian hat aber immer auch am Samstag etwas mit der Jugend unternommen. Zum Bespiel ins Freibad und Kino gehen oder Minigolf spielen (verzückter Gesichtsausdruck). Du tust so was nie (anklagender Blick).« Oder: »Elfriede hat mit der Frauengruppe immer so nett gebastelt (vorwurfsvoller Blick). Jetzt machen wir ja nur noch Bibelarbeit (gramumflorter Blick).« Zum Totlachen. Wenn es nicht so ernst wäre. Bei den ersten Christen in Korinth gab es das auch schon. Geschwister, die versucht haben, Paulus, Kephas und Apollos gegeneinander auszuspielen, um so die Stimmung tüchtig aufzuheizen. Paulus staucht sie daraufhin ziemlich zusammen. (Sie können das nachlesen in 1. Korinther 1,11-17 und 3,4-9). In Vers 6-9 schreibt er: »Ich habe gepflanzt, Apollos hat begossen, Gott aber ließ wachsen. So ist weder der etwas, der pflanzt, noch der, der begießt, sondern nur Gott, der wachsen lässt. Wer pflanzt und wer begießt: beide arbeiten am gleichen Werk; jeder aber erhält seinen besonderen Lohn, je nach der Mühe, die er aufgewendet hat. Denn wir sind Gottes Mitarbeiter; ihr seid Gottes Ackerfeld, Gottes Bau.« Also: Jeder von uns hat ein Stück Arbeit übernommen, gemäß seinem Auftrag, aber das Wachstum hat Gott geschenkt. Paulus wehrt sich ganz vehement gegen den Versuch einiger Gemeindeglieder, Mitarbeiter gegeneinander auszuspielen. Das tut er, indem er deutlich macht, dass er sich nur um seine ganz persönliche Dienstanweisung kümmern muss – den Job des anderen kann, will und muss er nicht erfüllen. Das ist allein dessen Aufgabe. In Kapitel 1 (Vers 17a) führt er den Gedanken seiner ganz persönlichen Sendung noch deutlicher aus: »Denn Christus hat mich nicht gesandt zu taufen, sondern das Evangelium zu verkünden.« Was für eine Befreiung liegt in diesem Ja zur eigenen Sendung und in einem Nein zu allem, was darüber hinausgeht. Hier liegt der Schlüssel für ein Leben frei von Fremdansprüchen und permanenter Überforderung durch die Fülle der Aufgaben und Dienste, die es zu erledigen gilt: Das Wahrnehmen Ihrer ganz persönlichen Sendung und Ihres ganz persönlichen Dienstauftrags! Das, was Sie zu leisten haben, ist ein Teil des Ganzen und nicht das Ganze. Innerhalb der großen Sendung der Christen, das Evangelium allen Völkern zu verkünden, Menschen zu taufen, sie zu Jüngern zu machen und ihnen zum Wachstum in der Nachfolge zu verhelfen, liegt irgendwo an einer kleinen Stelle Ihr Beitrag. Den und allein den haben Sie auszufüllen.

Dass es darüber hinaus noch viel Arbeit zu tun gibt, mag sein. Aber das braucht nicht Ihr Problem zu sein, darum wird sich Gott kümmern.

Paulus wusste um seine Platzanweisung in dieser riesengroßen Sendung, die Jesus kurz vor seinem Weggang ausgesprochen hatte: das Evangelium verkünden. Und noch spezieller: dieses Evangelium den Heiden verkünden. Obwohl in dem von Jesus vorgegebenen Sendungsbefehl ausdrücklich die Rede davon ist, dass die Jünger taufen sollen, kann Paulus ganz souverän sagen: Also mein Ding ist das nicht, ich kümmere mich allein um den Bereich der Evangelisation unter Heiden. Punkt.

Je genauer Sie um Ihre ganz persönliche Sendung, Ihre Platzanweisung und Ihr Gabenspektrum wissen, umso besser sind Sie geschützt vor Überforderung und umso gelassener können Sie sein. Lassen Sie sich nicht dazu verleiten, ein »Löcherstopfer« zu werden. Sie wissen schon: Weil niemand eine Gruppe im Kindergottesdienst übernehmen will, lassen Sie sich dazu breitschlagen. Weil niemand die Gottesdienstleitung machen will, tun Sie es halt. Weil niemand den Gemeindeausflug organisieren will – na gut, dann übernehmen Sie es eben. Und keiner ist da, der während seiner Urlaubszeit den Kastellan vertritt? Okay, dann putzen Sie für diese drei Wochen eben samstags das Gemeindehaus. Samstags ist sowieso ein gähnend langweiliger Tag.

Eine Gemeinde hat es ganz schnell raus, wer die »Löcherstopfer« sind – und sie verlässt sich darauf, dass dieses System funktioniert. Lassen Sie sich nicht von den Erwartungen anderer bestimmen, sondern fragen Sie in der jeweiligen Situation erst Jesus, was er von der ganzen Sache hält. Ich neige auch dazu, mich von der Not und den Ansprüchen anderer Menschen leiten zu lassen. Deswegen habe ich es mir zur Angewohnheit gemacht, bei Anfragen an meine Mitarbeit immer ein paar Tage oder Wochen Bedenkzeit zu erbitten, um diese Sache gründlich zu überdenken und zu überbeten. Das ist eine Hilfe.

Trotzdem – Arbeit ungetan liegen zu lassen ist kolossal schwierig. Wenn ich mir Jesus anschaue, gelingt mir das etwas besser, weil ich mir vergegenwärtige, dass es durchaus keine christliche Tugend ist, immer zu springen, wenn Aufgaben und Dienste anfallen, sondern dass Neinsagen manchmal wesentlich jesusähnlicher ist. Allein die Tatsache, dass Jesus nur drei Jahre seinen Dienst tun sollte und auch nur in dieser Zeit in der uns berichteten Weise von Gott für seinen Auftrag gebraucht wurde, ist ein Affront an unser leistungsorientiertes Denken. Wie viel mehr hätte Jesus »schaffen« können, wenn Gott noch ein paar Jährchen drangehängt hätte! Wie viel mehr Kranke hätte er heilen können, wie viele Dämonen noch austreiben und wie viel mehr Zeit wäre gewesen, um den einen oder anderen Jünger noch ein bisschen besser vorzubereiten auf den »Tag danach«. Und ob nicht doch noch so manch ein Pharisäer die Kurve gekriegt hätte? Und selbst in seiner Dienstzeit hat sich Jesus sehr gegen die Erwartungen der Leute abgegrenzt und sich ausschließlich auf seinen Gehorsam gegen den Vater konzentriert. Und der sah manchmal etwas ganz anderes vor als das, was die Menschen erwartet hätten. So manche Menschenmenge hat Jesus stehen lassen, weil er sich zurückziehen wollte, so manche Anfrage unbeantwortet gelassen und selbst gegenüber den Ansprüchen seiner Familie verhielt er sich gelinde gesagt sehr reserviert.

Ein »geistliches« Argument, das häufig vorgebracht wird, wenn Mitarbeiter es nicht schaffen, Nein zu sagen und sich bis zur völligen Erschöpfung verausgaben, ist folgendes: »Gott wird mir die Kraft schon geben. Ich lebe ja nicht aus meiner Kraft, sondern aus Gottes Kraft, deswegen werde ich das auch noch schaffen.« Wir alle kennen Krisensituationen in unserem Leben, in denen wir von Gott mit übermenschlicher Kraft ausgestattet und durchgetragen wurden. Keine Frage. Aber können wir diese Kraft tatsächlich anzapfen, um in einem Dauerzustand der Überforderung zu leben? Ist »geistliche« Kraft tatsächlich unerschöpfliche Kraft? Oder ist es nicht vielmehr so, dass wir, solange wir auf dieser Erde leben, uns auch als Christen gewissen Gesetzmäßigkeiten beugen müssen? Dass selbst Jesus sich diesen Gegebenheiten des Menschseins unterordnete, indem er sich ausruhte, schlief und sich von Menschen zurückzog, sich zum richtigen Zeitpunkt abgrenzte?

Die Kraft Gottes erhalten wir in der Regel nicht im Vorbeilaufen, sondern in Zeiten der Stille, der Ruhe und des Rückzugs. Um diese

Zeiten zu schützen und zu erhalten, braucht es ein durchsetzungsfähiges Nein zu mancher Aktivität, und sei sie noch so fromm. Sich diese Zeiten nicht zu nehmen und im Sturmschritt durchs Leben zu eilen in der Erwartung, Gott würde dieses Verhalten noch mit einer zusätzlichen Kraftzufuhr absegnen, widerspricht allen menschlichen und geistlichen Prinzipien. Der Geist der Kraft ist eben auch der Geist der Besonnenheit (2. Timotheus 1,7). Beides, das Wissen um Gottes Kraft in all unserem Unvermögen und die besonnene Lebensführung in der Verbindung mit Gott, hängt zusammen und bringt unser Leben in die richtige Balance.

Wenn die wüssten ...

Ein weiterer riesengroßer Stolperstein für unseren Dienst in der Gemeinde ist ein Leben, das nicht authentisch ist. D.h. unser Leben in der Gemeinde, unser Dienst und das, was wir hier leben und vermitteln, decken sich nicht mit unserem »echten«, wirklichen Menschen. (Dieses Thema habe ich schon angerissen, als es um den Umgang mit Krisen ging, die wir in unseren Ehen und Familien manchmal haben.)

Wir haben eine fromme und vermeintlich geistliche Kulisse, die entstanden ist, weil wir meinen, als Christ und erst recht als Mitarbeiter müsse man sich in bestimmter Weise verhalten, dürfe diese oder jene Sünde noch nicht einmal mehr vom Namen her kennen und hätte all »diese Dinge« schon lange unter den Füßen zu haben. Wir sehen und lesen den hohen Anspruch in der Bibel und merken an allen Ecken und Enden, dass wir von der Erfüllung dieses Anspruches noch weit entfernt sind. Aber weil wir dazu nicht stehen können oder wollen, weil wir meinen, als Christ und erst recht in einer Position wie der unsrigen in der Gemeinde könne man sich ein Zugeben solcher Schwächen nicht leisten, spielen wir ein fröhliches (?) Spiel und tun so, als wäre alles in bester Ordnung.

Es braucht ja keiner zu wissen, dass Sie abends Probleme haben, sich vom Fernseher loszureißen, auch wenn der Inhalt der Filme, die Sie sich da so »reinziehen«, äußerst fragwürdig ist. Es braucht ja keiner zu wissen, dass Sie im Umgang mit Ihren Kindern oft unbeherrscht sind und zu Tätlichkeiten neigen. Es braucht ja keiner von der klitzekleinen Sucht zu erfahren, die sich in Ihrem Leben eingenistet hat, und erst recht nicht, dass in Ihrer Ehe tödliches Schweigen eingekehrt ist und Ihr Techtelmechtel mit der netten Arbeitskollegin schon lange nicht mehr so ganz harmlos ist. Ihr Geiz, Ihre Habgier, Ihre Depressionen, der Neid, der Zorn, das Lügen und Betrügen, die üble Nachrede, die sexuellen Fantasien – du liebe Zeit, da braucht und soll niemand von erfahren. Dass Sie schon seit Ewigkeiten keine Stille Zeit mehr gemacht haben, dass Sie hochrot angelaufen und schnell weggegangen sind, als im Kollegenkreis das Thema auf Glauben und Christsein kam – davon soll schon mal gar nicht die Rede sein.

Betreten Sie die Gemeinde, ziehen Sie das Mäntelchen des perfekten, vorbildlichen Christen über und entsprechen somit dem Bild, das Sie selber von sich und das auch andere von Ihnen haben. Dummerweise haben alle anderen auch solch ein frommes Mäntelchen im Kleiderschrank und streifen es sich flugs über, bevor sie über die Schwelle der Gemeinde treten. Ein Mäntelchen ist prachtvoller und bunter als das andere. So entsteht ein glanzvolles Bild – und ein verfälschtes Bild, eine Atmosphäre, die künstlich und unaufrichtig ist, die Druck ausübt und krank macht, weil sie dazu führt, dass wir unseren »frommen« Menschen von unserem »echten« Menschen abspalten und so in einer permanenten Ambivalenz leben. Je öffentlicher Ihr Dienst in der Gemeinde ist, je mehr Sie auf dem Präsentierteller sitzen, desto gefährdeter sind Sie an dieser Stelle, denn Sie haben viel zu verlieren (oder zumindest meinen Sie das), wenn Sie anfangen, der zu sein, der Sie eigentlich sind. Aber wenn wir in unserem Dienst gesund bleiben wollen, wenn in unseren Gemeinden ein gutes Klima herrschen soll, ist es wichtig, dass wir unseren vermeintlich geistlichen Menschen mit unserem »eigentlichen« Menschen zusammenkriegen und auch zusammenhalten. Dass wir nur das nach außen darstellen, was auch tatsächlich in uns lebt. Dass wir nicht meinen, wir müssten mehr sein, als wir eigentlich sind. Dass wir nicht in der ständigen Angst leben: »Wenn die wüssten ...«, sondern ohne Scham und ohne frommes Versteckspiel zu uns selbst stehen können ...

Wie kann der Weg zu einem authentischen Christsein aussehen? Nun, zunächst einmal so, dass wir anfangen, vor und in uns selber echt zu werden. Das ist der erste Schritt. Wir schauen unsere wirklichen Gedanken, Gefühle und Einstellungen an und verdrängen oder beschönigen sie nicht länger. Indem wir diese »Eigentlich will ich ja dieses oder jenes, aber weil ich Christ bin, weil ich in der Gemeinde ein gutes Bild abgeben will, muss ich ja ...« aufspüren, beginnt Veränderung. Indem ich aufhöre, etwas zu denken oder zu tun, weil man es als Christ halt denkt oder tut und stattdessen frage, was ich denn eigentlich tun will, werde ich »echt«. So bauen wir zunächst einmal vor uns selbst unsere fromme Fassade ab und stoßen zum Kern, unseren wirklichen inneren Überzeugungen und Einstellungen vor. Das kann äußerst schmerzhaft und ernüchternd sein, zeigt sich hier doch an vielen Stellen, dass wir geistliche Überzeugungen gar nicht wirklich verinnerlicht, sondern sie uns nur übergestülpt haben, und in uns ständig ein heftiger innerer Kampf tobt. Dieses Ich ist vielleicht gar nicht so fromm, wie wir immer dachten, sondern verfolgt oft ganz andere Ziele als Jesus in uns.

An dieser Stelle klar und eindeutig zu sein, ist entscheidend. Wir sollten uns grundehrlich eingestehen: In meinem tiefsten Innern will ich das und jenes andere will ich nicht. Ganz unabhängig davon, ob dieser Wille auch christusgemäß ist, sollten wir ihn erst einmal ungeschönt angucken und genau benennen. Wir müssen unseren Willen und unsere tiefsten Wünsche ja erst kennen, sie müssen ausgesprochen oder zumindest gedacht sein, bevor wir sie Christus unterordnen können.

Statt zu denken: Eigentlich ist mir das zu viel – aber als guter Christ muss ich bei dieser Aktion ja auch noch mitmachen, sagen Sie: Mir ist das zu viel, ich will nicht mitmachen. Statt zu denken: Eigentlich geht mir dieser Bruder, diese Schwester wahnsinnig auf den Geist und raubt mir den letzten Nerv – aber ich muss ihn ja lieben, sagen Sie: Ich mag diesen Menschen nicht. Statt zu denken: Eigentlich habe ich gar keine Lust, Stille Zeit zu machen – aber als Christ gehört das ja zum Pflichtprogramm, sagen Sie: Ich habe keine Lust und will keine Stille Zeit machen. Wenn Sie all diese »Eigentlich« und »Uneigentlich« wegstreichen, dann haben Sie endlich den Kern dessen, was Sie wollen. Nicht besonders fromm, vielleicht sogar äußerst ketzerisch und widerborstig, aber grundehrlich.

Auf diese Ehrlichkeit legt Jesus Wert, wenn er immer wieder vor der Heuchelei warnt. Was soll Jesus auch mit unserer frommen und glanzvoll polierten Fassade anfangen?

Wenn wir so unsere blanken, wahren und echten Gefühle und Gedanken vor uns haben, können wir entscheiden, was wir damit machen wollen. Das ist der zweite Schritt. Hier setzt dann der geistliche Prozess ein: Wollen wir diesen Willen Jesus unterordnen oder wollen wir es nicht?

Ich glaube, dass es einen riesigen Unterschied für unser geistliches Wachstum und für unsere geistliche und psychische Gesundheit ausmacht, ob wir in einem bewussten Akt unseren Willen dem Willen Gottes unterstellen und gehorsam sind oder ob wir ständig nur nach außen und scheinbar gehorsam sind, aber innerlich voller Rebellion, weil wir etwas tun, was wir eigentlich gar nicht wollen, uns aber nie die Mühe gemacht haben, uns mit unserem Willen auseinanderzusetzen. Letzteres macht, schnell auf den Punkt gebracht, krank. Trotzdem trifft man in frommen Kreisen immer wieder auf eine riesengroße Angst, sich mit dem auseinanderzusetzen, was man eigentlich denkt, fühlt und will. »Das darf ich doch nicht« oder »Auf meinen Willen kommt es doch nicht an, nur auf das, was Jesus will«, bekommt man dann gesagt. Nicht selten trifft man Christen, die mit gebrochenem Willen und gebrochenem Rückgrat glanz- und kraftlos ihr Dasein fristen. Gott will unseren Willen nicht brechen, sondern er möchte, dass wir ihn bei vollem Bewusstsein in einer klaren Entscheidung, in einem Akt der Liebe und des Vertrauens ihm unterordnen. Da wird nichts zerbrochen, da wird nichts zerschlagen und zerstört, sondern gehalten und geborgen ruht unser Wille dann in Gottes Willen. Da klafft nichts mehr auseinander, da kämpft und rebelliert nichts mehr gegeneinander, sondern wir sind im tiefsten Kern unserer Persönlichkeit mit uns und Jesus eins. Authentizität ist entstanden. Dieser Akt des Gehorsams und der Unterordnung ist kein einmaliger, sondern ein sich immer wieder aufs Neue wiederholender Prozess, den wir auch nur in der Kraft des Geistes erfolgreich bestehen können (vgl. Galater 5,16-18).

Und genau so können wir auch in der Gemeinde leben und zu einem authentischen Lebensstil finden. Wenn wir lernen, vor uns und Jesus echt und wahrhaftig zu sein, werden wir mehr und mehr das Bedürfnis haben, auch vor anderen Menschen so zu sein, wie wir wirklich sind. Das fromme Versteckspiel macht immer weniger Spaß. Dieses »So-tun-als-ob« wird zunehmend anstrengender; der Preis, den wir für die Aufrechterhaltung unserer Fassade zahlen, wird zu hoch. Wir erkennen: Zu unserer Unvollkommenheit und Schwachheit zu stehen ist ungeheuer befreiend, weil wir uns nicht anstrengen müssen, mehr zu sein, als wir eigentlich sind. Und andere in diesen Prozess der Veränderung mit hineinzunehmen, ihnen auch unsere Ecken und Kanten, unsere Defizite, unsere Begrenztheit, unsere Probleme und unser Unvermögen zuzumuten, ist tausendmal geistlicher, nein, es ist überhaupt erst geistlich, als so zu tun, als hätten wir alles im Griff. Andere werden an unserem Beispiel lernen, wie echte Veränderung im Leben geschehen kann und wie echte Nachfolge aussieht. Und glauben Sie mir, dieses Beispiel wird nach und nach die Atmosphäre prägen und auch andere werden ihr prachtvolles Mäntelchen öffnen und zeigen, was sie drunter tragen. Was für eine Befreiung!

Von Gott geformt

Es klang an verschiedenen Stellen dieses Buches schon an: Ein Großteil der Probleme, die in der Gemeindearbeit entstehen, werden dadurch verursacht werden, dass Einzelne ungesunde und nicht reflektierte Anteile ihrer Persönlichkeit in die Gemeinschaft mit hineinbringen (Sie erinnern sich: die Projektionskünstler, die Übereifrigen, die Macher, die Rebellen …). Wir haben gesehen, dass die Sachdiskussionen, die wir in der Gemeinde führen, deswegen oft eskalieren, weil sie nur die Spitze eines Eisberges sind. Unter der Oberfläche geht es oft um ganz andere Dinge als darum, ob der Teppich nun grün oder rot sein soll oder der Gottesdienst auch einmal eine halbe Stunde länger dauern darf. Als Mitarbeiter diese tiefer liegenden Dinge wahrzunehmen und im Auge zu behalten ist wichtig, damit wir uns nicht endlos in scheinbar sachlichen Diskussionen verzetteln und dabei am eigentlichen Problem vorbeireden.

Aber noch wichtiger ist es, dass wir uns selbst und die Abgründe in unserer eigenen Persönlichkeit kennen. Für einen Mitarbeiter in der Gemeinde und erst recht für einen Leiter ist es meines Erachtens unerlässlich, sich mit der eigenen Biografie, der eigenen Persönlichkeitsstruktur und dem eigenen Gabenspektrum auseinanderzusetzen. Wenn ich an meine eigene theologische Ausbildung zurückdenke, muss ich sagen, dass damals dieser ganze Bereich sträflich vernachlässigt wurde – und dabei sind es doch gerade unsere Persönlichkeitsstruktur und die unverarbeiteten Anteile unserer Biografie, die uns Leitern und Mitarbeitern oft das Genick brechen. Wir wurden angehalten, uns über manch theologische Spitzfindigkeit den Kopf zu zerbrechen – aber über Charakter- und Persönlichkeitsformung wurde nie gesprochen, und ich wurde in keinster Weise darauf vorbereitet, dass gerade hier die hauptsächliche Arbeit liegt und der Teufel gerade hier ansetzt, um uns auszuhebeln. (Dieses Defizit ist inzwischen erkannt worden, sodass heute in vielen theologischen Ausbildungsstätten Themen rund um die Persönlichkeitsentwicklung im Lehrplan einen größeren Raum einnehmen.) In Sprüche 4,23 lesen wir: »Mehr als alles hüte dein Herz; denn von ihm geht das Leben aus.« Wenn wir uns mit uns selbst beschäftigen, ist das keine ungeistliche Zeitverschwendung. Das Herz zu hüten, es zu erforschen, es zu schützen und ihm das zu geben, was es braucht, ist notwendig, weil hier Lebens- und Dienstqualität entsteht. Wenn unser Inneres gesund ist, unser Herz gereinigt von Altlasten und Schuld, haben wir selber Leben und können auch Leben an die Gemeinde weitergeben. Schlampen wir an dieser Stelle, weil wir mit diesem ganzen »therapeutischen Zeugs« nichts anfangen können und meinen, das sei etwas für die »Psychos« in der Gemeinde, stehen wir in Gefahr, dass die unreflektierten Anteile unserer Persönlichkeit und Biografie uns ständig dazwischenpfuschen und die Qualität unseres Dienstes schmälern. Wenn Sie spüren, dass Sie immer in den gleichen Situationen oder auf die gleichen Menschen mit Angst, Aggression, Sorge, Wut, mangelnder Beherrschung, Depression, Ablehnung, Neid, Blockaden oder sonst etwas reagieren, wird es Zeit, hier einmal genauer hinzuschauen und das Herz zu erforschen. Der Feind ist äußerst interessiert daran, uns davon abzuhalten, und flüstert uns ein, das sei doch gar nicht so schlimm, der Zustand gehe doch wieder vorüber und merken würde davon schon mal gar keiner etwas. Auch mit vermeintlich geistlichen Argumenten wird er nicht sparen, indem er uns einflüstert: »Es gibt so viel anderes zu tun, so viel Arbeit im Reich Gottes, du wirst doch wohl nicht deine kostbare Zeit damit verplempern, dich um dich selbst zu drehen.«

Hört sich gut an, stimmt aber nicht. Ich glaube, dass Gott weit mehr interessiert ist an dem, was wir sind, als an dem, was wir tun und leisten. Unsere Charakterentwicklung hat für ihn Priorität und nicht unsere Arbeit und unsere fromme Leistung. Das Wort Charakter finde ich an dieser Stelle sehr hilfreich, um zu verstehen, was hier mit uns geschieht. »Charakter« stammt aus dem Griechischen und bezeichnet ursprünglich den Prägestempel für Münzen und Siegel, sowie das Geprägte selbst. Gottes Ziel mit uns ist, dass wir in der Gesamtheit unserer persönlichen Eigenschaften, die unseren Charakter ausmachen und die in unserem Reden und Handeln nach außen dringen, den Prägestempel »Christus« tragen. Rick Warren schreibt in seinem Buch »Leben mit Vision«: »Gottes eigentliches Ziel für Ihr Leben auf dieser Erde ist nicht Ihre Bequemlichkeit, sondern Ihre Charakterentwicklung. Er will, dass Sie geistlich wachsen und Christus ähnlicher werden.« (S. 170). Warum? Geben wir dem Heiligen Geist Raum, unseren Charakter zu formen und zu prägen, wird unsere Arbeit und unsere Leistung in natürlicher Folge von hoher Qualität sein und Merkmale der Christusherrschaft tragen. Zäumen wir dagegen das Pferd von hinten auf, tun wir viele scheinbar fromme und christliche Dinge ohne diese erkennbare Christusprägung, fehlen unserer Arbeit der Tiefgang und die Durchschlagkraft. Christus durfte vielleicht unsere Oberfläche ein bisschen auf Hochglanz polieren, aber unter dieser Oberfläche hat sich nichts verändert, geschweige denn, dass er seinen Namen tief in unser Sein hineinprägen durfte.

Jesus benutzt das Bild von einem guten Baum, der gute Früchte hervorbringt und dem schlechten Baum, der schlechte Früchte hervorbringt« (Lukas 6,43). Ganz automatisch wird das, was in uns ist, nach außen drängen und sichtbar werden. Gerade engagierte Mitarbeiter und Leiter sollten deswegen viel Zeit darauf verwenden, Defizite in ihrer Persönlichkeit, Mängel in ihrem Charakter und Verunreinigungen in ihrem Herzen aufzuspüren und aufzuarbeiten, weil das die Grundvoraussetzung für einen Dienst ist, der gute Früchte bringt (wobei das nicht identisch ist mit unserer menschlichen Vorstellung von einem erfolgreichen Dienst, wie wir später noch sehen werden). Gute Früchte im Sinne Gottes werden wir automatisch hervorbringen, wenn wir uns für unsere Charakterformung Zeit nehmen. Schauen wir uns die großen Helden in der Bibel an, sehen wir, dass vor ihrem Dienstantritt immer eine lange Zeit (und ich meine hier wirklich lange und nicht nur ein paar Wochen und Monate) lag, in der sie auf ihren Dienst vorbereitet wurden. In unseren Augen und nach unseren Maßstäben war das vielleicht völlig vergeudete Zeit, aber in Gottes Augen qualitativ hochwertige Zeit, die oft weitaus länger dauerte als der Dienst an sich. Hier fand Charakterschulung und Persönlichkeitsentwicklung statt. Sperren wir uns an dieser Stelle, kann es sein, dass Gott hier etwas unsanftere Methoden anwendet und Krisen in unserem Leben zulässt, die uns zwingen, an dieser Stelle zu arbeiten. Auch das haben viele von uns schon erlebt.

Wie sieht das nun konkret aus? Zum einen geschieht Charakterentwicklung ganz unspektakulär und fast nebenbei in unserem ganz normalen Alltag. Mose durfte erst ein paar Jährchen (genau genommen vierzig!) die Schafe seines Schwiegervaters hüten, David diente nach seiner Salbung jahrelang Saul mit seinen musikalischen Fähigkeiten und lebte später auf ständiger Flucht vor ihm in der Wüste. Jesus reifte im Alltag einer galiläischen Kleinstadt als Zimmermann heran. Ganz normal. Nichts Besonderes. Und doch ist Gott hier ganz dicht dran. Unterschätzen Sie diese Zeiten nicht, in denen Sie scheinbar nichts Besonderes tun. Wenn Sie kochen, die Fahrräder der Kinder reparieren, am Computer sitzen, mit dem Nachwuchs spielen, im Auto zu einem Kunden unterwegs sind, das Unkraut jäten, den Zaun neu streichen, Vokabeln abhören, ein Schwätzchen mit dem Nachbarn halten, ist Gott in Ihnen am Werk und formt – bis es so einigermaßen passt, bis Sie so im Kleinen trainiert sind, dass Sie sich auch für größere Aufgaben qualifiziert haben. Was sagt Jesus im Gleichnis zu einem, dem er das Geld anvertraut hatte? »Du bist im Kleinen ein treuer Verwalter gewesen, ich will dir eine große Aufgabe übertragen« (Matthäus 25,21).

Zum anderen kann es sein, dass wir, wie ich oben schon erwähnte, in der Gemeinde und in unserem Dienst immer wieder an die gleichen Grenzen stoßen, immer wieder an den gleichen Problemen scheitern und immer wieder mit ein und demselben Menschentyp aneinanderrasseln. Übergehen Sie solche Situationen nicht einfach, sondern bitten Sie den Heiligen Geist darum, Ihnen aufzuzeigen, welche Persönlichkeitsdefizite in Ihnen sind, dass es immer wieder zu diesen ungeklärten und schwierigen Situationen kommt. Gott wird diese Bitte ganz bestimmt hören! Es kann sein, dass er sich mit Ihnen Ihre Biografie anschauen möchte und manch alte, vielleicht nie verheilte Verletzung ans Licht bringen und schmerzhafte oder traumatische Erlebnisse ans Tageslicht befördern will. Wenn Sie sich da nicht allein herantrauen, suchen Sie sich kompetente und qualifizierte Hilfe.

Es kann sein, dass Gott möchte, dass Sie sich mehr mit den Stärken und Schwächen Ihrer Persönlichkeitsstruktur auseinandersetzen. Inzwischen gibt es viele gut entwickelte Modelle, die da weiterhelfen können. Ob Sie eher ein Einzelkämpfer oder ein Teammensch sind, ob Sie dominant sind oder eher jemand, der hinter anderen hergeht, ob Sie sehr strukturiert und organisiert zu Werke gehen oder eher der spontane Typ sind, ob Sie visionär und begeisterungsfähig sind oder eher der Realist, der »kleine Brötchen« backt – das Wissen darum kann Ihnen helfen, sich selbst besser zu verstehen, Ihren Dienst effektiver zu gestalten und sich wirkungsvoller in den großen Bau des Reiches Gottes einzugliedern.

In dem Buch *Du machst mich stark*[6] schreibt Gordon MacDonald

6 Gordon MacDonald: *Du machst mich stark.* Wuppertal: R. Brockhaus 2005.

dazu Folgendes: »Zur Zeit bemühe ich mich um Geduld, eine der Eigenschaften, die die Bibel als »Frucht des Geistes« bezeichnet (Galater 5,22). Ich habe mich immer für einen geduldigen Menschen gehalten, aber inzwischen bin ich mir da nicht mehr so sicher. Ich stelle fest, dass sich in mir eine gewisse Gereiztheit meldet, wenn die Schlange an der Post zu lang ist, wenn alle anderen beschlossen haben, zur gleichen Zeit, zu der ich unterwegs bin, die Autobahn zu verstopfen, wenn jemand mir eine E-Mail schickt, bei der mein Computer zehn Minuten braucht, um sie herunterzuladen. Ich habe den Verdacht, dass diese Spuren von Ungeduld in Wirklichkeit andere Aspekte – vielleicht wichtigere Aspekte – meines Lebens widerspiegeln, denen ich mich nicht stellen will. Wenn ich also in der Schlange stehe und diese Ungeduld spüre, zwinge ich mich, sie abzustellen und über meine idiotische, unreife Reaktion nachzudenken. Warum rege ich mich auf, weil ich vier oder fünf Minuten in meinem Terminplan verliere? Welche tiefere Ungeduld steckt dahinter? Woher kommt die Wut? Die Minuten in der Schlange werden für mich eine Lehrstunde für meinen Charakter. Es werden noch andere Augenblicke kommen, in denen ich bei weitaus größeren Dingen Geduld brauche. Ich will deshalb hier Geduld lernen, damit ich sie dort habe« (S. 93).

Hier benutzt Gott eine ganz alltägliche Situation, um den Charakter zu formen. Sind wir für solche Gelegenheiten, die Gott nutzt, um an uns zu arbeiten, offen, nehmen wir uns Zeit und Raum, an uns zu arbeiten, sind wir Negativanteilen gegenüber wachsam und können sie dezimieren, werden wir die Stärken unserer Persönlichkeitsstruktur weiter ausbauen und Christus immer ähnlicher werden.

Wer bin ich? Ich hoffe, dieses Kapitel hat Sie ein wenig herausgefordert, sich mit Ihren Denkmustern, Ihren Gefühlen und Prägungen auseinanderzusetzen. Es sollte ein Anstoß, ein Wegweiser sein, sich mit manch ungesunden und zutiefst ungeistlichen Einstellungen auseinanderzusetzen, auch wenn diese oft in einem sehr frommen Gewand daherkommen. An dieser Stelle manches zu entlarven und zu enttarnen ist nicht schwierig und nicht kompliziert, denn der Heilige Geist wird Sie gerne in die Wahrheit führen und Ihnen zeigen, was dran ist. Unsere Aufgabe ist es, einmal etwas genauer hinzusehen, etwas genauer hinzuhören und Gott zu bitten, an den Stellen, an denen es bei uns immer wieder hakt, sein Werk der Umgestaltung zu beginnen. Vielleicht können Ihnen die folgenden Fragen als Denkanstoß in diesem Klärungsprozess etwas helfen: Wie gehen Sie mit Ihrer Sehnsucht nach Anerkennung um? Haben Sie sich diese Sehnsucht überhaupt jemals eingestanden? In welchen Situationen packt Sie der Fluch des Vergleichens besonders? Welche Dienste in der Gemeinde haben Sie nur übernommen, weil Sie nicht Nein sagen konnten, und wo fordert Sie Gott im Moment heraus, dieses Neinsagen einzuüben? Gibt es eine konkrete Situation in der nächsten Woche, in der Sie es trainieren könnten? Ist Ihr geistlicher, frommer »Gemeindemensch« authentisch mit ihrem Alltagsmenschen? Wo gibt es da Spannungen zwischen »eigentlich« und »uneigentlich«, die Sie sich selbst bislang vielleicht nicht eingestanden haben? Werden Sie vor Jesus und sich selbst ehrlich! An welchen Stellen klemmt es bei Ihnen immer wieder, wo sind die Schwachpunkte in Ihrem Charakter und in Ihrer Persönlichkeitsstruktur? Wenn Sie die letzten Monate und Jahre Ihres Lebens betrachten – haben Sie den Eindruck, dass Jesus seinen Finger immer wieder auf die gleichen Stellen legt? Wenn ja, welche konkreten Schritte könnten Sie gehen, um hier geistlich zu wachsen? Gibt es Dinge in Ihrer Biografie, die Ihnen immer wieder hochkommen und die auch heute noch in Wiederholungssituationen heftige und ungute Gefühle in Ihnen auslösen? Wie könnten Sie hier einen Aufarbeitungsprozess in Gang bringen?

Das mag an dieser Stelle genügen. Vielleicht hat Jesus durch den einen oder anderen Gedanken auch schon etwas anderes in Ihnen in Gang gebracht – dann halten Sie es fest und seien Sie offen für die Schritte, die Jesus hier mit Ihnen gehen will.

Wir haben gesehen, dass der Gemeindedienst und das Leben in der Gemeinde durch innere und äußere Einflüsse und auch durch manche Schieflage in uns selbst ganz schön schwierig werden können. Krisenzeiten gehören zum Gemeindedienst untrennbar dazu; das können viele von uns bestätigen. Gott möchte uns durch diese schweren Zeiten verändern und formen. Auch wenn solche Zeiten sehr schmerzhaft sind, sollten wir ihnen nicht ausweichen, sondern uns der Krise stellen und Gott sein Werk an uns tun lassen.

Paulus schreibt in Hebräer 12,11ff: »Jede Züchtigung scheint zwar für den Augenblick nicht Freude zu bringen, sondern Schmerz; später aber schenkt sie denen, die durch diese Schule gegangen sind, als Frucht den Frieden und die Gerechtigkeit. Darum, macht die erschlafften Hände wieder stark und die wankenden Knie wieder fest, und ebnet die Wege für eure Füße, damit die lahmen Glieder nicht ausgerenkt, sondern geheilt werden.« Wenn Sie sich im Laufe Ihres Lebens und Dienstes in der Gemeinde manchen Körperteil ausgerenkt haben, wenn Ihr Gang nicht mehr fest ist, sondern eher dem schwankenden Gang eines Betrunkenen gleicht, wenn Ihr Händedruck nicht mehr stark, sondern unangenehm weich und nachgiebig geworden ist und diese Hände erst recht nicht mehr beherzt zupacken können und wollen, dann gilt Ihnen jetzt die Aufforderung: Steh auf!

Irgendwann, das sagte ich an anderer Stelle schon, ist bei jedem dieser Punkt gekommen. Irgendwann müssen auch Sie die Entscheidung treffen: Will ich liegen bleiben oder will ich aufstehen, mich um meine Genesung kümmern und weitergehen? Dieses Aufstehen ist ein höchst aktiver Prozess. Es ist eine Entscheidung von höchster Priorität und von höchster Bedeutung. Niemand wird Ihnen diese Entscheidung abnehmen, und Sie allein tragen hier Verantwortung. Es mag sein, dass Sie in Ihrem Leben und Dienst in der Gemeinde viele Federn gelassen haben. Das kann, wie wir gesehen haben, mit Verletzungen zusammenhängen, die andere Ihnen zugefügt, oder aber mit Fehlhaltungen und -einstellungen, die Sie sich selbst zugelegt haben. Wenn Sie sich trotzdem entscheiden dranzubleiben, wenn Sie sagen, ich will wieder gesund werden, ich will weitermachen, wird Jesus zu Ihnen kommen und Ihre Wunden liebevoll und zart verbinden, Sie umsorgen und umhegen und Ihnen dann seine Hand reichen, damit Sie wieder aufstehen können. In Psalm 145 wird dieser Vorgang wie folgt beschrieben: »Der Herr stützt alle, die fallen, und richtet alle Gebeugten auf. Alle Augen warten auf dich, und du gibst ihnen Speise zur rechten Zeit. Du öffnest deine Hand und sättigst alles, was lebt, nach deinem Gefallen. Der Herr ist allen, die ihn anrufen nahe, allen, die aufrichtig zu ihm rufen. Er hört ihr Schreien und rettet sie« (14-16; 18 u.19b).

Nach diesem Genesungsprozess, der unsere aktive Mitarbeit verlangt, werden wir aufgefordert, die Wege für unsere Füße zu ebnen. Auch hier kann es nicht sein, dass Sie sich einfach nur treiben lassen in der Hoffnung: Es wird schon irgendwie alles gut werden. Von nichts kommt auch hier nichts. Nein, es geht darum, Umstände und Zustände, die uns in unserem Leben, in unserem Christsein und in unserem Dienst schaden, zu beseitigen. Indem wir unhaltbare Lebensumstände, die wir ändern können, nicht länger beibehalten, und stattdessen neue Sicht- und Verhaltensweisen einüben, können wir unseren Weg so glätten, dass er wieder gut begehbar wird.

An dieser Stelle erlebe ich immer wieder einen subtilen Widerstand bei vielen Christen. Im eigenen Leben aktiv werden, für die Machbarkeit des eigenen Lebens kämpfen, Leben gestalten, leben und nicht nur gelebt werden – das alles passt so gar nicht zu unserem Denken, dass der Herr für alles verantwortlich ist und schon alles machen wird. Diese Einstellung kann geistlich sein, ist es meiner Wahrnehmung nach oft aber nicht. Wir zementieren damit meistens nur unsere eigene Bequemlichkeit, Angst vor Verantwortung, Passivität und unsere Opferhaltung fest. Ich muss da an die Berufung Gideons denken, dem Gott sagt: »Geh und befrei mit der Kraft, die du hast, Israel aus der Faust Midians! Ja, ich sende dich!« Das ist eine Aufforderung zu höchster Aktivität: Setz die Kraft ein, die du hast! Mach was draus! Leg los! Pack es an! Lass dich nicht treiben, sondern geh! Auf den Einwand Gideons hin, er sei doch für diesen Auftrag wahrlich nicht der richtige Mann, sagt Gott: »Weil ich mit dir bin, wirst du Midian schlagen, als sei es nur ein Mann« (Richter 6,14-16). Hier kommt dann das »Ohne mich könnt ihr nichts tun« mit hinein. Beides gehört zusammen: unsere Entschlossenheit, unser Wille, alles Erdenkliche zu tun, damit unser Leben und unser Dienst gelingen, und Gottes Kraft, die uns in unserer Schwachheit und in unserem Unvermögen aufhilft. Stehlen Sie sich nicht aus Ihrer Verantwortung und lassen Sie Gott das tun, was nur er tun kann!

Nun werden Sie vielleicht zu Recht fragen: »Woran erkenne ich denn, was Gottes Part in meinem Leben ist und was in meinem Verantwortungsbereich liegt? Woher weiß ich denn, was für mich beispielsweise in einer schwierigen Gemeindesituation dran ist? An welchen Stellen muss ich aktiv werden, indem ich mich z.B. aus zerstörerischen Situationen tätig herauslöse oder auf einen harten Konfrontationskurs gehen sollte, um einen Konflikt ein für allemal zu klären? Wann ist es dagegen dran, auszuharren und darauf zu warten, dass Gott eingreift?«

Sie werden sicher verstehen, dass ich an dieser Stelle nicht mit einem allgemeingültigen Rezept aufwarten kann. Aber ein paar Gedankenanstöße mögen Ihnen bei Ihren Überlegungen helfen: Wenn sie eher der Typ »Macher« sind, der sowieso und immer schon gerne das Heft in die Hand nimmt, kann es gut sein, dass Jesus bei Ihnen eher auf die Bremse tritt und Ihnen »Stillesein«, Warten und Ausharren verordnet. Das Aktivwerden haben Sie ja schon gut drauf, an dieser Stelle gibt es für Sie wenig oder nichts zu lernen. Das »Stillesein« dagegen widerspricht Ihrem Typus, und wahrscheinlich wird Jesus gerade hier mit seiner Charakterformung ansetzen und bestrebt sein, Ihnen etwas beizubringen und Sie zu verändern. Sie sollten also gerade in diese Richtung fein hinhören. Sind Sie dagegen eher der passive Typ, der die Dinge aus Angst oder Bequemlichkeit einfach geschehen lässt, wird Jesus Ihnen wahrscheinlich zumuten und zutrauen, schwierige Situationen anzupacken, um in Ihnen Mut und Kampfbereitschaft auszuprägen. Warten, stille sein und ausharren – das muss er Ihnen nicht mehr beibringen, das ist bereits eine ganz große Stärke in Ihnen. Sie sollten also eher mal in die andere Richtung Ihre Ohren aufsperren und fragen, ob Gott nicht Ihr anpackendes Handeln an dieser oder jener Stelle braucht, um seine Pläne zu verwirklichen.

In jedem Fall wird Ihnen die Zwiesprache mit Jesus Klarheit bringen. Jakobus sagt im ersten Kapitel seines Briefes: »Fehlt es aber einem von euch an Weisheit, dann soll er sie von Gott erbitten; Gott wird sie ihm geben, denn er gibt allen gerne und macht niemandem einen Vorwurf« (V. 5). Diese Zusage haben wir! Der Heilige Geist wird Ihnen in den einzelnen Situationen Klarheit verschaffen, was dran ist.

Er lebt in Ihnen und wird Ihnen eine große innere Unruhe verschaffen, wenn Sie auf dem falschen Dampfer sind, oder die tiefe Gewissheit und Klarheit, dem Willen Gottes gemäß zu handeln.

Gott möchte gemeinsam mit Ihnen den Weg für Ihre Füße ebnen, damit Heilung in Ihr Leben kommt!

6. Ebnet die Wege für eure Füße!

Innengesteuert statt fremdgesteuert leben

Wir werden in dem Maße unsere Mitarbeit, unseren Dienst und unser Zusammenleben mit unseren Geschwistern in der Gemeinde souverän gestalten können, wie wir von innen und nicht von außen gesteuert werden: Selbstbestimmung statt Fremdbestimmung. Wenn dieses Selbst mehr und mehr entdeckt, dass es gut ist, sich Jesus unterzuordnen, wird aus dieser Selbstbestimmung immer mehr ein Bestimmtwerden von Jesus: Jesusbestimmung statt Fremdbestimmung. Das ist das Beste, was uns überhaupt passieren kann. Denn, wie wir gesehen haben, hat unser Selbst ganz schön viele Macken und ist durchsetzt von mannigfaltigen Fehleinstellungen und zerstörerischen Denkmustern. Jesus bestimmen zu lassen bedeutet dagegen, jemanden zu haben, der wirklich und zutiefst weiß, was gut für uns ist.

Da, wo wir uns persönlich und auch im Rahmen der Gemeindearbeit aus Fremdbestimmungen lösen und in eine Jesusbestimmung hineinwachsen, entdecken wir: Hier ist wirkliche, echte Freiheit und Unabhängigkeit. Wir übernehmen dann nicht mehr diesen oder jenen Dienst, weil man es von uns erwartet und diese Arbeit ja nun von irgendwem getan werden muss, sondern wir tun diesen Dienst, weil Jesus es gesagt hat – oder wir lassen es bleiben. Wir brauchen auf Verletzungen nicht mehr mit Hass, Rache oder Rückzug zu reagieren, sondern können uns und den anderen durch einen Prozess der Vergebung wieder freisetzen. Wir können zwielichtige, unsaubere und manipulative Situationen besser erkennen und einschätzen, anstatt ahnungslos hineinzuschlittern und uns darin zu verstricken. Wir lassen uns von Machtmenschen und Machtstrukturen nicht mehr einschüchtern, sondern reagieren mit Vollmacht, Autorität und Kompetenz, die uns direkt von Jesus verliehen wird. Etwas Besseres kann unserer Gemeinde gar nicht passieren. Dieses übersprudelnde Leben sind wir ihr schuldig, und solche Menschen braucht Gemeinde dringender als alle

Gemeindewachstumsprogramme und Strukturveränderungen. Wie können wir zu solchen Menschen werden? Zwei Dinge möchte ich hier nennen: Wir werden solche Menschen, wenn wir mehr und mehr erkennen, dass wir allein aus der Gnade Gottes leben. Und wir werden solche Menschen, wenn wir unseren Stand, nämlich dass wir Gottes Geliebte sind, mehr und mehr begreifen. Wenn diese beiden Dinge stimmen, der Stand, in dem wir leben und die Haltung, die wir Gott gegenüber einnehmen, dann wird das in unserem Leben wie ein Autopilot sein, der uns näher an das »übersprudelnde Leben« führt, nach dem wir uns sehnen.

1. Allein deine Gnade genügt

Das innigliche Wissen um die Gnade Gottes in unserem Leben ist das Lebenselixier von uns Christen. Paulus schreibt an die Römer: »Denn wir urteilen, dass der Mensch durch Glauben gerechtfertigt wird, ohne Gesetzeswerke« (Römer 3,28; Elberfelder Bibel). Wie wird er gerecht? »Ohne es verdient zu haben, werden sie gerecht, dank seiner Gnade, durch die Erlösung in Christus Jesus« (Röm. 3,24). Alles Gnade, alles Geschenk, völlig unverdient. Alles, was Sie sind, alles, was ich bin, ist Geschenk seiner Gnade und einzig dadurch möglich, dass Christus uns erlöst hat. Durch diese Erlösung hat er die Sünde in unserem Leben überwunden und die Verbindung zum Vater wiederhergestellt. Nichts ist stärker in unserem Leben als dieser Akt vollkommener Liebe und Hingabe: nicht unsere Schuld, nicht unser Versuch, Gott irgendwie gefallen zu können, ja, noch nicht einmal der Tod schafft es, diese einmalige Tat Christi außer Kraft zu setzen. Grund zu feiern, zu tanzen, zu jubeln und sich einfach nur an diesem riesengroßen Geschenk zu freuen. Wenn wir in dem Wissen, dass wir Begnadigte sind, leben und vor Gott stehen, wird unser geistliches Leben gesünder und stabiler sein und in Folge auch unser Dienst an geistlicher Vollmacht gewinnen.

In Lukas 9,32 lesen wir: »Zu allen sagte er: Wer mein Jünger sein will, der verleugne sich selbst, nehme täglich sein Kreuz auf sich und folge mir nach.« Lange Zeit habe ich gedacht, dass in diesem Vers christliche Ichfeindlichkeit proklamiert wird, gekoppelt mit der Aufforderung, in gebückter und hinnehmender Haltung sein eigenes Päckchen zu tragen: Lebensverneinung pur. Heute glaube ich das nicht mehr. Dazu hat Jesus viel zu tiefe Spuren in meinem Leben hinterlassen. Heute glaube ich, dass dieser Vers ein Kernvers zum Thema »Leben aus Gnade« ist. Wenn Jesus uns auffordert, uns selbst zu verleugnen, will er von uns nicht Selbsthass und Selbstkasteiung. Er will uns im Gegenteil ermutigen, uns zum eigenen Unvermögen zu bekennen, aus eigener Kraft vor Gott gerecht sein zu können. Ein Nein zu meinem aufgeblasenen Ich, das meint, es sei doch ganz passabel, ganz manierlich und darüber hinaus auch noch außerordentlich fromm und geistlich, sodass es eigentlich vor Gott ganz gut bestehen könnte. Ein ganzes Ja zu dem eigenen Unvermögen, zur eigenen Begrenzung und Sündhaftigkeit. Das Bild eines Menschen, der sein Kreuz trägt, war den Menschen damals sehr vertraut. Das war jemand, der wusste, dass er unausweichlich zum Tod verurteilt war. Wenn Jesus sagt, dass wir diese Haltung täglich neu einnehmen sollen, meint er nicht, dass wir unliebsame Umstände klaglos ertragen sollen, sondern dass wir täglich in der Haltung eines zu Tode Verurteilten leben sollen. Das, was wir verdient haben, ist der Tod. Punkt. Das gilt für Sie, das gilt für mich – das gilt ausnahmslos für jeden. Dieser Tatsache sollen wir uns immer wieder bewusst sein. Aber dann kommt der erlösende Satz: »... und folge mir nach.« Dieser Weg Jesus nach führt nicht zum Tod, sondern zum Leben, weil er selbst unseren Tod gestorben ist. Wer sein Leben in diesem Sinne an Jesus verliert, der wird es retten. Derjenige, der dagegen auf seine eigene Kraft vertraut, wird es verlieren. Hinter Jesus hergehen und sein Sterben in Anspruch nehmen ist der Weg zum Leben, ist ein Leben in Gnade.

Wahrscheinlich ist das alles nichts Neues für Sie. Und trotzdem ist es ungeheuer wichtig, uns diese Grundlage unseres Lebens, unserer Beziehung zu Jesus und unseres Dienstes immer wieder bewusst zu machen. Deswegen dringt Jesus so darauf, dass dieser Akt täglich neu passieren muss. Denn wir verlieren dieses Basiswissen im Laufe unseres Christseins schnell aus dem Auge. Je weiter wir als Christen wachsen und reifen, desto wichtiger ist es, dass wir uns immer wieder auf unser Fundament, auf unsere Wurzeln besinnen. Wenn wir schon lange Christ sind und vielleicht tatsächlich in vielen Bereichen unseres Lebens schon Veränderung erfahren haben, Dinge unter den Füßen und ungute Verhaltensweisen abgelegt haben, kann sich schnell und unerkannt von hinten geistlicher Hochmut in unserem Leben anschleichen und wir denken (so etwas würden wir vor lauter Demut natürlich nie sagen): »Also, eigentlich bin ich doch ein ganz passables Kerlchen. Schau an, schau an, was der Herr doch alles für wundervolle Dinge durch mich tut ...« Täglich die Haltung eines zu Tode Verurteilten annehmen und Jesus nachfolgen, ist die einzige Chance, diesem sicheren Tod zu entkommen und bewahrt uns vor dieser Überheblichkeit. Die Erinnerung daran, wo wir eigentlich herkommen und aus welchem Sumpf wir gezogen wurden, lässt alle anmaßenden Worte sofort verstummen. Sie leben allein von der Gnade Gottes, ich lebe allein von der Gnade Gottes. Paulus sagt es im 1. Korintherbrief 15,10 so: »Durch Gottes Gnade bin ich, was ich bin, und sein gnädiges Handeln an mir ist nicht ohne Wirkung geblieben.« Vielleicht bewirken Sie in Ihrer Gemeinde oder im Reich Gottes große Dinge – vergessen Sie nicht: Das ist nicht auf Ihrem Mist gewachsen, und vor Gott macht Sie das keinen Deut besser. Allein Gottes Gnade macht Sie ihm angenehm. Gott freut sich riesig darüber, wenn Sie alle Hebel für ihn in Bewegung setzen, und ihm diese Freude zu bereiten, sollte unsere Motivation sein. Aber Sie werden durch Ihre Aktionen vor ihm nicht gerecht oder gerechter. Zu Ihrer Rettung können und brauchen Sie nichts dazuzutun. Lassen Sie es mich etwas provokant ausdrücken: Sie können sich die nächsten zwanzig Jahre auf Ihrem Sofa rumlümmeln, blöde vor sich hinglotzen und nicht den kleinsten Finger für das Reich Gottes krumm machen – Jesu Erlösungstat für Sie und sein Freispruch aus Gnade würde dadurch überhaupt nicht geschmälert, denn allein von dieser Gnade leben Sie.

Sie als gestandener, hartgesottener Christ leben von der gleichen Gnade wie dieser Chaot in Ihrer Gemeinde, der sich neulich bekehrt hat und der sich doch wirklich und wahrhaftig nicht so benimmt, wie ein guter Christ es tun sollte. Sie leben von der gleichen Gnade wie Ihr Bruder, über den Sie sich immer so aufregen, weil er alle Jubeljahre mal zum Gottesdienst erscheint und der sich sonst nie blicken lässt, geschweige denn, dass er mal mit Hand anlegt. Ob es Ihnen passt oder nicht: Ihre ganze fromme Leistung, Ihr ganzer Einsatz trägt nichts, aber auch gar nichts dazu bei, dass Gott Sie liebt, Sie annimmt und Sie begnadigt. Sie müssen nicht etwas tun, um begnadigt zu werden, sondern Sie werden zuerst begnadigt und werden dann von Jesus mit einem aufmunternden Klaps auf die Schulter freigesetzt, um frisch ans Werk zu gehen.

Vielleicht ist Ihr Problem als langjähriger Christ aber nicht so sehr der stolze Blick auf die dargebrachte Leistung oder geistliche Überheblichkeit, sondern ein geistliches Understatement. Das ist etwas, was man bei vielen, besonders sehr ernsten, sensiblen und verbindlichen Christen und Mitarbeitern antrifft. Auch sie verlieren schnell die Gnade aus ihrem Blickfeld, aber nicht, weil sie auf die eigene Leistung schauen, sondern weil sie sich selbst so gering und ihre eigene Mangelhaftigkeit so überdimensional wahrnehmen, dass sie immer wieder meinen, für alle anderen, aber für sie würde diese Gnade nicht reichen. Sie erleben vielleicht, dass sie trotz langjähriger Nachfolge immer noch so vieles nicht im Griff haben und immer und immer wieder an den gleichen Stellen stolpern und fallen. Der Teufel nutzt dieses Schlupfloch sofort und flüstert uns ein: »Waaas, du willst Mitarbeiter sein? Du willst Leiter sein? Das glaubst du ja wohl nicht im Ernst! Guck dir doch mal an, was für miese, schmutzige Gedanken du hast, wie du deine Kinder heute angebrüllt und deine Frau zur Schnecke gemacht hast. Du bekommst ja wohl überhaupt nichts geregelt.« Wenn wir nicht ganz fest mit beiden Beinen auf dem Boden der Gnade stehen, gelingt es dem Teufel, uns eben diesen Boden unter den Füßen wegzuziehen. Was schreibt Paulus im Römerbrief 8,33-34? »Wer kann die Auserwählten Gottes anklagen? Gott ist es, der gerecht macht. Wer kann sie verurteilen? Christus Jesus, der gestorben ist, mehr noch: der auferweckt worden ist, sitzt zur Rechten Gottes und tritt für uns ein.« Damit können Sie den Ankläger in die Schranken weisen: mit dem Hinweis auf die Gnade Gottes, die Ihnen vergibt und Sie gerecht spricht. Selbst wenn Sie sich bis an Ihr selig Ende mit ein und derselben Sünde immer und immer wieder abplagen und sie diese ums Verrecken nicht überwältigen können – Gottes Gnade reicht für

Sie. Selbst wenn Sie sich den größten Schnitzer Ihres Lebens und das größte Versagen, seit es Gemeinde gibt, in Ihrem Dienst »leisten« – Gottes Gnade und seine Vergebung wird auch dafür reichen! Wenn Sie gefallen sind, lernen Sie aus Ihren Fehlern, stehen Sie wieder auf und gehen Sie weiter. So werden Sie auch an Ihrem Scheitern und Versagen wachsen. Auch für Sie gilt: Nicht Ihr Gutsein, nicht Ihre Vollkommenheit oder Sündlosigkeit machen Sie vor Gott gerecht, sondern allein seine Gnade.

Egal ob wir in der Gefahr stehen, geistlich überheblich zu werden oder ob wir an einem geistlichen Understatement leiden, für uns alle gilt: Allein seine Gnade genügt, denn durch Gottes Gnade sind wir, was wir sind!

2. Gottes Geliebter

Neulich abends schaute ich mir einen Film an, einen richtig netten Liebesfilm, und spürte mit einem Mal die Berührung Gottes. Es war bei einer Szene, in der der Schauspieler seine Geliebte mit solch einem intensiven Blick bedachte, dass mir die Knie ganz weich wurden. Und dann war es mir, als würde Jesus zu mir sagen: »Tamara, so schau ich dich an. So viel Liebe ist in meinem Blick. Mit solch einer Intensität nehme ich dich und deine Person wahr. Du bist meine Geliebte.« Und plötzlich hatte ich etwas von der Liebe Gottes zu mir zutiefst verstanden. Begriffen nicht durch eine Predigt, nicht während einer inhaltsschweren Stillen Zeit, nicht im Gebet auf den Knien – nein, durch einen ganz profanen, wenn auch sehr anrührenden Liebesfilm.

Irgendwann dermaleinst werde ich Jesus dafür um den Hals fallen und küssen, dass er sich in meinem Leben nie zu schade war, durch ganz alltägliche oder ausgefallene Dinge zu mir zu reden und mich zu erreichen. Ich bin eine Geliebte Gottes! Sie sind ein Geliebter Gottes! Was bedeutet das für mein, für Ihr Leben?

Das Glück eines Geliebten rührt daher, dass da jemand ist, der ihn unter all den anderen wahrnimmt. Einige der größten Wunden in unserem Leben tragen wir davon, wenn wir als Person nicht richtig wahrgenommen und gehört werden. Wenn wir keine Rolle spielen, keine Bedeutung haben, sondern von anderen nur gebraucht und benutzt werden. Das hinterlässt in uns ein tiefes Gefühl von Wertlosigkeit. In der Bibel wird uns von Hagar berichtet. Sie war als Sklavin angestellt bei Sara und Abraham. Als solche war sie sowieso schon recht- und mittellos und hatte den einzigen Zweck, das Leben ihrer Herrin angenehm zu gestalten. Sie konnte keine eigenen Lebensperspektiven entwickeln, hatte keine Gestaltungsmöglichkeiten und keinen Handlungsspielraum. Sie war nur Dienstmagd, keine eigenständige Person. Und dann kommen Sara und Abraham auch noch auf die Idee, diese Hagar zu benutzen, um an den lang ersehnten Nachwuchs zu kommen. Abraham soll mit Hagar schlafen und das Kind soll dann Abraham und Sara gehören. Hagar wird missbraucht, benutzt für die Ziele anderer, schwer gedemütigt und verletzt. Daran ändert auch die Tatsache nichts, dass diese Maßnahme damals ein durchaus gängiger Vorgang war. Hagar wird nun auch tatsächlich schwanger – und auf einmal wittert sie Morgenluft. Endlich hat sie mal Oberwasser. Prompt wird sie stolz und überheblich und fängt an, Sara wegen ihrer Kinderlosigkeit zu verachten. Das Opfer wird zum Täter. Sara platzt irgendwann der Kragen und sie beschwert sich recht wortgewaltig bei Abraham. Der zieht sich aus der Verantwortung und überlässt es Sara, allein mit der Situation fertig zu werden. Er sagt: »Sie ist deine Magd, sie ist in deiner Hand, tu mit ihr, was du willst.« Sara fängt nun an, Hagar zu schikanieren, wo sie nur kann. Sie spielt ihr so übel mit, dass Hagar ihre Sachen packt und das Weite sucht. In der Wüste, an einer Quelle sitzend, findet sie der Engel des Herrn. Gott ist diese scheinbar so unbedeutende Sklavin so wertvoll, dass er sich aufmacht, sie unter der sengenden Wüstensonne zu suchen und ihr zu begegnen. Hagar erfährt die Zuwendung Gottes, denn er spricht ihr zu: »Der Herr hat auf dich gehört.« Und sie selbst sagt am Ende dieser Begegnung: »Du bist ein Gott, der mich sieht.«

Gehört und wahrgenommen. Endlich ist da jemand, für den sie eine Rolle spielt, für den sie Bedeutung hat. Die Wunde des »Du hast keine Bedeutung« hat Heilung erfahren. Das ist eine Erfahrung, die Sie machen, wenn Sie Gottes Geliebter sind. Nicht nur jemand zu sein, der funktioniert (und so erleben wir uns ja oft zu Hause, am Arbeitsplatz und in der Gemeinde), sondern jemand, dessen ganze Person und dessen ganze, vielleicht manchmal sehr notvolle Situation wahrgenommen wird.

Die Geschichte hat kein Happy End im eigentlichen Sinne. Denn Gott fordert Hagar auf, an ihren Platz zurückzukehren. Nicht einfach so, sondern als eine von Gott in dieser Situation Wahrgenommene, mit einem Auftrag und einer Verheißung. Mit dem Wissen, dass da jemand ist, der ihre ganze Situation kennt und sich darum kümmert. Es gibt in unserem Leben immer wieder notvolle Situationen, auch in der Gemeinde, aus denen wir nicht ausbrechen und die wir nicht einfach abstreifen können. Aber es ist ein riesiger Unterschied, ob Sie Ihre Situation einfach nur erleiden und erdulden oder ob Sie für diese Situation von Gott einen Auftrag und eine Verheißung haben. Das setzt Kräfte in uns frei und hilft uns, schwere Situationen zu überwinden.

Ein ganz großer Wunsch für mein Leben ist, dass ich solch ein Überwinder werde. Überwinden heißt, ein Stück unabhängig von den äußeren Bedingungen mein Leben zu leben. Ein Überwinder ist jemand, der ungeachtet der Umstände in seinem Leben ein gewisses Maß an Glück, Stabilität und Zufriedenheit erfährt. Das sind für mich die wahren Helden, das ist echte geistliche Reife, das ist echte Freiheit. Wie werden wir zu Überwindern? Paulus schreibt: »Doch all das überwinden wir durch den, der uns geliebt hat« (Römer 8,37). Wir überwinden durch unseren Geliebten. Durch das Wissen, dass unser Geliebter uns und unsere Situation wahrnimmt, uns genau zuhört und uns seine Liebe ständig neu zusichert. Den Status eines Geliebten zu haben gibt uns Kraft, auch schwierige Zeiten durchzustehen.

Wie würden Sie Ihre Beziehung zu Gott beschreiben? Ist es eine zärtliche Liebesbeziehung, gekennzeichnet von inniger und intimer Berührung und von lustvollen Momenten in seiner Gegenwart? Oder ist es eher ein Angestelltenverhältnis, sachlich, nüchtern und verkopft? Wenn Sie solch eine Beziehung zu Gott haben, werden Sie ihm vielleicht gehorchen, aber Sie werden es immer mit der Faust in der Tasche tun, mit Rebellion im Herzen und beständigem Argwohn in der Seele. Aber Gott will nicht Ihren Kadavergehorsam, sondern Ihre hingebungsvolle Liebe. Er umwirbt Sie, wie ein Geliebter die Frau umwirbt, auf die sein ganzes Begehren gerichtet ist. Lesen Sie den Propheten Hosea und Sie werden staunen, mit welch werbender, zärtlicher, in unseren Ohren schon fast erotisch anmutender Sprache Gott zu seinem Volk spricht. Hier kommt nicht der harsche Chef zu Wort, der eiskalt seinen Angestellten zusammenstaucht, sondern der zutiefst verletzte Geliebte, der mit allen Mitteln sein Volk zu sich zurückrufen will und der an dessen Halsstarrigkeit schier verzweifelt. Wenn Sie sich selbst als die Geliebte Gottes erleben, werden Sie Gott nicht mehr als den erleben, der Ihnen ständig Druck macht, der permanent etwas von Ihnen fordert und dessen Ansprüchen Sie nie genügen können. Sie werden erleben, wie Gott in einer ganz zarten, feinen Weise um Sie wirbt. Wie er versucht, Sie aus Verhaltensweisen und Denkmustern, die Ihnen und Ihrer Seele schaden, herauszulieben. Wie er sanft, aber doch bestimmt die Stricke lösen will, mit denen der Feind Sie gebunden hält. Wie er Augenkontakt zu Ihnen halten und Sie so durch Ihr Leben führen möchte.

Und wenn Gott Sie auch Wege führt, die Sie nicht verstehen, und Sie herausfordert, Schritte zu gehen, die Ihnen gar nicht behagen? Das wird Ihnen nicht erspart bleiben, aber es ist ein Unterschied, ob Sie ihm dann aus einer innigen Liebesbeziehung heraus folgen oder dumpf und voller Ressentiments, weil Sie als guter Christ ja nun mal gehorchen müssen. Sie werden in den Armen Ihres Geliebten liegen und wissen: Es ist gut so, wie es ist. Ich bin gut so, wie ich bin. Einfach nur da sein, wo der Geliebte ist, ist gut.

So lassen sich schwere Zeiten aushalten: in den Armen des Geliebten.

Wenn es in Ihrem Leben diesen Geliebten gibt, wird in zunehmendem Maße eine große Selbstsicherheit und Selbstzufriedenheit bei Ihnen Einzug halten. Ein Geliebter ist begeistert von seiner Geliebten, findet sie uneingeschränkt wunderschön, freut sich an ihren Begabungen und ist einfach hin und weg von dieser Frau. Nun ist das im menschlichen Bereich ja oft mit dem Blick durch eine rosarote Brille verbunden, und man fragt sich bang, was sein wird, wenn der andere auch die Schwächen, Fehler und Begrenzungen wahrnimmt. Gottes Begeisterung für Sie hingegen lässt sich von Ihrem Versagen und Ihren dunklen Seiten nicht abschrecken. Ihre ganze Person ist vollständig und rundum geliebt. Sie dürfen so, wie Sie jetzt sind, mit all Ihren Macken, mit all Ihrer Sündhaftigkeit, in den Armen Ihres Geliebten liegen. Und das nicht, weil dieser Geliebte von seiner Liebe so geblendet ist oder weil es ihm egal wäre, wie Sie leben. Sondern weil die Arme, in denen Sie da liegen, für Sie durchbohrt wurden und dieser Geliebte alles Trennende und Zerstörende für Sie ans Kreuz getragen hat. Das ist die gute Nachricht schlechthin. Sie können das Handeln Jesu für sich in Anspruch nehmen, sich hinter seinem Rücken verstecken, und Gott wird durch Jesus hindurch in Ihnen nur noch den wunderschönen Geliebten sehen. Das bringt alle anklagenden und nörgelnden Stimmen zum Schweigen.

Wie kommen Sie dahin, dass dieses Wissen, ein Geliebter zu sein, wirklich in Ihrem Herzen ankert? Bitten Sie als erstes den Heiligen Geist, diese geistliche Wahrheit in Ihr Leben hineinzutransportieren. Sagen Sie sich diese Wahrheit immer wieder selber zu und nutzen Sie alle Ihre Sinne, damit durch all diese Kanäle Gott seine Liebe zu Ihnen fließen lassen kann. Und wenn Sie spüren, dass Sie arg blockiert sind, suchen Sie sich einen kompetenten Menschen, der mit Ihnen gemeinsam Ihre Rohre frei pustet.

Die Haltung eines Begnadigten annehmen und in dem Stand eines Geliebten zu leben – das ist eine gute Voraussetzung, innengesteuert statt fremdgesteuert zu leben und somit den Weg vor unseren Füßen zu ebnen und gangbar zu machen!

Ein Ja mit allem Drum und Dran

Auf Dauer ist es für unser psychisches, physisches und geistliches Leben sehr wichtig, dass wir mit uns selbst eins sind und ein Ja finden zu unserer eigenen Identität, unserer Gemeinde und der geistlichen Realität, in der wir als Christen stehen. Wir alle durchleben Phasen, in denen wir mit Gott ringen und hadern, weil uns unser Leben in irgendeiner Weise nicht passt. Die Lebensjacke scheint uns zu groß, zu klein, zu warm oder viel zu dünn oder sie kratzt ganz erbärmlich auf unserer weichen Haut. Dass wir dagegen aufbegehren und versuchen, diese Lebensjacke irgendwie umzuändern und das Leben so zu gestalten, dass es uns wieder passt, ist ganz normal. Solche Phasen sind wichtig und wir sollten sie auch nicht abkürzen, weil wir hier unsere Lebensziele und -inhalte durchsortieren und bisher Gelebtes hinterfragen. So manches gute, alte Stück fliegt dann aus dem Kleiderschrank heraus und muss durch etwas anderes ersetzt werden. Bei jedem Wachstumsschub, den wir machen, ist solch ein Durchsortieren unseres »Lebensschrankes« nötig, damit die Kleidung, die wir fortan tragen, das Leben, das wir leben, uns auch wirklich passt. Wenn Sie als Mitarbeiter nicht stagnieren, sondern weiter wachsen und dynamisch bleiben wollen, ist solch eine regelmäßige »Kleiderschrankinventur« unerlässlich. Solche Momente brauchen wir gar nicht künstlich herbeizumanövrieren, sondern sie ergeben sich meist von selbst. Das Leben serviert sie uns ganz ungefragt auf dem Präsentierteller. Plötzlich scheint nichts mehr so richtig zu passen: unser eigenes geistliches Leben, unser Frömmigkeitsstil, unsere Art, mit Gott zu kommunizieren, unser Gemeindedienst, die Gemeinde an sich ... Alles kommt auf den Prüfstand. Und das ist gut so, denn so öffnen wir uns und bahnen den Weg für Wachstum und Veränderung. Und vieles kann verändert werden. Wir neigen als Christen immer etwas dazu, starr und unflexibel zu sein vor lauter Angst, unser ganzes Glaubenshaus würde einstürzen, wenn wir mal ein bisschen am Gerüst wackeln. Deswegen dackeln wir lieber weiter auf ausgetretenen Pfaden daher, denken das, was wir schon immer gedacht haben, verhalten uns so, wie es einer guten, christlichen Norm entspricht und gestalten unseren Dienst so, wie man es in unseren Kreisen halt so tut. Dabei ist so viel Spielraum für Veränderung und für Neues da! Viele Grenzen, mit denen wir uns selbst einengen, sind beileibe nicht von Jesus, sondern sie entspringen unserer eigenen Angst vor Veränderung und unserem Mangel an Flexibilität. Wir sollten uns also immer mal wieder den Mut gönnen, kräftig am Gerüst zu wackeln oder, um bei unserem Kleiderschrank zu bleiben, diesen mal gründlich durchzusortieren. Wenn Sie das tun, werden Sie entdecken, dass Jesus auf so manches Stück, was Sie am liebsten im hohen Bogen aus ihrem Schrank herauskatapultieren würden, seine Hand legt und sagt: »Moment mal. Das bleibt drin.« Sie ziehen und zupfen vielleicht noch eine Weile oder versuchen, wenn er mal wegguckt, das gute Teil ganz galant im Altkleidersack zu versenken, aber, um es kurz zu machen: Sie haben keine Chance. Es gibt Dinge, die gehören zu Ihrem Leben als Christ und zu Ihrem Gemeindedienst untrennbar dazu. Sie haben keine Chance, die loszuwerden. Deswegen ist es so wichtig, zu diesen Dingen, wenn auch nicht sofort, aber doch grundsätzlich und auf Dauer ein dickes Ja zu finden. Rebellieren Sie permanent und unterschwellig dagegen, lassen Sie ungeheuer viele Kräfte und gehen irgendwann kaputt. Permanente Rebellion im Herzen macht uns krank. Drei wesentliche Dinge, denen auf Dauer unser uneingeschränktes Ja gelten sollte (vielleicht fallen Ihnen für Ihr Leben ja noch mehr ein, dann sollten Sie das festhalten), seien hier genannt: die eigene Person, die eigene Dienststelle: die Gemeinde, und die geistliche Realität, in der wir als Christen leben.

1. ... zu mir und meiner Sendung

So wie ich bin, und nur so, kann ich meinen Dienst tun. Und nur so, wie Sie sind, können Sie mit Jesus leben und Ihren Auftrag ausführen. Wenn wir an unsere Stärken und Kompetenzen denken, mag uns dieser Gedanke schmecken, nicht aber, wenn wir unsere Schwächen und unser Unvermögen wahrnehmen. Diese Dinge zu sehen und an ihnen zu arbeiten – davon handelte ein Großteil dieses Buches. Charakterschwächen und Persönlichkeitsdefizite so klein wie möglich zu halten, damit sie unseren Dienst nicht maßgeblich beeinflussen, das sollte für Mitarbeiter und Leiter ein ganz großes Anliegen sein. Dennoch werden manche Begrenzungen bestehen bleiben und manche Begabung, von der wir meinen, wir hätten sie bitter nötig für unseren Dienst, ist einfach nicht in uns angelegt. In manchen Bereichen unserer Persönlichkeit werden wir fortdauernd schwächeln und unsere Biografie, die bei dem einen oder anderen von uns mit haarsträubenden Erlebnissen und traumatischen Erfahrungen gepflastert ist, können wir auch nicht einfach ausradieren. Das alles zusammen macht die Person, das »Material« aus, mit dem wir jetzt vorliebnehmen und arbeiten müssen.

Für die Dauernörgler unter uns (zu denen ich zu meiner Schande auch des Öfteren gehöre) hat Gott da ein ernstes Wort zu reden: »Weh dem, der mit dem Schöpfer rechtet, er, eine Scherbe unter irdenen Scherben. Sagt denn der Ton zu dem Töpfer: Was machst du mit mir?, und zu dem, der ihn verarbeitet: Du hast kein Geschick? So spricht der Herr, der Heilige Israels und sein Schöpfer: Wollt ihr mir etwa Vorwürfe machen wegen meiner Kinder und Vorschriften über das Werk meiner Hände? Ich habe die Erde gemacht und die Menschen auf ihr erschaffen« (Jesaja 45,9.11.12). Dieses Ja zu uns selbst und zu dem, was Gott mit uns tut, an welcher Stelle seines Reiches er uns einbinden möchte, ist wichtig, wenn wir nicht innerlich zerrissen werden wollen. Eine gesunde Zufriedenheit mit dem, was und wie wir sind und mit dem Platz, an den Gott uns gestellt hat, strahlt auf unser ganzes Leben und besonders auf unseren Dienst ab. In Epheser 2,10 schreibt Paulus: »Seine Geschöpfe sind wir, in Christus Jesus dazu geschaffen, in unserem Leben die guten Werke zu tun, die Gott im Voraus für uns bereitet hat.« Gott hat einen Auftrag für Sie, der für Sie maßgeschneidert ist. Zu dem Sie passen. Gott weiß, wie Sie sind. Er weiß auch um Ihre Defizite und Grenzen – das alles baut er mit ein. Lassen wir uns darauf ein, stellen wir irgendwann in unserem Leben rückblickend fest: Mensch, das hat ja alles gepasst! Mit Paulus können wir dann sagen: »Wir wissen, dass Gott bei denen, die ihn lieben, alles zum Guten führt, bei denen, die nach seinem ewigen Plan berufen sind« (Römer 8,28). Selbst die Schlängellinien in unserer Biografie, an denen der eine oder andere fürchterlich leidet – sie werden eingebaut und dienen uns und anderen letztlich zum Guten. Selbst die Schwachpunkte in unserem Leben – wenn wir sie in Gottes Hände legen, formt er sie zu Stärken um.

Gott stellt Sie und mich in einen Dienst, den auch nur wir so ausfüllen können. Das ist oft kein Zuckerschlecken. Jeremia ist ein Paradebeispiel dafür, wie sehr solch ein Dienst in Gottes Auftrag an die Substanz gehen kann. In Jeremia 15 treffen uns die Depression, die Verbitterung und die Klage des Propheten mit voller Breitseite. Nirgendwo ist uns verheißen, dass der Dienst im Reich Gottes leicht und angenehm sein wird, im Gegenteil. Wenn Sie von Gott einen Auftrag bekommen, einen Dienst zu versehen haben, in dem es schwer und eng wird, dann ziehen Sie nicht sofort den Rückschluss, dass Sie am falschen Platz sind, sondern kalkulieren Sie in Ihrem Denken mit ein, dass vielleicht gerade Sie der richtige Mann, die richtige Frau am Platz sind. Wenn Sie den Eindruck haben, dass das so ist, dann hadern Sie nicht länger, sondern kämpfen Sie darum, ein Ja zu diesem Platz mit all seinen Schwierigkeiten zu finden.

An dieser Stelle will ich Ihnen etwas von mir erzählen: Mein Mann ist ein recht unerschrockener und furchtloser Mensch und Pastor. Und hartnäckig obendrein. Entdeckt er Missstände in der Gemeinde, spricht er sie deutlich und unumwunden an und scheut dabei auch nicht vor Menschen zurück, die eine gewisse Dominanz und Macht in der Gemeinde innehaben. Ich kann Ihnen sagen: Damit hat er sich schon so manchen Ärger eingehandelt, und mir dazu. Lange Zeit habe ich mit dieser seiner Eigenschaft gehadert. Ich lag ihm in den Ohren, doch etwas diplomatischer vorzugehen, die lieben Geschwister mit seiner direkten Art doch nicht gleich zu vergraulen, so manches um des lieben Friedens willen doch einfach auf sich beruhen zu lassen und die Leichen doch bitteschön da zu lassen, wo sie hingehören: in den Keller. Aber nein, mein Mann steuert weiterhin zielstrebig auf diese Wespennester zu, um darin so lange und hartnäckig herumzustochern, bis uns alles um die Ohren fliegt. Komisch klingt das nur, wenn man es liest; damit leben zu müssen, ist alles andere als komisch, vor allem für jemanden, der so harmoniebedürftig ist, wie ich es bin. Irgendwann aber habe ich erkannt – und das ist noch gar nicht lange her – dass sein Hang, immer den Finger auf die Stellen zu legen, die nicht in Ordnung sind, der Auftrag ist, den er von Gott hat. Der Ruf zu Umkehr und Buße zieht sich wie ein roter Faden durch seinen Dienst. Immer wieder tut er es, in jeder Gemeinde aufs Neue. Damit sind die Schwierigkeiten vorprogrammiert. Denn solche Menschen sind immer unbequem und nicht unbedingt und zu jeder Zeit gern gesehen. Zu diesem Dienstauftrag meines Mannes, mit dem ich als Frau ja immer auch ein Stück verwoben bin, musste ich erst einmal ein Ja finden. Und muss es immer wieder aufs Neue tun.

Haben Sie ein Ja gefunden zu Ihrem Leben, zu Ihrem Gewordensein und zu all Ihren Begrenzungen und Schwächen? Wissen Sie um Ihren Dienstauftrag und können ihn bejahen, auch dann, wenn dieser Dienst nach menschlichem Ermessen nicht besonders spektakulär ist?

2. ... zu meiner Gemeinde

Wenn Sie von Gott den Auftrag bekommen haben, in einer bestimmten Gemeinde zu leben und zu arbeiten, brauchen Sie auch immer wieder ein volles Ja zu dieser Gemeinde. Die Gewissheit, von Gott an den richtigen Platz gestellt worden zu sein, ist eine ganz wichtige Voraussetzung für dieses Ja und für einen Dienst, der wirklich von Herzen der Gemeinde zugewandt ist. Die Gewissheit, dass diese Gemeinde Gottes Platzanweisung für mich ist, trägt auch durch schwere Zeiten und schwierige Phasen im Gemeindedienst durch. Ich sehe es, wie ich anfangs schon erwähnte, sehr kritisch, dass in der heutigen Zeit die Zahl der »Gemeindehopper« beständig zunimmt: heute hier und morgen da, aber nirgendwo ausdauernd und verbindlich. Andererseits kann es aber auch nicht sein, dass Sie aus bloßer Tradition, aus Angst vor Neuem, aus purer Gewohnheit oder aus mangelnder Bereitschaft oder Fähigkeit, sich zu lösen, in einer Gemeinde sind. An dieser Stelle lohnt es sich, genau hinzuschauen. Jedoch: Nicht unsere Sympathie, aber auch nicht unsere Antipathie gegenüber einer Gemeinde sind entscheidend, nicht unser Wohlgefühl, aber auch nicht ein fehlendes »Kuschelgefühl« spielen letztlich eine Rolle, nicht ob wir mit Pastor und Gemeindeleitung einverstanden sind oder ob wir hier starke Abneigungen haben – schlussendlich zählt allein, ob Sie von Gott her die Gewissheit haben, dass dies Ihr Platz ist. Dabei ist unser Wohlgefühl nicht unbedingt ein verlässlicher Indikator. Denn wer sich auf Gemeinde einlässt, in ihr leben und ihr dienen will, für den ist das Leiden in und an der Gemeinde mit inbegriffen, für den ist es ein Ja mit allem Drum und Dran, ein Ja in guten wie in schweren Tagen.

Es gibt ein Leiden an der Gemeinde, das nichts zu tun hat mit unserer Unfähigkeit oder unserer Begrenztheit, sondern das eine geistliche Realität ist, die wir nicht umgehen können und zu der wir ebenfalls Ja sagen müssen, wenn wir uns mit einer Gemeinde verbinden. Paulus schreibt den Kolossern (1,24): »Jetzt freue ich mich in den Leiden, die ich für euch ertrage. Für den Leib Christi, die Kirche, ergänze ich in meinem irdischen Leben das, was an den Leiden Christi noch fehlt.« Solange Gemeinde noch auf dieser Welt ist, leidet sie an Christi statt – und wir mit ihr. Gemeinde wird umkämpft, belagert, angegriffen, und während der Feind seine Attacken fährt, stehen wir mittendrin in dem Getümmel, vielleicht sogar an vorderster Front. Ein paar Verse weiter spricht Paulus davon, dass er unter viel Mühen für die Gemeinde kämpft. Gemeindearbeit ist angestrengte Mühe, erfordert beharrliche Kraft, ist schweißtreibende Schwerstarbeit. Wer es sich einfach nur ein bisschen nett machen, mit seinen Gaben spielerisch jonglieren und mit ihnen glänzen will, wer nur die Nestwärme sucht, aber nicht bereit ist, sich aus dem Nest herauszustürzen und zu fliegen, der wird in der Gemeindearbeit, vor allem in der vollzeitlichen, nicht allzu lang durchhalten.

Wenn wir für uns keine Wege gefunden haben, wie wir in rechter Weise mit den schwierigen und anstrengenden Seiten der Gemeinde umgehen können, wenn wir nicht gelernt haben, uns über diese Schwierigkeiten ein Stück zu erheben, kann es uns passieren, dass wir in einer permanenten Unzufriedenheit und einer ständigen inneren Abwehrhaltung in unserer Gemeinde leben. Wir nörgeln, quengeln, kritisieren, jammern und klagen dann versteckt oder offen, was das Zeug hält, und verbreiten um uns eine Aura des Genervtseins und der Unzufriedenheit. Bonhoeffer schreibt in dem schon mehrfach zitierten Buch *Gemeinsames Leben* dazu: »Danken wir nicht täglich für die christliche Gemeinschaft, in die wir gestellt sind, auch dort, wo keine großen Erfahrungen, kein spürbarer Reichtum, sondern wo viel Schwäche, Kleinglaube, Schwierigkeit ist, beklagen wir uns vielmehr bei Gott immer nur darüber, dass alles noch so armselig, so gering ist, so gar nicht dem entspricht, was wir erwartet haben, so hindern wir Gott, unsere Gemeinschaft wachsen zu lassen nach dem Maß und Reichtum, der in Jesus Christus für uns alle bereitliegt. Das gilt in besonderer Weise auch für die oft gehörte Klage von Pastoren und eifrigen Gemeindegliedern über ihre Gemeinden. Ein Pastor soll nicht über seine Gemeinde klagen, schon gar nicht vor Menschen, aber auch nicht vor Gott; nicht dazu ist ihm eine Gemeinde anvertraut, dass er vor Gott und Menschen zu ihrem Verkläger werde. Wer an einer christlichen Gemeinschaft, in die er gestellt ist, irre wird und Anklage gegen sie erhebt, der prüfe zuerst, ob es eben nicht nur sein Wunschbild ist, das ihm hier von Gott zerschlagen werden soll.«[7]

Wie finden wir zu diesem Ja zur Gemeinde? Zum einen, indem wir, wie Bonhoeffer sagt, für sie danken und uns mehr auf ihre Stärken als auf ihre Schwächen konzentrieren. Wenn wir die neutestamentlichen Briefe lesen, stellen wir fest, dass die Schreiber häufig mit wahren Lobeshymnen über diese Gemeinden beginnen, auch da, wo selbige hinterher noch ordentlich ihr Fett wegkriegen. Reine Taktik? Nein, ich glaube nicht, sondern ich bin der Überzeugung, dass eine ganz große, echte Dankbarkeit und Liebe zu diesen Gemeinden die Basis bildete für den Dienst des Paulus und seine korrigierende Worte. Wir finden ein Ja zu unserer Gemeinde, wenn wir auf den Stand blicken, den sie in Christus unwiederbringlich und unangefochten hat. Selbst die mickrigste, unattraktivste Gemeinde ist Leib Christi, ist seine Braut, ist Gottes Bau und sein Tempel. Das im Kopf und Herzen zu behalten kann uns helfen, über manche Schwachstelle hinwegzusehen. Diese Tatsache in Kopf und Herz zu behalten, der Gemeinde zu dienen und in ihr zu arbeiten, damit sie zeigen kann, was sie ist, und leuchten kann wie eine Stadt auf dem Berg, darin besteht die hohe Kunst und das ist ein Merkmal geistlicher Reife. Das ist Liebe, wie Christus sie zu uns hat. Er liebt uns nicht erst im Stadium der Vollkommenheit, sondern so wie wir sind, mit all unserer Sündhaftigkeit, Macken und Begrenzungen. Die Gemeinde so zu lieben, bringt in uns und in die Gemeinde eine ungeheure Entspannung. In uns selbst, weil wir uns nicht mehr ständig versucht oder verpflichtet fühlen, dauernd an allen Ecken und Kanten herumzufeilen und zu hämmern. Wir können dann manches einfach mal so lassen, wie es ist, weil wir wissen, dass Christus, das Haupt, die Dinge schon gut im Blick hat und zu seiner Zeit ans Werk gehen wird. In die Gemeinde bringt es Entspannung,

---

7 Dietrich Bonhoeffer: *Gemeinsames Leben.* München: Chr. Kaiser 1986. S. 21.

weil die Geschwister sich nicht permanent »benörgelt« und kritisiert fühlen. Das Empfinden, uneingeschränkt angenommen und geliebt zu sein, setzt mitunter mehr Veränderungs- und Erneuerungsprozesse in Gang, als unsere ganze Kritik es jemals geschafft hätte.

3. ... zur geistlichen Realität

Wenn wir in der Gemeinde leben und in ihr arbeiten, ist es immer wieder wichtig, Klarheit über gewisse geistliche Realitäten zu haben. Es gibt geistliche Wahrheiten, die wir nicht einfach übergehen oder ignorieren können. Tun wir das dennoch, liegen wir irgendwann im Laufe unseres Dienstes tatsächlich fußlahm am Straßenrand und kommen keinen Zentimeter weiter. Beachten wir sie dagegen, haben wir berechtigte Hoffnung, unseren Dienst im Sinne Gottes gut versehen zu können. Drei dieser geistlichen Wahrheiten möchte ich hier nennen, weil es Dinge sind, die mir persönlich besonders wichtig geworden sind. Im Leben Jesu kann man diese geistliche Realität, diese geistlichen Wahrheiten, denen auch er sich untergeordnet hat, sehr gut beobachten.

Geistlicher Dienst ist immer angefochtener Dienst

Das ist schon mehrfach in diesem Buch angeklungen. Wenn wir uns das Leben Jesu anschauen, stellen wir fest, dass er von Anfang an viele Feinde und mächtigen Gegenwind hatte. Die Mächte der Finsternis manifestierten sich in seiner Gegenwart und das beileibe nicht nur unter den Heiden, sondern mitten unter den Allerfrömmsten. Wenn wir diesem Jesus nachfolgen und ihm im Reich Gottes, der Gemeinde dienen, muss uns klar sein, dass wir immer mit Ablehnung, mit Anfeindungen und Angriffen rechnen müssen. Es mag uns beruhigen, dass dieser Zustand im geistlichen Sinne normal und ein Zeichen der Wichtigkeit unseres Dienstes ist. Es ist sogar wahrscheinlich, dass die Angriffe und Anfechtungen proportional zu der Wirksamkeit unseres Dienstes wachsen. Wir alle hätten gerne die Erfolge großer Gottesmänner und -frauen, erweckliche Versammlungen, prall gefüllte Gottesdienste und spektakuläre Bekehrungen in unseren Gruppen und Gemeinden. Aber sind wir auch bereit, den Preis dafür zu zahlen? Sind wir bereit, aus unseren bequemen Sesseln herausgeschleudert und mitten in den lautesten Kampflärm hineinkatapultiert zu werden? Sind wir bereit, manchen Hieb, manchen Schlag unter die Gürtellinie, manche verbale Attacke einzustecken? Ehrlich gesagt: Mir graut's davor, und doch kommen wir um diese geistliche Realität nicht herum, wenn wir denn ernsthaft Jesus nachfolgen. Auch und gerade in der Gemeinde nicht. Das Leben Jesu zeigt uns, dass seine ärgsten Feinde in den eigenen Reihen steckten, weil er es wagte, ihre Frömmigkeit zu hinterfragen und gerade bei ihnen das Fehlverhalten anprangerte, das oft in geistlichem Gewand einherkam. Das werden Sie auch erleben: Wenn Sie anfangen, an der frommen Fassade zu kratzen, wenn es Ihnen nicht reicht, dass Geschwister sagen: »Ich bin schon Baptist in der dritten Generation!« (oder aus welchem »Stall« Sie auch immer kommen), sondern anfangen, diese Menschen nach ihrer lebendigen Jesusbeziehung zu fragen und zu hinterfragen, dann werden Sie Gegenwind bekommen und zwar kräftig. Wenn es Ihnen nicht reicht, einen »schönen« und vorhersehbaren Gottesdienst zu absolvieren, sondern Sie dem Geist Gottes uneingeschränkt Raum geben wollen mit allen Überraschungen und Risiken, die das in sich birgt, wenn Sie gegen Halbherzigkeit und Doppelbödigkeit zu Felde ziehen, auch hier kommt Gegenwind auf. Der Feind liebt es, die Frommen in einem komaähnlichen Schlaf zu sehen, und wehe dem, der es sich auf die Fahne geschrieben hat, diese Fast-Toten wieder zum Leben zu erwecken! Wenn uns dann ein kräftiger Wind entgegenbläst, heißt es standhaft sein. Das meint keine hektische Umtriebigkeit, sondern eben einfach nur: stehen bleiben und nicht umkippen. Aktiv und passiv zugleich. Immer wieder finden wir in der Bibel diese Aufforderung zur Standhaftigkeit. Ich muss dann immer an einen stürmischen Tag an der See denken, wo man sich mit aller Macht gegen den Wind stemmen muss, wenn man nicht umkippen oder rückwärtsgehen, sondern vorwärtskommen will. Standhaft sein, dranbleiben, nicht nachgeben. Jesus sagt in dem Gleichnis von dem vierfachen Ackerfeld, dass bei demjenigen der Same auf guten Boden gefallen ist, der das Wort mit gutem und aufrichtigem Herzen hört, daran festhält (aktiv) und durch sein geduldiges Ausharren (passiv) Frucht bringt (Lukas 8,15). Ausdauernd dranbleiben, nicht so schnell klein beigeben – das ist in unserer

Gemeindearbeit gefragt, auch wenn wir schon lange im Dienst sind. Dranbleiben an unseren Perspektiven und Visionen, dranbleiben an einer hingegebenen, radikalen Nachfolge, dranbleiben an dem Mut, für Jesus etwas zu riskieren, dranbleiben an der sprudelnden Quelle, an dem frischen Wasser, das sich manchmal so ausgefallene und unvorhersehbare Wege bahnt!

Ohne mich könnt ihr nichts tun!

Dies ist ein weiterer geistlicher Grundsatz, eine weitere anzuerkennende geistliche Realität. Auch Jesus folgte diesem Grundsatz, denn auch ihm war klar, dass er ohne den Vater, ohne die enge Anbindung an ihn, ohne das Hören auf ihn seinen Dienst nicht bewerkstelligen konnte. Immer wieder suchte er den Vater in Zeiten des Rückzugs und der Stille. Wenn wir nicht ganz eng an Jesus angeschlossen sind, so wie die Rebe an den Weinstock, verkümmern und verdorren wir, unser Akku läuft leer, und wir schlittern geradewegs auf ein geistliches Burn-out zu. Eine ganze Zeit lang funktionieren wir noch recht gut, weil die Batterie noch aufgeladen ist, aber langsam und fast unmerklich werden wir kraftloser und verlieren unsere volle Wirksamkeit. Vielleicht merken andere das noch nicht einmal – aber wir selber, wir spüren diese zunehmende Leere in uns. Warum zieht man einen Pfeil, der nach vorne abfliegen soll, zurück? Im Zurückziehen erhält er die Kraft, die Wucht und die Dynamik für seinen Flug. Warum brauchen wir diesen Rückzug? Weil wir nur darin die Kraft und Dynamik für unseren Dienst erhalten. Theoretisch ist uns das allen klar, und wir haben es wahrscheinlich auch schon tausendmal gehört. Aber in der Praxis sieht es so aus, dass wir gerade an diese Zeiten der Stille den Rotstift anlegen, um Zeit einzusparen. Was für ein Irrsinn! Aber nach unserem menschlichen Denken sind Zeiten der Ruhe, der Stille, des Hinhörens und Abschaltens gerade in der heutigen Zeit und in unserem Kulturkreis überflüssige Zeiten. Die geistliche Realität hingegen sieht so aus, dass diese Zeiten die wichtigsten in unserem Leben sind. Jeden Morgen in aller Herrgottsfrühe krieche ich aus meinem Bett und, während das ganze Haus noch schläft, kuschle ich mich, bewaffnet mit einer köstlich duftenden Tasse Kaffee, in meinen Sessel und habe mein Stelldichein mit Jesus. Bibel und Schreibzeug liegen bereit, um mir beim Hören und Aufnehmen seiner Stimme zu helfen. Manchmal sind diese Treffen spektakulär, mit einem wahren Feuerwerk an Geistesblitzen für mein Leben, oft genug aber auch ganz »normal« und bodenständig. Dennoch lebe ich so seit Jahren, unbeirrbar und stur. Kürzlich wurde ich gefragt, warum ich denn um Himmels willen so früh aufstehen würde, ich könnte mir doch die Zeit am Vormittag, wenn die Kinder in der Schule seien, frei einteilen. Tja, selbst ich, die dieses Privileg der freien Zeiteinteilung genießt, habe festgestellt, dass der Tag, wenn er erst einmal angebrochen ist, seine eigene Dynamik entwickelt und diese im wahrsten Sinne des Wortes himmlische Ruhe dahin ist, wenn das Tagesgeschäft erst einmal beginnt. Irgendetwas kommt immer dazwischen, und auf einmal ist es Abend, ohne dass ich mir auch nur die kleinste Auszeit genommen habe, um ein paar Dinge mit Jesus abzusprechen. Einer meiner Söhne spielt Handball. Immer wieder kommt es vor, dass während des Spiels der Trainer dem Schiedsrichter das Zeichen für die Auszeit gibt, das Spiel abgebrochen und die Uhr, die die Spielzeit angibt, angehalten wird. Der Trainer pfeift seine Jungs zusammen, dann werden die letzten Spielzüge reflektiert und eine neue Taktik und Spielerformation wird vorgegeben. Nach ein paar Minuten ertönt das Signal, das Spiel geht weiter, mit neuer Power, mit neuen Ideen, mit anderen Spielzügen und neu sortiert. Liefen vorher alle ziemlich kopflos und durch den Gegner eingeschüchtert durch die Gegend, hat das Ganze jetzt wieder System und die Chancen wachsen, dass der Gegner besiegt wird. Glauben Sie mir, keiner von uns kann es sich leisten, im Leben auf diese Auszeiten zu verzichten, keiner von uns kann den Gegner besiegen, wenn er sich nicht immer wieder die Zeit nimmt, mit dem Trainer die Spielzüge und Taktiken abzusprechen! Es ist ja völlig egal, wann und wie Sie sich diese Auszeiten nehmen, aber tun Sie es!

Wenn ich schwach bin, bin ich stark

Das ist die dritte geistliche Wahrheit, auf die ich zu sprechen kommen möchte. Die Wahrheit der Umkehrungen, des Paradoxen. Das Neue Testament ist voll davon: Der Größte unter euch soll der Kleinste sein, wer herrschen will, soll Diener sein, wer leben will, muss sterben, wer weise ist, werde töricht, wer sein Leben retten will, muss es verlieren, wer behalten will, muss loslassen, wer reich sein will, muss arm werden und wer stark sein will, muss schwach sein. All unsere menschlichen Gesetzmäßigkeiten, all unser logisches Denken wird damit außer Kraft gesetzt, und es erfordert manchmal einen ziemlich großen geistigen und gedanklichen Kraftakt, um verstehen zu können, was Jesus uns da sagen will. Jesus selber hat es uns in zugespitzter Form vorgelebt: Seine menschlich besehen größte Niederlage, sein Sterben am Kreuz, war sein größter Sieg für die ganze Menschheit. Als Jesus starb, triumphierten der Teufel und die Mächte der Finsternis, weil sie von dieser Wahrheit der Umkehrungen nichts wussten, denn es ist eine geistliche Wahrheit, in die sie keinen Einblick hatten und haben; ein Prinzip, gegen das sie nicht ankommen, das stärker ist als sie. Egal, welchen Schaden der Feind uns zugefügt zu haben meint, am Ende steht er machtlos da, denn Gott kehrt diesen Schaden in Stärke, Verletzungen in Heil, Niederlagen in Sieg, den Tod ins Leben um. Im Hebräerbrief zählt der Schreiber im elften Kapitel die Glaubenshelden des Alten Testaments auf und berichtet, was ihr Glaube bewirkte. Von ihnen heißt es unter anderem: »(…) sie sind stark geworden, als sie schwach waren (...)« (V. 34). Diese Schwäche war schon immer Ausgangsbasis für Gottes machtvolles Handeln. Dagegen kommt der Feind nicht an.

Wir wollen ja am liebsten einen großen Bogen um unsere Niederlagen und Schwächen machen. Wir mögen diese Seiten an uns nicht und wehren uns mit Händen und Füßen dagegen. Vielleicht sollten wir lieber einen großen Bogen um unsere Stärken und unsere heldenhaften Siege machen. Denn eigentlich sind unsere Schwachpunkte, unser Versagen, unsere Kapitulation Gottes große Stunden in unserem Leben. Wenn ich auf mein Leben sehe, stimmt das hundertprozentig: Meine dunkelsten Momente, Zeiten schwerster Verzweiflung und größter Schwäche waren die Geburtsstunden der größten geistlichen und persönlichen Durchbrüche Gottes in mir. Diese Zeiten zu durchleben und zu durchleiden ist alles andere als einfach, aber notwendig, um die ganze Schönheit dessen zu Tage zu bringen, was da tief in uns lebt und angelegt ist, was aber von unserer vermeintlichen Stärke überdeckt und überlagert wird.

Wenn Sie das Empfinden haben, Sie sind menschlich, geistlich und auch bezüglich Ihres Gemeindedienstes am Ende, dann denken Sie daran: Es ist schon immer Gottes Spezialgebiet gewesen (und darin ist er wirklich Profi!), das Zerschlagene aufzurichten, das Schwache stark zu machen und das Tote wieder zum Leben zu erwecken.

Die geistlichen Wahrheiten, die ich genannt habe: das Angefochtensein unseres Dienstes, die Tatsache, dass wir ohne Jesus nichts tun können, und das Paradox, dass unsere Schwachheit gleichzeitig unsere größte Stärke ist, sind die geistlichen Gesetzmäßigkeiten, die für mich persönlich am wichtigsten sind. Bedenke und beherzige ich sie nicht, stolpere ich, falle und nehme dauerhaft Schaden. Vielleicht kommen Ihnen noch andere Dinge in den Sinn, die geistliche Realitäten sind und die dringend ein Ja von Ihnen einfordern. Dann setzen Sie sich mit diesen Dingen auseinande, und betrachten Sie sie als Leitplanken und Wegweiser auf Ihrem Weg, die ihnen helfen sollen, dermaleinst gut im Ziel einzulaufen.

Was wirklich zählt – Plädoyer für einen Dienst ohne Erfolg

Wir alle wollen in der Arbeit, die wir in der Gemeinde verrichten, Erfolg haben. Wir sähen es alle gerne, wenn Gebetskreise wie Pilze aus dem Boden sprössen, der Gottesdienstbesuch sich verdoppelte, unter der Jugend eine spektakuläre Bekehrungswelle entstünde, die Kinder aus Nachbarschaft und Umgebung uns bei unseren Jungschar- und Kinderwochenstunden die Türen einrennten, Menschen in der Seelsorge geistliche und persönliche Durchbrüche erlebten, dauerhaft stabil und heil würden und wir am Ende unserer Tage verschämt, demütig und ganz dezent darauf hinweisen könnten, dass diese ganze Umtriebigkeit nicht ganz unwesentlich mit unserer Person zu tun hatte.

Für einen erfolgreichen Dienst in dem hier beschriebenen Sinne gibt es meiner Überzeugung nach letztlich kein Rezept. Immer wieder wird versucht, den Schlüssel für diesen Erfolg, den manche Gemeinden, manche geistlichen Leiter haben, zu finden, und es wird untersucht und analysiert, was das Zeug hält. Man findet dann auch etliche Übereinstimmungen und scheinbare Voraussetzungen und muss zuletzt doch feststellen, dass dieser Erfolg ein Geheimnis und ein unverdientes Geschenk bleibt und beileibe kein Automatismus ist, der anspringt, wenn wir hingegeben und unter Beachtung aller Voraussetzungen unseren Dienst tun. Es ist gut, erfreulich und mit ganz großer Freude und Dankbarkeit zu genießen, dass einzelne Gemeinden, einzelne Pastoren und Leiter Menschen in Scharen anziehen, diese zu Jesus führen und in die Jüngerschaft stellen können. Ihnen gilt meine uneingeschränkte Bewunderung, und es liegt mir fern, ihr Wirken in irgendeiner Weise zu verunglimpfen. Leider findet man solches Verhalten im Leib Christi recht häufig. Da hat jemand anders oder eine andere Gemeinde sichtbaren Erfolg und schon kommen die Geier der christlichen Szene, die alle und alles, was geschieht, mit scharfen Augen überwachen, herbei und versuchen, das Ganze so lange zu zerpflücken, bis sie endlich einen Haken an der Sache gefunden haben und sie hinter den Erfolg ein großes »Ja, aber ...« setzen können. Kommen wachsende Gemeinden oder erfolgreiche Leiter in Schwierigkeiten, hat man nicht selten das Gefühl, dass diese »Gemeindegeier« am liebsten laut und hämisch: »Siehste, hab ich es doch gleich gewusst« rufen würden. Meines Erachtens entspringen diese Beurteilungen mehr neidischen und missgünstigen Gedanken und Gefühlen, als echter geistlicher Urteilsfähigkeit. Freuen wir uns doch von Herzen mit unseren erfolgreichen Geschwistern – ihr Werk und ihre Vorgehensweise zu beurteilen steht uns nicht zu.

Der Umkehrschluss: »Wenn ich keinen dieser Erfolge in meinem Dienst verzeichnen kann, dann ist mein Dienst nichts oder zumindest wesentlich weniger wert«, ist aber dennoch absolut nicht zulässig. An der Stelle ist es wichtig, dass wir die Wahrnehmung und Beurteilung unseres Dienstes auf geistliche und nicht auf menschliche Füße stellen. Schauen wir in die Bibel, finden wir eigentlich die ganze Palette: Auf der einen Seite Menschen, die ihren Dienst sehr erfolgreich versahen, wie zum Beispiel die Apostel, bei deren missionarischen Feldzügen es zu wahren Massenbekehrungen, spektakulären Heilungen und einer Vielzahl von Gemeindegründungen kam. Was in ihrer relativ kurzen Dienstzeit geschehen ist, das »schaffen« ganze Gemeinden mit zig Mitgliedern in hundert Jahren nicht.

Dann gibt es die Personen, bei denen sich Erfolg und Misserfolg mischt. Mose ist zum Beispiel so jemand. Er inszenierte den grandiosen Exodus des Volkes Israel aus Ägypten, aber konnte den Auftrag, das Volk ins Gelobte Land zu führen, zu Lebzeiten nicht ausführen.

Und dann gibt es noch die, die nach menschlichem Ermessen so gut wie völlig gescheitert sind. Dazu gehören fast alle Propheten, die unter Einsatz ihres Lebens zu Buße und Umkehr riefen, deren Ruf aber meist ungehört verhallte – und Jesus selbst. Sicher, er zog so manche Menschenmenge an, bewirkte etliche Heilungs- und Befreiungstaten, aber von dauerhaftem Erfolg scheint sein Leben bei oberflächlicher Betrachtung nicht gekrönt zu sein, denn die Menschen brachten ihn ohne mit der Wimper zu zucken ans Kreuz. Nach menschlichem Ermessen ist er ein mit seinen hohen Idealen und edlen Zielen gescheiterter Mann.

Wenn Sie also zu den Erfolgreichen gehören, dann freuen Sie sich daran und achten Sie darauf, dass dieser Erfolg sich nicht verselbstständigt und Sie von Jesus loslöst. Aber wenn Sie zu den nicht gerade Erfolgsverwöhnten gehören, befinden Sie sich ebenfalls in guter Gesellschaft, und es gibt keinen Grund, den eigenen Dienst wegen mangelnden Gelingens abzutun.

Warum? Zum einen, weil Gott andere Bewertungskriterien hat als wir. Das, was in unseren Augen unscheinbar und gering zu schätzen ist, ist in seinen Augen gerade oft sehr bedeutend, weil die Haltung, die dahintersteckt, und die Motivation echt und stimmig sind. In Markus 12,41-44 wird uns erzählt, dass Jesus eine arme Witwe beobachtete, die ihren letzten Groschen in den Opferkasten gab. Jesus kommentiert dieses Verhalten wie folgt: »Ich sage euch: Diese Witwe hat mehr in den Opferkasten hineingeworfen als alle anderen. Denn sie alle haben nur etwas von ihrem Überfluss hergegeben; diese Frau aber, die kaum das Nötigste zum Leben hat, sie hat alles gegeben, was sie besaß, ihren ganzen Lebensunterhalt.« Hier stimmte die Herzenshaltung, die Hingabe, der Einsatz. Darauf kommt es Gott an. Nicht auf das Ergebnis, das in diesem Fall wirklich recht kümmerlich war, sondern auf die Motivation, die dahintersteckte.

In diesem Zusammenhang beeindruckt mich das Leben von Paul Brand, einem Arzt und Spezialisten für Leprakranke, von dem Philip Yancey in seinem Buch »Warum ich heute noch glaube«[8] berichtet. Er erzählt von diesem imponierenden Mann folgende Begebenheit:

»Paul Brand, der über mehr intellektuelle und geistliche Tiefe verfügte als irgendeiner, dem ich bislang begegnet war, hielt viele seiner Ansprachen vor einer Hand voll Leprapatienten in der kleinen evangelischen Kapelle seines Krankenhauses. Auf sein Drängen hin nahm ich ... am Gebetsgottesdienst am Mittwochabend teil. Wenn ich mich recht erinnere, waren wir fünf im Chor und acht Zuhörer. Margaret Brand hatte mich gebeten, im Chor mitzusingen: ›Wir haben schon lange keine Männerstimme mehr gehabt. Paul hält die Predigt, deshalb kann er nicht mitsingen. Sie müssen einfach mitmachen.‹ Meine schwachen Proteste hatte sie beiseitegewischt: ›Seien Sie nicht albern. Die Hälfte der Besucher kann sowieso nichts hören. Sie bekommen bei der Behandlung ein Medikament, das sie taub macht. Aber ein Gastsänger wäre für alle eine ganz besondere Freude. Schon Ihr Anblick wird sie froh machen.‹ Vor dieser bunten Gesellschaft hielt Brand eine Predigt, die einer Westminster Abbey würdig gewesen wäre. Zweifellos hatte er Stunden mit der Vorbereitung und im Gebet für diesen einen Vortrag zugebracht. Es machte nichts, dass wir nur eine kleine Schar halbtauber Niemande in einer schläfrigen Südstaatenkapelle waren. Das Reden war für ihn ein Akt der Anbetung, er sprach wie einer, der wirklich glaubt, dass Gott dort anwesend ist, wo sich zwei oder drei in seinem Namen versammeln« (S. 77).

Hier verströmt sich jemand ganz in seinen Dienst und fragt dabei nicht nach Ergebnissen und Erfolgen oder der Effektivität und Zweckmäßigkeit seines Einsatzes. In den Sendschreiben der Offenbarung bekommen nur zwei Gemeinden von Gott ein uneingeschränktes Lob: die Gemeinde in Smyrna (Offenbarung 2,8-11) und die Gemeinde in

8 R. Brockhaus Verlag 2002.

Philadelphia (Offenbarung 3,7-13). Alle anderen erwähnten Gemeinden werden teilweise heftig zurechtgewiesen und getadelt. Was ist nun mit den Gemeinden Smyrna und Philadelphia? Interessanterweise zeichnen sie sich nicht durch besonderen Glanz und Gloria aus, sondern zu Smyrna wird gesagt: »Ich kenne deine Bedrängnis und deine Armut; und doch bist du reich« (Offenbarung 2,9) und zu Philadelphia: »Ich kenne deine Werke und ich habe vor dir eine Tür geöffnet, die niemand mehr schließen kann. Du hast nur geringe Kraft, und dennoch hast du an meinem Wort festgehalten und meinen Namen nicht verleugnet« (Offenbarung 3,8). Bedrängnis, Armut, geringe Kraft. Das zeichnet diese Gemeinden aus, das mündet in ein Lob von höchster Stelle. Ihre Treue im Kleinen, Ihr Dranbleiben trotz mancher Armseligkeit, Erfolglosigkeit und Bedürftigkeit zählt in Gottes Augen vielleicht viel mehr als manches, was im christlichen Rampenlicht zu sehen ist. Was Sie sich in all Ihrer Kraftlosigkeit und Begrenztheit mit ganz viel Mühe abringen, wiegt im Reich Gottes mindestens genauso viel, wie das, was andere ganz locker aus dem Ärmel schütteln.

Außerdem können wir den Wert und den Erfolg unseres Dienstes jetzt noch gar nicht einschätzen, weil Wert und Lohn für unsere Arbeit fast immer erst sehr viel später einsetzen und erkennbar werden. Gemeindearbeit ist in der Regel keine Arbeit der schnellen Erfolge. Früchte brauchen Zeit zum Wachsen und Reifen und vieles, was wir jetzt in unseren Dienst investieren und was wir säen, wird vielleicht erst Jahre später, wenn wir schon längst nicht mehr da sind, seine volle Frucht entfalten. Wir alle kennen Menschen, die sich in späteren Jahren bekehren, in deren Lebenszeugnis von irgendeinem Kindermitarbeiter die Rede ist, der sich früher um sie gekümmert hat, oder von einer Großmutter, die beharrlich für sie gebetet hat. Keiner von diesen beiden weiß, dass das Kind, um das er sich früher bemüht hat, sich jetzt, Jahrzehnte später, für Jesus entschieden hat. Die Ernte fährt jemand anders ein. Und doch war dieser unscheinbare Dienst des Säens unendlich wichtig. In Matthäus 25,37 wird Jesus von den Menschen, die er zu sich ruft, gefragt: »Herr, wann haben wir dich hungrig gesehen und dir zu essen gegeben, oder durstig und dir zu trinken gegeben?« Diese Leute fragen sich völlig ratlos, wann sie jemals etwas für Jesus getan haben. Sie haben ihren eigenen Dienst als unbedeutend und nicht erwähnenswert abgetan. Jesus antwortet darauf: »Ich sage euch, was ihr für einen meiner geringsten Brüder getan habt, das habt ihr mir getan« (Vers 40). Scheinbar unbedeutende Dienste an unbedeutenden Menschen erfahren hier erst ihre Würdigung und bekommen ihren eigentlichen Stellenwert. Paulus schreibt an die Korinther (1. Korinther 3,12-13): »Ob aber jemand auf dem Grund mit Gold, Silber, kostbaren Steinen, mit Holz, Heu oder Stroh weiterbaut: Das Werk eines jeden wird offenbar werden; jener Tag wird es sichtbar machen.« Und in Kapitel 4, Vers 5 sagt er: »Richtet also nicht vor der Zeit; wartet bis der Herr kommt, der das im Dunkeln Verborgene ans Licht bringen und die Absichten der Herzen aufdecken wird. Dann wird jeder seinen Lohn von Gott erhalten.«

Wenn Sie also einen scheinbar unbedeutenden und »erfolglosen« Dienst in der Gemeinde verrichten, und Sie sind sich sicher, dass dieser Platz Ihnen von Gott zugewiesen ist (da sollten Sie sich allerdings ganz sicher sein, denn so mancher Dienst ist auch auf lange Sicht gesehen ein ineffektiver Dienst, in dem wir nur Zeit und Kraft vergeuden, weil Gott uns diesen Auftrag gar nicht gegeben hat), dann seien Sie ausdauernd, und bleiben Sie dran. Die schnellen Erfolge der Sprinter unter uns erfordern keine Ausdauer, aber Sie, der Sie eher zu den Marathonläufern gehören, haben diese Ausdauer sehr nötig. Im Hebräerbrief (10,35f) lesen wir: »Werft also eure Zuversicht nicht weg, die großen Lohn mit sich bringt. Was ihr braucht, ist Ausdauer, damit ihr den Willen Gottes erfüllen könnt und so das verheißene Gut erlangt.«

Ob Sie von Gott in seinem Reich eher als Marathonläufer oder als Sprinter eingesetzt werden, ob Sie eher zu den »Säern« oder eher zu den »Erntern« gehören, ist bei der Frage nach dem Erfolg natürlich ganz entscheidend. Es gibt Aufgaben und Begabungen im Reich Gottes, die ziehen naturgemäß einen sichtbaren und gut messbaren Erfolg nach sich. Wenn Sie z.B. die Gabe der Evangelisation haben und damit verbunden die Fähigkeit, mit Menschen »auf den Punkt« zu kommen und Sie zu Jesus zu führen, dann haben Sie direkt ein sichtbares Ergebnis, nämlich all die Menschen, die sich auf Ihre Ansprache hin bekehren. Sie ernten aber nur das, was ein anderer oder viele andere gesät haben, diese werden in der Regel wie oben schon erwähnt von diesem Erfolg nicht viel mitbekommen. Umgekehrt gibt es Bega bungen, Aufträge und Sendungen, die einen menschlichen Erfolg geradezu unmöglich machen. Das sehen wir beispielsweise an den Propheten. Der Ruf zur Umkehr und Buße, das ermahnende und korrigierende Wort in Missstände hinein, stößt – da ist die Bibel sehr realistisch – nicht unbedingt auf Begeisterung. Sicher, es gab und gibt immer wieder ganze Bußbewegungen, aber das ist nicht unbedingt die zu erwartende Norm. Richten Sie sich da lieber auf einen ziemlich erfolglosen Dienst mit jeder Menge Gegenwind ein.

Wenn Sie also scheinbar keinen Erfolg haben, dann schauen Sie einmal nach, ob Ihr Gabenspektrum diese von Ihnen gewünschte schnelle und sichtbare Wirkung Ihres Einsatzes überhaupt hergibt oder ob Sie nicht eher Langzeitinvestitionen tätigen müssen.

Mein Plädoyer für einen Dienst ohne Erfolg soll den Erfolg als solchen nicht abwerten oder schlechtmachen, sondern will denen unter uns Mut machen, die zeit ihres Lebens dazu »verdonnert« sind, kleine Brötchen zu backen. Was wirklich zählt? Wir finden die Antwort darauf in Lukas 10,17-20. Die zweiundsiebzig ausgesandten Jünger kamen voller Euphorie von ihrem ersten Missionseinsatz zurück und erzählten von all den Wundern, die sie erlebt hatten. Ihre Berichte gipfelten in dem Erstaunen darüber, dass sogar die Dämonen ihnen gehorcht hatten. Jesus antwortet ihnen, indem er bestätigt, dass er ihnen absolute und uneingeschränkte Kompetenz übertragen hat. Er wertet ihre Erfolgsstorys nicht ab und schmälert sie mit keinem Wort. Aber dann sagt er zum Schluss: »Doch freut euch nicht darüber, dass euch die Geister gehorchen, sondern freut euch darüber, dass eure Namen im Himmel verzeichnet sind« (V. 20).

Erfolg, auch geistlicher Erfolg, wird hier ins richtige Licht gerückt, Verhältnismäßigkeiten werden wiederhergestellt und Prioritäten gesetzt. Dass unsere Namen im Himmel verzeichnet sind, darauf kommt es an, und das sollte – Erfolg hin, Erfolg her – der erste Grund unserer Freude sein!

Wo die Seele baumeln darf

Wir leben in einer sehr hektischen und schnelllebigen Zeit. Trotz der vielen Freizeit, die uns zur Verfügung steht, leiden viele Menschen an Stresssymptomen, die sich im Körper und in der Psyche niederschlagen. Auch und gerade Mitarbeiter in der Gemeinde sind davon betroffen. Nur weil etwas freiwillig und ehrenamtlich geschieht, ist es noch lange keine Garantie dafür, dass es für uns nicht ein Zuviel wird. Das Ehrenamt bietet keinen Schutz vor Burn-out – im Gegenteil, Menschen im Ehrenamt geraten mitunter häufiger in Überlastung und Überforderung als Menschen, die nur einem »geregelten« Beruf nachgehen. Das hängt damit zusammen, dass für die meisten von uns Gemeindearbeit zusätzlich zum normalen Beruf geschieht, sei es nun, dass wir »draußen« in der Berufswelt stehen oder unsere Arbeit als Familienfrauen oder -männer versehen. Und diese Gemeindearbeit ist ja nicht etwas, was wir nach Lust und Laune tun oder was den Charakter eines Hobbys hätte, bei dem der Spaßfaktor Vorrang hat. Bei aller Freude stehen doch auch Verbindlichkeit, Verantwortungsbewusstsein, Qualität und Exzellenz, ganzer Einsatz und Disziplin im Vordergrund. Geistliche Kämpfe, die, wie wir gesehen haben, nicht zu unterschätzen sind, tun das Ihrige dazu, dass das Ganze mitunter ziemlich anstrengend ist. Für die unter uns, die ihren Dienst vollzeitlich versehen, kommt hinzu, dass das Fehlen geregelter Arbeits- und Freizeit dazu verleitet, immer mehr zu arbeiten, als eigentlich gut für uns wäre.

Als weiteres Problem sehe ich, dass viele von uns meinen, sie müssten sich ständig in irgendeiner Form vor der Gemeinde für freie Zeit und Urlaubszeit rechtfertigen. Permanent meinen wir, wir müssten der Gemeinde beweisen, dass wir auch wirklich genug arbeiten. Scherzhaft (?) gemeinte Kommentare von Leuten wie: »Ja du als Pastor hast es gut, du musst ja nur sonntags arbeiten und dann auch nur einen halben Tag«, verstärken den Eindruck, unsere Gemeindeglieder dächten von uns, wie würden uns auf ihre Kosten ein nettes Leben machen. Heute kann ich meistens über solche Bemerkungen lachen und verspüre nicht mehr den Drang, mich wortreich zu verteidigen, weil ich einfach weiß, dass sich unser Alltag mit allem Positiven und Negativen so komplett unterscheidet von dem Leben anderer, dass ein Vergleich nur schwerlich möglich ist. Gemeindearbeit ist für uns eben nicht unser Beruf, sondern unsere Sendung, unser Leben. Arbeit und Dienst mischen sich mit Familienzeit und freier Zeit – das auseinanderzuklamüsern habe ich längst aufgegeben. Oder können Sie mir sagen, ob ein Gemeindeausflug für uns Arbeit oder Dienst ist? Ob das Anschauen von »Der Da-Vinci-Code« zur Freizeitgestaltung gehört oder der Information dient, um mit Menschen darüber diskutieren und Stellung beziehen zu können? Ist der Besuch bei einer anderen Familie, verbunden mit einem leckeren Mittagessen, ein reines Vergnügen oder gehört es zum Hirtendienst, Gemeinschaft mit den »Schäfchen« zu pflegen?

Mir hilft an der Stelle der Gedanke, dass wir mit unserem Leben in erster Linie vor Gott stehen. Ihm müssen wir für unser Tun und Lassen Rechenschaft geben und nicht den Menschen. Den Tag zu gestalten im Hören auf ihn, die Wochenplanung anzugehen mit der Frage: »Was will Jesus, das diese Woche getan werden soll«, das führt in eine gesunde Selbstbestimmung und macht frei von Fremdansprüchen, die uns gnadenlos vorantreiben und die in uns ständig ein schales Gefühl zurücklassen, doch wieder nicht genug getan zu haben. Am Anfang unserer Dienstzeit hatten wir an dieser Stelle große Probleme. Wurden wir mitten in der Woche und nicht an unserem freien Montag in der Stadt »erwischt«, hatten wir ein schlechtes Gewissen. Sind wir im Sommer stets sonnengebräunt, weil wir zu den Glücklichen gehören, die ruck, zuck Farbe annehmen, meinten wir früher uns tausendmal rechtfertigen zu müssen: Wir hätten doch nur ein klitzekleines Mittagspäuschen auf der Terrasse gemacht. Wenn heute Bemerkungen kommen wie: »Ah, Pastors haben wieder nichts Besseres zu tun gehabt als auf dem Liegestuhl zu liegen und es sich nett zu machen«, kontere ich einfach nur noch lachend: »Klar, wir haben doch euch. Es reicht doch, wenn ihr arbeitet und uns dafür bezahlt.«

Dass Menschen Sie in der Gemeinde tatsächlich misstrauisch beäugen, ob Sie Ihr Geld auch wirklich verdienen, können Sie wahrscheinlich nicht vermeiden. Aber Sie können es vermeiden, sich von diesen Menschen bestimmen zu lassen und dagegen in der Abhängigkeit von Jesus in einer ganz großen Freiheit ihren Dienst tun.

Zu einem gesunden Dienst, geschieht er nun vollzeitlich oder nebenberuflich, gehören unbedingt Entspannungs- und Erholungszeiten. Das sind nicht Erkenntnisse der heutigen Psychologie, nicht ein Wissen, was sich erst das Stressmanagement zugelegt hat, sondern Grundlagen, die schon in der Schöpfungsordnung und im Wort Gottes zum Wohlergehen des Menschen gelegt sind. Wenn wir uns also über Erholung und Entspannung Gedanken machen, ist das nicht irgendein unnützes, überflüssiges und neumodisches Zeug, sondern wir holen uns nur das zurück, was ursprünglich zu unserer Bestimmung und zu unserem Lebensrhythmus gehört. Gott hat der Schöpfung den Rhythmus von Sommer und Winter, Tag und Nacht, Arbeit und Sabbatruhe gegeben. Darüber hinaus gibt es einige Gesetze im mosaischen Katalog, die zusätzliche Aus- und Ruhezeiten verordnen. So finden wir z.B. im 5. Buch Mose 24, Vers 5 das Gesetz, einen frisch vermählten Mann für ein Jahr von der Wehrpflicht und allen anderen Leistungen zu befreien. Er darf »ein Jahr lang frei von Verpflichtungen zu Hause bleiben und die Frau, die er geheiratet hat, erfreuen« (Frauen, sperrt die Ohren auf!). Oder im 3. Buch Mose, Kapitel 25 die Verordnung eines Sabbatjahres: »Sechs Jahre sollst du dein Feld besäen, sechs Jahre sollst du deinen Weinberg beschneiden und seinen Ertrag ernten. Aber im siebten Jahr soll das Land eine vollständige Sabbatruhe zur Ehre des Herrn halten: Dein Feld sollst du nicht besäen und deinen Weinberg nicht beschneiden. Den Nachwuchs deiner Ernte sollst du nicht ernten, und die Trauben deines nicht beschnittenen Weinstocks sollst du nicht lesen. Für das Land soll es ein Jahr der Sabbatruhe sein. Der Sabbat des Landes selbst soll euch ernähren: dich, deinen Knecht, deine Magd, deinen Lohnarbeiter, deinen Halbbürger, alle, die bei dir leben. Auch deinem Vieh und den Tieren in deinem Land wird sein Ertrag zur Nahrung dienen« (Vers 3-7). Ein Jahr Auszeit für Land und Mensch. Denn während das Land sich erholte, waren die Menschen, deren Hauptarbeit in der Landwirtschaft bestand, zum Ausruhen freigesetzt – ein Jahr lang. Mehr als die meisten von uns sich in ihrem ganzen Leben jemals gönnen würden. Gott gönnt es seinem Volk, mehr noch: Er verordnet es als Gebot. Ruhe und Erholungszeiten kommen in der

Regel nicht von selbst, damals so wenig wie heute. Erholungszeiten müssen wir uns verordnen, müssen sie gezielt einplanen in unseren Tages-, Wochen- und Jahresablauf. Genau wie damals braucht es Disziplin und Gehorsam, um Ruhe- und Auszeiten einzuhalten. Denn zu tun gibt es immer etwas. Ich bin der Überzeugung, dass den Israeliten die Haare zu Berge standen bei der Vorstellung, ein Jahr lang das Land einfach vor sich hingammeln zu lassen und selber die Beine hochzulegen. Den Sabbat einhalten war ja schon schwer genug – aber ein ganzes Jahr?

Gott gibt eine Verheißung in Verbindung mit diesem Gebot. Auf die Frage der Israeliten, was sie denn dann bitteschön im siebten Jahr essen sollen (zumal nach sieben Sabbatjahren, also im fünfzigsten Jahr, noch das Jubeljahr folgte, was unter anderem ebenfalls eine Ausfallzeit in Sachen Säen und Ernten bedeutete), wenn sie nicht säen und ihren Ertrag nicht ernten dürfen, sagt Gott: »Seht, ich werde für euch im sechsten Jahr meinen Segen aufbieten, und er wird den Ertrag für drei Jahre geben. Wenn ihr im achten Jahr sät, werdet ihr noch bis zum neunten Jahr vom alten Ertrag essen können; bis der Ertrag dieses Jahres kommt, werdet ihr vom alten essen können« (V. 20-22). Gott gibt die Verheißung, dass er für sein Volk sorgen will, und macht damit diese Auszeit zu einer Frage des Vertrauens. Dieses Vertrauen ist die höchste Form des Loslassens. Dazu muss ich alle eigenen Fähigkeiten, alles eigene Kümmern und Sorgen loslassen in dem Wissen, dass Gott sich kümmert. Auszeiten sind Zeiten des Vertrauens, ob es sich dabei nun um kleine Zeitabschnitte, ein paar Minuten, eine Stunde am Tag handelt oder um längere Zeitabschnitte, die Gott uns verordnet. Vertrauen darauf, dass der Laden auch ohne uns läuft. Loslassen in dem Wissen, dass nicht wir es sind, die sich um Menschen und Arbeiten in der Gemeinde kümmern, sondern dass das Sache des Hauptes ist. Ob man es glaubt oder nicht, wir sind nur ein kleines Rädchen, und es bricht nicht gleich alles zusammen, nur weil wir einmal nicht präsent sind. Ein typisches Symptom des beginnenden Burn-outs ist das Gefühl von Unentbehrlichkeit und Allmacht. Wenn Sie in der rechten Zuordnung zu Christus, dem Haupt leben, wird Ihnen dieser Zahn ganz schnell gezogen: Die Verantwortung für die Gemeinde und die Aufgabe, sich darum zu kümmern, liegt in letzter Instanz immer noch bei ihm und nicht bei uns.

Im Rhythmus in und mit der Natur und damit ganz automatisch in einem gesunden Wechsel von Anspannung und Entspannung zu leben, war für die Menschen in früheren Zeiten sehr viel einfacher als für uns heute. Ihnen blieb ja auch gar nichts anderes übrig, fehlten ihnen doch die technischen Möglichkeiten, der Natur ein Schnäppchen zu schlagen und sich über die Gegebenheiten des von ihr vorgegebenen Rhythmus hinwegzusetzen. Es gab, außer dem Sabbat oder später dem Sonntag kaum Freizeit in unserem heutigen Sinne, aber das normale Leben enthielt solche arbeitsfreien Zeiten. Es war ja gar nicht möglich, dass ein Termin den nächsten jagte, weil man für alles viel mehr Zeit brauchte. Neulich las ich in Genesis 18 von der Begebenheit, als drei Gottesmänner Abraham besuchten, um die Geburt von Isaak anzukündigen. Es wird beschrieben, wie Abraham »schnell« von Sarah Fladenbrot backen ließ und »mal eben« ein Kalb auf der Weide aussuchte, es holte und zubereiten ließ. Ich musste lachen. Fast hätte ich gesagt: »Lieber Abraham, was verstehst du denn unter schnell? Selbst im Zeitalter von Mikrowelle und Umluftofen ist das Backen von Brot und die Zubereitung eines Kalbes eine Aktion, die einen ganzen Tag in Anspruch nehmen würde. Und bei dir hat das garantiert noch länger gedauert. Und das bezeichnest du als schnell? Da solltest du mal sehen, was bei uns schnell ist: In der Zeit, die dein Knecht gebraucht hat, um dieses Essen zuzubereiten, habe ich schon das Essen für den nächsten Tag vorgekocht, einen Gemeindetermin wahrgenommen, zwei Seiten geschrieben und bin noch geschwind mit meiner Tochter zum Zahnarzt gefahren – und habe Stress ohne Ende gehabt, fühle mich gehetzt und getrieben, hatte zwischen all diesen Aktionen auch nicht das kleinste Fitzelchen Zeit zum Um- und Abschalten.« Vier Termine am Tag außer Haus? Völlig unmöglich – kein Mensch konnte zu Fuß so ein Pensum erledigen. Bei Jesus und den Aposteln sehen wir, dass zwischen ihren einzelnen »Terminen« (so ein komisches Wort gab es damals garantiert noch nicht) stunden- und tagelange Fußreisen lagen oder sie mit dem Schiff bzw. Boot unterwegs waren. Gerade diese »Zwischenzeiten« sind das, was uns in unserer ganzen Hektik heute fehlt. Dadurch kommt es zu einer Anhäufung von Reizen, die wir gar nicht richtig verarbeiten können, weil schon der nächste Termin auf dem Plan steht. Wir füllen oben immer mehr rein – ohne dass irgendetwas davon die Chance bekommt, zu sacken und »verdaut« zu werden. So entsteht Stress. Im Stressmanagement wird deswegen dringend empfohlen, machbare Strecken zu Fuß oder mit dem Fahrrad zurückzulegen und zwischendrin Entspannungs- und Atemübungen zu machen oder den Körper und Geist durch Gymnastik zu lockern. Früher brauchte kein Mensch so etwas wie Stressmanagement. Zu Fuß unterwegs zu sein, bedeutete Bewegung, Entspannung und – wenn man denn mit mehreren unterwegs war – Gemeinschaft in einem. Alles Dinge, von denen man heute weiß, dass sie für einen gesunden und entspannten Körper und eine ebensolche Psyche lebenswichtig sind. Wenn Jesus mit seinen Jüngern von Ort zu Ort zog (und das müssen stundenlange Fußmärsche gewesen sein), hatte er Zeit, mit ihnen zu plaudern, zu lachen, sich auszutauschen und so manch ernstes Wörtchen mit ihnen zu reden. Ihre Augen konnten die ganze Pracht der Natur wahrnehmen und so die Seele mit schönen und wohltuenden Bildern füttern. Wenn wir in der Bergpredigt die Rede Jesu von den Lilien und Vögeln lesen, die sich keine Sorgen machen und trotzdem voller Schönheit und gut versorgt sind, zeigt das, wie intensiv auch er die Natur um sich herum aufnahm und darin auftankte. Wenn er mit seinen Jüngern über den See fuhr, hörte er den gleichmäßigen Schlag der Ruder, die rhythmisch ins Wasser tauchten, das Kreischen der Möwen, die über den Fischernetzen kreisten, und das Platschen der Wellen gegen die Schiffswand. Er sog den typischen Geruch des Wassers ein, spürte die Sonnenstrahlen und ihre Wärme auf seiner Haut und das Prickeln der Wasserspritzer. Er hatte Auszeiten, die er mit allen Sinnen genoss, mitten im Alltag.

Nun möchte ich hier nicht ein allzu romantisches Bild früherer Tage zeichnen. Das Leben damals war alles andere als ein Zuckerschlecken und gekennzeichnet von vielerlei Entbehrungen und Härten. Ich möchte damit nicht wirklich tauschen. Aber wir sollten uns Jesus nicht als jemanden vorstellen, der pausenlos im Einsatz war und nie zur Ruhe kam, sondern der durchaus Erholungsphasen hatte. Das war damals einfach durch den Lebensrhythmus vorgegeben. Wir müssen uns diese Auszeiten heute schaffen, und das ist dringend nötig, damit unser Körper und unsere Seele auftanken können. Wir sollten da unser individuelles Maß finden und ohne Scham für die Erfüllung dieses Maßes sorgen.

Dieses Suchen nach Auszeiten gilt auch für unsere Frömmigkeit und unser geistliches Leben. Ich glaube, dass die Frömmigkeit gerade unserer pietistisch geprägten Freikirchen sehr verkopft und leistungsorientiert ist. Die Betonung eines Lebens in der Heiligung und die permanente Aufforderung zu einem missionarischen Lebensstil sind ein Beispiel für Denk- und Lehransätze, die unsere Fähigkeit, in Christus einfach nur zu ruhen und in einem spirituellen Erleben unsere Seele baumeln zu lassen, weithin haben verkümmern lassen. In der frühen Kirche und später in der katholischen Kirche gab und gibt es viel mehr Raum für diese Spiritualität, die alle Sinne anspricht und der Seele wohltut. Nun kann man sich sicher an dieser Stelle über die theologische Richtigkeit und Wichtigkeit manchen Brauchtums streiten, auch über Sinn und Unsinn so mancher Rituale.

Aber es füttert unsere Seele und lässt uns zur Ruhe kommen, wenn wir uns in die immer gleich bleibenden Worte einer Liturgie einfach fallen lassen dürfen, ohne selbst um Worte ringen zu müssen; wenn wir über Gerüche und Bilder Gottes Gegenwart wahrnehmen können und nicht nur über den Intellekt; wenn wir Pilgerreisen unternehmen, bei denen wir uns in Ruhe auf den Weg machen können, um so einen inneren Prozess und eine Entwicklung in Gang zu setzen; wenn wir alte Lieder und Gedichte singen, die die Schönheit der Natur beschreiben und ein Loblied auf ihren Schöpfer darbringen und uns so selber in den Rhythmus der Natur einfügen. Hier alte Wege wieder neu zu beschreiten und manches zurückzuholen, was wir rausgeschmissen haben, würde uns sicher guttun.

Finden Sie selber heraus, was Sie brauchen, damit Ihre Seele baumeln kann. Egal, was Sie machen – Sie brauchen einen Bereich, in dem Sie einfach nur Sie selbst sind, jedweder Leistung entkleidet und wie ein kleines Kind im Spiel nur vor Jesus gedanken- und sorglos.

Auf die Vision kommt's an

An meinem Kühlschrank hängt ein Bild von Küstenmacher. Es zeigt drei Männer, die Steine behauen – und das sieht nach einer ziemlich schweißtreibenden Arbeit aus. Der Erste macht den Eindruck, als stände er kurz vor dem Kollaps und sagt völlig genervt: Ich behaue einen Stein. Das Bild in seinem Kopf ist allein dieser graue, harte Stein, an dem er jetzt arbeiten muss. Der zweite Mann scheint dem Zusammenbruch nicht ganz so nahe zu sein, sieht aber dennoch reichlich erschöpft aus und denkt: »Ich arbeite an einem Spitzbogenfenster.« Immerhin sieht er nicht nur diesen Stein, den er gerade bearbeitet, sondern ein großes Fenster, in das dieser Stein später einmal eingepasst werden soll. Der Dritte scheint dagegen fast glücklich, diese Schwerstarbeit auszuführen und sagt: »Ich baue eine Kathedrale.« Dabei hat er die Vision eines riesigen, prachtvollen Doms im Kopf. Auf die Vision kommt's an!

Wenn wir immer nur unseren winzig kleinen Teilbereich sehen, alle mitunter recht anstrengende, manchmal auch vergebliche Arbeit, die wir hier investieren, werden wir recht bald schlappmachen. Das Ziel, die Vision eines riesigen, prachtvollen Baus, an dem wir als Gottes Mitarbeiter mitwirken, wird uns am Leben und frisch halten. Das Wissen, als Gemeinde der Leib Christi zu sein und somit Christus selbst in dieser Welt zu repräsentieren, wird uns zudem ganzen Einsatz und exzellente Arbeit leisten lassen. »Visionen sind Strategien des Handelns, das unterscheidet sie von Utopien. Zur Vision gehören Mut, Kraft und die Bereitschaft, sie zu verwirklichen«, sagte einst Bundespräsident Roman Herzog in seiner berühmten Berliner Rede von 1997.

Sie und Ihre Ortsgemeinde repräsentieren in Ihrem Dorf, in Ihrer Stadt Christus. Da, wo Sie sind, ist Reich Gottes, und durch Sie wird es weitergebaut. Menschen sehen an Ihnen, wie und wer Christus ist, kommen selber in die Nachfolge und tragen wiederum dazu bei, Reich Gottes zu bauen. In seiner Abwesenheit hat der König Ihnen Autorität und Kompetenz übertragen, ihn zu repräsentieren und an seinem Reich weiterzubauen. Petrus schreibt: »Ihr aber seid ein auserwähltes Geschlecht, eine königliche Priesterschaft, ein heiliger Stamm, ein Volk, das sein besonderes Eigentum wurde, damit ihr die großen Taten dessen verkündet, der euch aus der Finsternis in sein wunderbares Licht gerufen hat« (1. Petrus 2,9). Wenn Sie das Gemeindehaus putzen, es stilvoll gestalten und dekorieren, tun Sie das nicht, damit die Geschwister sonntags auf sauberen Stühlen sitzen und nicht über einen dreckigen Fußboden meckern, sondern Sie tun es für den König, damit es bei ihm blitzt und blinkt, weil nur ein wahrhaft schönes Haus ihm angemessen ist. Wenn Sie die Kleinsten der Gemeinde während des Gottesdienstes betreuen, dann tun Sie es nicht, weil man Sie irgendwann dazu verdonnert hat, sondern tun es, weil Sie den König repräsentieren und er Kindern viel Wertschätzung entgegenbringt. An Ihrer Bereitschaft zu dienen können andere erkennen, wie Christus dient, und erkennen an Ihnen Charakterzüge des Königs. Wenn Sie nach dem Gottesdienst Kaffee kochen, dann tun Sie es nicht, weil Sie auf irgendeiner Liste stehen und Sie heute nun mal dran sind, sondern kochen Sie für den König den besten Kaffee, den es nur eben gibt. In seinem Reich gibt es keinen Blümchenkaffee! Machen Sie Musik, als ständen die himmlischen Chöre leibhaftig neben Ihnen, und besuchen Sie die Alten und Kranken mit Hingabe, Zeit und Wertschätzung, weil das Dienst für Ihren König ist und er Ihr Handeln an diesen Menschen gleichsetzt mit Handeln an ihm höchstpersönlich. Setzen Sie alle Ihre Begabungen, Ihre Fähigkeiten, Ihre Gaben und Ihr Herz ein, um an diesem Riesenprojekt Reich Gottes mitzuarbeiten und ihm Glanz zu verleihen. An diesem Projekt mitzuarbeiten lohnt sich, weil es nicht, wie jedes irdische Reich, jedes irdische Werk einmal sang- und klanglos untergeht, sondern es hat Ewigkeitscharakter. Die Investitionen, die Sie hier tätigen, zahlen sich in Ewigkeit aus!

Während ich dies schreibe, läuft die Fußball-WM. Die Vision, als strahlende Sieger aus dem Endspiel hervorzugehen oder doch wenigstens bei diesem großen Turnier dabei zu sein, treibt die Spieler an, lässt sie hart trainieren und manche Unannehmlichkeit und Entbehrung auf sich nehmen. Kein normaler Mensch würde bei dreißig Grad Celsius stundenlang in der Sonne rumlaufen, wenn er nicht eine Vision dabei im Kopf hätte. Keiner riskiert oder erleidet schwerste Verletzungen, steckt schmerzhafte Tritte ein, lässt es zu, dass Köpfe wie Kokosnüsse aneinanderprallen, wenn er nicht wüsste, wozu das Ganze gut ist. Paulus nimmt das Bild eines sportlichen Wettkampfes auf, wenn er den Korinthern Folgendes schreibt: »Wisst ihr nicht, dass die Läufer im Stadion zwar alle laufen, aber dass nur einer den Siegespreis gewinnt? Lauft so, dass ihr ihn gewinnt. Jeder Wettkämpfer lebt aber völlig enthaltsam; jene tun dies, um einen vergänglichen, wir aber, um einen unvergänglichen Siegeskranz zu gewinnen« (1. Korinther 9,24-25). Und an die Philipper schreibt er: »Ich vergesse, was hinter mir liegt, und strecke mich nach dem aus, was vor mir ist. Das Ziel vor Augen, jage ich nach dem Siegespreis: der himmlischen Berufung, die Gott uns in Christus Jesus schenkt« (Philipper 3,13b-14). Eine Vision, ein Ziel vor Augen zu haben ist unendlich wichtig, wenn wir bei diesem streckenweise sehr anstrengenden Marathonlauf Gemeindedienst durchhalten wollen.

Was ist das Ziel, die Vision vor unseren Augen, unsere himmlische Berufung? Das Leben in diesem Reich Gottes, in seiner Vollendung, geschmückt wie eine Braut. Die Bibel benutzt seit Hosea dieses Bild der Ehe, der Vermählung und der Braut immer wieder, um etwas von der Beziehung zwischen Gott und dem Menschen und dem Bund Gottes mit seinem Volk deutlich zu machen. Die Braut ist das vollendete Gottesvolk, das neue Zion. Jesus gebraucht das Bild der Braut und des Hochzeitsmahles ebenfalls des Öfteren und die Gemeinde wird in der Offenbarung als das neue Jerusalem geschildert – in der ganzen Pracht und Schönheit einer geschmückten Braut. Lese ich die Beschreibung dieser wunderschönen Braut, dann fehlen mir die Worte; aber tief in mir weiß ich: Es lohnt sich! Wenn das dabei herauskommt, dann werde ich heute und auch morgen mit Hand anlegen, und sei die Arbeit noch so schweißtreibend. Ich werde nicht aufgeben, mich nicht unterkriegen lassen und einfach nur stur weiter meine »Steine kloppen«, in dem Wissen: Das wird der ultimative Prachtbau werden!

In Offenbarung (21,9b) lesen wir: »Der Engel sagte zu mir: Komm, ich will dir die Braut zeigen, die Frau des Lammes.« Und dann geht ein wahres Feuerwerk an pracht- und glanzvollen Beschreibungen los. Ich kann mir förmlich vorstellen, wie Johannes nach Luft schnappt und um Worte ringt, die dieses Kaleidoskop göttlicher Prachtentfaltung im neuen Jerusalem beschreiben können. Edelsteine, Glas, Gold – alles nur vom Feinsten. All die Steine, die hier noch grau, unscheinbar, uneben und kantig waren, werden nun überstrahlt von göttlichem Glanz und vollkommener Harmonie. »Lasst euch als lebendige Steine zu einem geistigen Haus aufbauen, zu einer heiligen Priesterschaft, um durch Jesus Christus geistige Opfer darzubringen, die Gott gefallen« (1. Petrus 2,5) – so wurden wir zu unseren Lebzeiten aufgefordert. »Als Steine eingebaut zu werden« war für Sie und mich vielleicht an manchen Stellen ganz schön mühevoll und schmerzhaft – jetzt sind diese Steine die kostbarsten, schönsten, wertvollsten und funkelndsten überhaupt. Es wird glanzvolle Helligkeit herrschen und alles Dunkle, alles Zwielichtige, was uns hier zu schaffen machte, wird nicht mehr vorhanden sein.

Und – wir werden dem König dienen. Früher habe ich mir immer vorgestellt, wir ständen alle in einer Reihe wie die Ölgötzen neben dem Thron und würden darauf warten, dass der König mit den Fingern schnippt, woraufhin wir ihm dann ein diamantbesetztes Becherchen reichen, um dann wieder für die nächsten Stunden schweigend in unserer Reihe zu verschwinden. Wie armselig. Und doch glaube ich, dass viele Christen in ihrer Vorstellung an dieser Stelle nicht viel mehr zu bieten haben. Es erscheint aber nicht besonders verlockend, »eine Ewigkeit in der Ewigkeit rumzuhängen«, geschweige denn, dass es uns als Vision und Ansporn für unseren Alltag dienen könnte. Heute glaube ich, dass unsere Gaben in diesem vollendeten Reich potenziert zur Entfaltung kommen und wir in der Blüte unserer Schaffenskraft sein werden. Wir werden mit unseren Fähigkeiten, die jetzt schon in uns angelegt sind, in Vollendung Gott dienen, ohne dabei von Minderwertigkeit, Neid, Missgunst oder dem Wunsch, andere übertrumpfen zu wollen, beeinträchtigt zu sein.

Ich sehe mich schon glanzvolle Romane schreiben, in denen diverse Engel die Hauptakteure sind, und mit meiner Querflöte kunstvoll trillernd und einwandfreie Kadenzen hinlegend den himmlischen Chor unterstützen. Ich sehe manch einen Pastorenkollegen in tiefsinnige, mit Fachwörtern gespickte Diskussionen mit Paulus über die

Prädestinationslehre vertieft, immer wieder unterbrochen von brüllendem Gelächter, sehe, wie sie sich vor Lachen auf die Schenkel klopfen über manchen Widersinn und manche hirnrissige Theorie, über die man sich in früheren Zeiten den Kopf zerbrochen hat. Ich sehe kunstvolles Schauspiel mit noch viel kunstvolleren Requisiten, höre gewagte und rhetorisch aufs Feinste ausgefeilte Reden und sehe Maler Millionen von Jahren an einem Projekt auf himmlischer Großleinwand arbeiten, mit Farben, die an Leuchtkraft nicht mehr zu übertreffen sind (endlich muss meine begabte Tochter nicht mehr mit dem Billigmalkasten von Aldi vorliebnehmen, der immer »so bescheuerte Farben macht«). Artisten balancieren in schwindelerregenden Höhen auf glitzernden und hauchdünnen Fäden, und die Athleten unter uns inszenieren einen grandiosen Volkslauf durch die goldene Stadt. Talentierte Gärtner legen rund um die Bäume des Lebens leuchtende und intensiven Duft verströmende Blumenrabatten an und stellen aus den Blättern der Lebensbäume wohlschmeckende und heilsame Mixturen her. Die Techniker unter uns drehen mit verzücktem Glanz in den Augen an irrwitzig vielen Knöpfchen, betätigen diverse Hebel und Schalter und legen dem Herrn einen perfekt ausgetüftelten Plan vor, wie man denn die eine oder andere klitzekleine und geringfügige Verbesserung in Sachen Akustik am Platz vor seinem Thron vornehmen könnte.

Gemeinde? Ein perfektes Zusammenspiel multitalentierter Leute, die sich von Herzen lieben, miteinander leben und endlich mit dem vereint sind, von dem sie ja schon immer wussten, dass er da ist.

Möge diese Vision Sie und mich begleiten und durchtragen bis zum Ziel!

Meiner Gemeinde

Sonntagmorgen. Kurz vor Gottesdienstbeginn geht es bei uns im Foyer vor dem Gottesdienstraum zu wie in einer Bahnhofshalle kurz vor Abfahrt eines Zuges. Es wird geschoben, gedrängelt, Kinder flitzen zwischen den Beinen durch, Terminabsprachen werden durch den Raum gebrüllt, es wird gedrückt, geküsst und umarmt, was das Zeug hält. Manche Gäste schauen verwundert und etwas verwirrt diesem regen Treiben zu. Ich wüsste mal gerne, was in ihren Köpfen vorgeht, wenn sie diese exzessiven Begrüßungsrituale beobachten.

Ein älterer Bruder nimmt mich herzlich in den Arm und raunt mir zu: »Mädel, richtig gut siehst du heute aus.« Die Bezeichnung »Mädel« höre ich in Anbetracht der Tatsache, dass ich die Vierzig auch schon hinter mir gelassen habe, nicht mehr allzu oft, und fast will ich ihm widersprechen. Aber ich eitel Weib schluck dieses Kompliment aus berufenem Mund doch gern und widerspruchslos herunter. Endlich sitzen alle auf ihren Stühlen und bevor sich »da vorne« etwas tut, summt und brummt es noch wie in einem Bienenstock. Wie genieße ich diese freie, unverkrampfte Stimmung, ist sie doch ein fröhliches Kontrastprogramm zu der Atmosphäre in der Gemeinde meiner Kindheit, als sich drückende Stille immer auf alle und alles legte, was den Gemeindesaal betrat. Die Schwester, die den Gottesdienst moderiert, tut es mit Ausstrahlung, Charme und Witz und guten geistlichen Impulsen. Die Lobpreiszeit, in die sie uns hineinführt, tut mir nach einer anstrengenden Woche unendlich gut, und ich genieße die Freiheit, von der diese Zeit bestimmt ist. Hier kann man mit den Armen wedeln oder in stiller Ergriffenheit in sich zusammensinken – niemand interessiert sich dafür, und es spielt überhaupt keine Rolle. Was für eine Wohltat nach all den nervtötenden Grabenkämpfen, die wir in anderen Gemeinden an dieser Stelle schon erlebt haben. Mein Mann predigt, wie immer lebhaft, lebendig, lebensnah und authentisch. Hoffentlich nicht so authentisch, dass er den Klops, den ich mir letzte Woche geleistet habe, hier vor versammelter Mannschaft zum Besten gibt ... In der Predigt geht es um Jesu Hingabe an uns und unsere Liebe zu ihm. Um das praktisch zu veranschaulichen, werden wir aufgefordert, ein Herz, auf dem ein Bibelvers steht, mit einem Hammer an das Kreuz vorne zu nageln. Wissen Sie, bei uns ist das ohne Weiteres möglich, denn unser Kreuz ist ziemlich hässlich und vom Material her wertlos. Zusammengehauen aus zwei klobigen, rissigen Latten, die an manchen Stellen rostige Male von alten Nägeln tragen, ist es nicht gerade ein Schmuckstück. Aber wir wollen es so. Denn was damals passierte an diesem Kreuz, war ja auch nicht gerade ein Glanzstück menschlichen Erfindungsreichtums. So hässlich wie unser Kreuz, so hässlich war das Ereignis, zu dessen Symbol das Kreuz später wurde.

Jetzt windet sich eine lange Schlange durch den Raum, alle wollen zu diesem Kreuz. Ich sitze strategisch recht günstig und kann so alle und alles gut beobachten. Und ich weiß nicht warum – aber plötzlich steigen mir Tränen in die Augen. Da sind sie alle: zwei Teenagermädels, die sich das Kichern nicht verkneifen können, der alte Bruder, der mir im Vorbeigehen zuzwinkert (ja, wo gibt's denn so was ...), der Personalchef und der Arbeiter, Freundinnen und Freunde, aber auch Menschen, die mir bis heute fremd geblieben sind. Selbst die alte Schwester geht, gestützt von ihrer Nachbarin, nach vorn und heftet zitternd ihr Herz ans Kreuz. Die Hammerschläge hallen durch den Raum und gehen mir durch und durch. Wir alle hämmern hier und jetzt unsere Liebe, aber auch all unser Versagen und unsere Schuld am Kreuz fest. Das Kreuz verbindet uns in all unserer Unterschiedlichkeit. Ich hefte mein Kreuz ganz nah an das meines Mannes – unsere gemeinsame Liebe zu Jesus, der Dienst in seinem Reich ist das, was uns am tiefsten verbindet.

Danach empfangen wir Brot und Wein, Jesu Zeichen seiner Liebe und Hingabe an uns – heute empfinde ich es als etwas ganz Besonderes. Als das Abendmahl vorbei ist, starre ich wie gebannt auf den Abendmahlstisch. Ich sitze ganz vorne und habe diesen Tisch direkt vor meiner Nase. Beim Abendmahl sitze ich immer ganz vorne, weil, nun ja, weil ich eben nicht so gerne als Letzte aus dem Becherchen trinke. Was ich jetzt vor mir sehe, ist das reinste Chaos. Da liegen bunt durcheinander noch die übrig gebliebenen Herzen, daneben wild verstreut Nägel und einige Hammer. Jemand hat während des Abendmahls beim Eingießen des Saftes gekleckert und einen großen, roten Fleck auf der blütenweißen Tischdecke hinterlassen, und beim Brechen des Brotes wurde auch ausgiebig gekrümelt. Mein Blick fällt auf den Abendmahlsbecher, der inmitten dieses Chaos thront und alles überragt. Just in diesem Augenblick lugt ein Lichtstrahl durch die Wolke, fällt durchs Fenster und bricht sich in dem Silber dieses Bechers. Das Bild trifft mich zutiefst.

In unserem ganzen Chaos, dem ganzen Durcheinander, was wir so oft in uns tragen und um uns verbreiten, steht Er, der wirklich wusste, was Leibschmerzen sind. Sein Leib wurde tatsächlich zerbrochen, zerkrümelt in tausend kleine Teile, von denen wir heute zehren. Sein Blut wurde tatsächlich vergossen, verschwenderisch verschüttet in unser Leben hinein. Und Gemeinde – so bunt, so unfertig, so begrenzt und oft unerträglich chaotisch – gehört zu Ihm.

Ich habe plötzlich das Gefühl, dass Jesus neben mir steht und lächelt. Leise raune ich ihm ein »Danke« zu.